六 訂

栄養士・管理栄養士をめざす人の社会福祉

－人の生活を支える食と社会福祉を学ぶ－

JN122901

岩松珠美・三谷嘉明　編

みらい

●編集

岩松 珠美（つくばアジア福祉専門学校・堀越高等学校）
三谷 嘉明（元名古屋女子大学）

●執筆者一覧（五十音順）

石黒 康子（元富山短期大学）――――――――― 第12章
岩松 珠美（前出）――――――――― 第1章、第13章
小林 俊子（神奈川社会福祉専門学校）――――― 第3章
杉浦 誠（常葉大学）――――――――――――― 第7章
土永 典明（元新潟青陵大学短期大学部）――――― 第4章
中島 裕（関西福祉科学大学）――――――――― 第10章
中西 遍彦（修文大学短期大学部）――――――― 第5章
新川 泰弘（関西福祉科学大学）――――――――― 第6章
深田耕一郎（女子栄養大学）―――――――――― 第8章
真鍋 顕久（岐阜聖徳学園大学）―――――――― 第9章
森 恭子（日本女子大学）――――――――――― 第2章
和田 涼子（東京家政大学）―――――――――― 第11章

は　じ　め　に

　「栄養士、管理栄養士の業務とはなんですか？」という質問に、あなたは何と答えるであろうか。「適切な栄養量を算出して、安全な食材を使った調理をし、適温適量、見た目にも食欲をそそる食事を提供することです」等と答えるのが、今までの専門職としての一般的な認識かもしれない。飽食の一方で、飢餓等の生活問題が混在している現代社会において、健康維持増進、自己決定の尊重、自立支援、介護予防や早期治療等のさまざまな概念が、保健分野、医療分野、福祉分野の三分野において連携を求められる時代になってきている。三分野に携わる専門職としての栄養士・管理栄養士に求められ、なおかつ人間の日常生活の土台を支える職務を遂行していくためには、社会福祉の根幹である人間生活の援助のあり方を何より優先して学んでいかなければならない。具体的には社会福祉の基礎的知識、理論、歴史的な経緯、現状を、栄養士・管理栄養士業務とどうかかわり合いをもって、最終的に人間理解に到達できるのかをいつも意識しながら学んでほしいと思う。

　本書は、栄養士・管理栄養士をめざす学生諸君に、上記に述べてきた社会福祉の入門理論を最新の知識、資料、法律等に基づいた形で、それぞれの専門分野を学んできたわれわれが書き下ろしたものである。また、管理栄養士の国家試験出題基準を視野においたレベルをめざした。第1章では、栄養士・管理栄養士が社会福祉を学ぶ意義と目的について述べている。第2章では、社会福祉の意味と対象について、すべての人は社会福祉の担い手であり、同時に受け手であることを述べ、それらをふまえて栄養士・管理栄養士が社会福祉にかかわる専門職の一つであることを述べている。第3章では、日常生活を支える社会保障の体系と社会保険の仕組みと制度について述べている。第4章では、最低限度の生活の保障とホームレスの問題を述べている。第5章～第7章では、各対象分野別の社会福祉の法律、制度、今日的話題について述べている。第8章では、第5章～第7章での対象分野を住民一人ひとりの支えあいを踏まえて、第9章とつなげて考えてほしい。第9章では現代社会における社会福祉の根幹を支える社会福祉基礎構造改革と権利擁護について述べている。第10章では、人間にかかわる専門職として心得ておいてほしい社会福祉援助技術の基本的な考え方について述べている。第11章、第12章、第13章では、社会福祉全般の実践の場を整理し、栄養士・管理栄養士がどのような機関や施設でどういう働きを担っているのかについて述べている。

　終わりに、この本を分担執筆いただいた諸先生方はじめ、実践栄養学を封切りに社会福祉学の道へと学びを深めるきっかけをくださった足立己幸女子栄養大学名誉教授、山下袈裟男東洋大学名誉教授、阿部志郎横須賀キリスト教社会館館長（神奈川県立保健福祉大学名誉学長）、大橋謙策日本社会事業大学名誉教授をはじめとして諸先生方に心から感謝する次第である。また、

このような実践栄養学から見た社会福祉学の本を編集する機会をつくってくださった、㈱みらいの荻原太志氏にこの場を借りて厚く御礼申し上げる。

　　　　　　　　　　　　　　　　　　　　　　　　　　　冬至の寒い日に

平成17年12月22日

　　　　　　　　　　　　　　　　　　　　　　　　　　　　編者代表

　　　　　　　　　　　　　　　　　　　　　　　　　　　岩松　珠美

改訂にあたって

　2025年をめざし社会福祉関係の法律・制度は今、激動の時代を迎えている。

　例えば1997年に成立した介護保険法は、2005年から3年ごとに改正が行われている。2005年の改正では、地域密着サービスと地域包括支援センターが創設され、地域包括ケアシステムという言葉が登場した。同時に介護保険施設における基本食事サービス費の廃止に伴い、栄養ケアマネジメント加算（Nutrition Care and Manegement：NCM）の制度が設けられた。それまで調理、献立に携わる職種として認識されてきた管理栄養士が、NCM業務遂行とマネジメントを担う専門職としての位置付けを得た。当時は、介護保険施設入所高齢者の多くに低栄養状態が多いという課題があり、個別栄養支援計画書の作成と実施、評価までを管理栄養士に求めた制度であった。現在も高齢者の低栄養の課題は施設内や在宅にかかわらず、重要な問題として認知されているが、介護予防や住民の健康の維持、増進の視点からの栄養ケアマネジメントの重要性に焦点が向けられてきているのを感じる。

　介護保険法をさらに追いかけていくと、2019年の改正により地域包括ケアシステムの深化・推進の提言がなされ、自立支援・重度化防止に向けた保険者機能の強化などの取り組みや地域共生社会の実現に向けた取り組みの大きな指針が明らかになった。年齢にかかわらず、疾病や障害のある人々を含め、全ての住民が住み慣れた地域で自分らしい暮らしを人生の最後まで続けることができるように、2025年を目標に、住まい、医療、介護、予防、生活支援が一体的に提供される仕組みを創生していくことになった。

　社会福祉関連の法律では介護保険法以外でも、2005年の障害者自立支援法の成立、2011年の障害者虐待防止法の成立など大きな動きがあった。

　これらの社会福祉関係の法律、制度に対して、国民からは「共助」「公助」の拡充を望む声が大きいと感じられる。しかしながら、地域包括ケアシステムの求める方向性は、住み慣れた「地域」にて「自助」「互助」の充実をめざすものであること、少子高齢化、財源には限りがあることを社会福祉を学ぶものはしっかり心にとめておいてほしい。

　　　　　　　　　　　　　　　故山下袈裟男東洋大学名誉教授に心より感謝して

令和2年2月1日

目　次

はじめに

第1章　生活を支える「食」と「社会福祉」　−栄養士・管理栄養士が社会福祉を学ぶ意義と目的−

第2章　社会福祉の意味と対象　−社会福祉とは誰のためにあるのか−

第7章　障害者の福祉　−地域でみんなとともに暮らすために−

第8章　地域福祉　−地域で安心して暮らし続けるために−

キーワード🖊
　■栄養士
　■管理栄養士

本書に登場する用語のうち、主に管理栄養士国家試験に向けての学習に必要と思われるものをいくつかキーワードとしてピックアップしています。キーワードを参考に、栄養士・管理栄養士としての学習をより深めていってください。

生活を支える「食」と「社会福祉」

－栄養士・管理栄養士が社会福祉を学ぶ意義と目的－

1　人間が生きるということと食・社会福祉

1．食の社会的機能

　人間が生きていくために、食べるということ、排泄をすること、睡眠をとること等は必要不可欠な営みである。マズロー（A. Maslow）の基本的欲求でいうならば、食欲は生命の基本を支えているといえる。人は生物としての「生」を維持するために食べようとする、飲もうとする存在である。対してフィールドハウス（P. Fieldhouse）はその著書の『食と栄養の文化人類学―ヒトは何故それを食べるのか』[1]の中で、食物の社会的な機能について「食物や食べるという行為は、生物的な側面の他に多くの社会的意味、連想させる事柄が含まれ、それらはごく普通の日常的な社会の交流の中で明らかになるものである」と述べている。つまり、食べるということは単に生理的欲求を充足すればよいというものではなく、自分らしく日々の生活を送るためにより高度な上位の欲求、たとえば承認の欲求等と複雑に絡み合い、行動化されているということである。言い換えると食べることは、人間の生理的欲求から最上位の自己実現の欲求までの多様な欲求に対して学習や経験を通して人間の認知的な面と情緒的な面の双方の面を互いに影響させあいながら生きていくことを示していると考えられる。

　さらにフィールドハウスは、食事や食事行為に関して賦与されている社会・文化的な意味について「空腹と食欲は、感情と深く結びついている。憧れとか、願望、または強制感などの感情的な動機は、食事の行動パターンを生み出す。そしてそれは時には人々の怒りや不安を掻き立てたり、または安定感や満足感を生んで不安や緊張を解放すると評価される」とも述べている。

　日本において子どもたちの孤食の問題を一早く取り上げたのは足立己幸[2]であるが、彼女は「食べる行動が家族と一緒か否かによって食事の内容や様式が異なってくること、すなわち、家族から離れて、食事することが、精神的に不安定な状態、不満足な状態であるのに加えて、食卓に並ぶ料理の内容

を狭くし、かつ食事づくりの手伝いの機会が少ないなど、食事をめぐる問題が連鎖的につながっていることが明らかになった」[2]と述べている。

　子どもたちの食卓を通してみえてくる家族内の人間関係のありようや、家庭が抱えている社会的背景、新たな貧困問題等について、周囲のおとなたちはアセスメントし、潜在した課題を引き出して、子どもの心身の健康を守り、育てていかなければならない。

2．人と食と社会福祉制度のかかわり

　日本国憲法第25条に定められているように、国民は一人ひとりが「健康で文化的最低限度の生活を営む権利」をもっている。この日本国憲法をもとに、生活保護法をはじめとしたさまざまな法律があり、その法律をもとに、各自治体で社会福祉の制度やサービスが人々に提供されている。こういった日常生活全般の支援を行うことを領域とする社会福祉の実践の中で、特に利用者の食事、食生活行動とその背景にある社会的課題を知ることは極めて重要な役割を果たす。では、実際に人と食と社会福祉制度はどのようにかかわっているのだろうか。在宅で生活する人々の姿をいくつかたどってみよう。

パーキンソン症候群を患ったAさん

> パーキンソン病にかかったAさん（女性）。彼女はそれまで喜んで通っていた通所介護（デイサービス*1）を急に拒むようになった。はじめ、介護支援専門員はその理由をつかみかねていたが、その女性宅に訪問介護に行っている訪問介護員の話を聞くと、食事の支度をしても訪問介護員がいる間は決して食事には手を出さないという。パーキンソン病の病態がかなり進んできて、箸やスプーンがほとんど使えない状態にあることが予測された。
> 　本人に確認すると、「おにぎりにしてもらってもぽろぽろとこぼしてしまうし、大好きな麺類がデイサービスで出ても箸が使えないため、ほとんど食べないか、みっともない犬食いになってしまう」と彼女はため息をついた。

＊1　デイサービス
第5章86頁参照。

　日本では箸やスプーン等の食器具を使って、器をもって食するのが一般的なスタイルである。疾患のためにその当たり前と思える動作が困難になってしまった彼女は、人に食事を見られることの苦痛に耐え切れなかったのである。この介護支援専門員（ケアマネジャー）は、改めて食事のもつ社会性に眼を向けることになったのである。疾患の進行に伴って、そういった細かい食生活面までの心配りができなければならない。

通所介護で命をつなぐBさん

> 　Bさんは通所介護に通っていた女性だった。彼女は居室から送迎車までスタッフが介助しなければならない状態にある。2間ばかりのアパートの小さな住まいで、高齢のBさんの居室に行く襖の前にはセメントのブロックが積まれていた。通所介護の送迎者はブロックをどかして居室に入り、彼女をおぶって連れ出す。排泄は居室内のポータブルトイレで済ませ、後片付けはヘルパーが行っている。さて朝晩の食事であるが、お盆にのせて、居室に置かれるらしい。朝はパンに牛乳程度、夕飯は買ってきたと思われる冷めたお惣菜とご飯程度であった。食べ残しを目撃したデイサービスの送迎のスタッフからの報告である。Bさんは、通所介護に来て、温かいご飯とおかず、味噌汁が飲めるのが何よりありがたいと話している。

　部屋の前にブロックまで積んで遮断しなければならない家族の人間関係も複雑であることは間違いない。送迎スタッフの仕事の利点は利用者の日常生活圏に直接入る機会があることである。そのことによって、利用者の生活実態がより的確に把握できる場合が多い。

栄養失調に気づかれなかったCさん

> 　かつて、家の前にスーパーや弁当屋さんまである貸家に暮らす要介護認定[*2]申請者を訪問したことがある。玄関が開いていたので声をかけたが応答がない。家に上がってみるとトイレで倒れて動けない状態にあった。すぐ救急車の手配をと思ったが、本人は意外としっかりしている。居間に付き添うと、ぼろぼろのコタツふとんに垢まみれの毛布が1枚、ペットボトルに入った水、お菓子の空き袋が何袋も散乱していた。台所は使った形跡もなく、冷蔵庫も空っぽであった。遠方に住む娘がたまに買ってきてくれたお菓子と水で生き延びていたらしい。病院に運んだが、病名は栄養失調であった。要介護認定の申請をしたのは遠方に住む娘であった。ただちに訪問介護の派遣がなされ、1か月後には無事に健康を回復されたそうである。

*2　要介護認定
第5章84頁参照。

都会のど真ん中でも部屋から一歩出ることもままならず、放置されている人々がまだまだ存在するのである。

　以上に挙げた人々の事例にみられる食の問題は、社会福祉制度のあり方や法律整備をしていくだけで、果たして解決していくのであろうか。
　配食サービスを行政の補助をもとに展開したり、電話でスーパーに食料品

の配達を頼むことができれば彼らの抱えている食生活にまつわる課題は解決していくのであろうか。また、栄養のバランスや正しい食事のあり方を指導していくという栄養士の業務とはどのようにかかわっていくのか。

　もう一度、食と社会福祉について考え直す必要性があるのではなかろうか。

2　都市と過疎地の高齢者の暮らしと食

＊3　介護保険制度
　第5章82頁参照。

　1997（平成9）年に介護保険法が成立し、2000（同12）年4月に介護保険制度＊3が施行された。高齢化率も経済基盤もまったく異なる市町村が一律の制度のもとで、一斉に同じサービスを提供することは可能だったのだろうか。その後の介護保険法の改正では、超高齢社会に対応して、要支援者への予防給付を充実させると共に保険者である市区町村が介護予防事業や包括的支援事業の実施を行なうための支援体制を整えてきた。地域での住民主体の支え合いの組織化や啓蒙を一番大事にしていく地域包括支援システムの構築を促している。地域密着型サービス等保険者の地域事情や地域特性を反映した、特色のあるアイデアを募ってきている。

　全国に、僻地や過疎地と呼ばれる生産機能及び生活環境の整備等が整っていなかったり、無医村に近い状況であったりする地域も多く存在する。一方都市部では、僻地や過疎地の地域が抱えている問題とは違う、暮らしづらさが存在する。ここでは、地域性について食生活の視点からみていきたい。

1．山間過疎地域の高齢者の暮らしと食生活

　群馬県のある山間の村では、半日かけても1軒しか訪問できず、訪問介護サービスを独立採算で実施することはできない。国からの補助金をもとに最低限のサービスを提供するしか援助・支援の方法がない。また、筆者らの調査によると、生活保護費以下の生活を実際に行っている人が非常に多い。わずかな畑を耕し、隣近所が助け合って生活をしている。片道歩いて何時間もかかる細い山道をガードレールを手すりにしながら一歩一歩、村の診療所に出掛けていく。村内の食料品売場といえば、車で1時間もかかる農協のスーパーが1軒あるのみ。そこへ訪問介護員に買い物を頼むか、移動販売車が週何回か各地域をくまなく廻ってくれるため、そこで買うのが主である。家族のある者は土日に車で1時間半はかかる町にまで買い出しを頼むしかない。

　厳しい自然環境と独特な人間環境の中で生活を営んできた人々は本当に我

慢強い。何がないから生活が成り立たないというようなことは決して口には
しないのである。もちろん、ひとり暮らし、老夫婦世帯が極めて多いが、そ
れぞれの人が毎日を大切に送っているのである。

　こういった村では、雪溶けの待ち遠しい春まつりは、村のまつりの中でも
とりわけにぎやかである。冬の間、土の中やむろに保存しておいた山菜や野
菜料理、漬物等が所せましと並ぶ。畑仕事は、完全に雪の溶けた5月にしか
始められないが、水路を流れる水の音にも春を感じる季節、人々は互いの家
を訪問し世間話を楽しむのである。

　この地域では、「いつも雨戸が開く時間に開かないから」と村の診療所に
連絡があり、脳梗塞を起こして倒れていたのを発見され一命をとりとめた村
民もいた。隣家との距離が離れていても、生活の中で築かれてきた支え合い
が密かに機能していることが感じられる。

　介護保険制度上、訪問介護員は原則、本人の身の回りにかかわることしか
できないことになっている。ある訪問介護員が1ダースの清涼飲料水を買っ
てきてほしいと頼まれたという。こんなに一度に飲んだら、身体によくない
と訪問介護員は返答したそうだが、よくよく聴いてみると、それを隣組の組
長さんのお宅に届けてほしいという。さらに話を聞いてみると、今度の日曜
日が道普請（共同で公道の道の草刈などをすること）なのだが、この身体で
は行けず、申し訳ないので代わりにジュースを届けて皆さんに飲んでもらっ
てほしいというわけである。狭い地域社会の中では、こんな気遣いにより村
民どうしが日常生活を支え合っているのである。

2．都市部の高齢者の暮らし

　真夜中でも街灯に明かりがともる都会には、スーパーや惣菜屋が豊富にあ
り、高齢者が生活していくには困らないであろうと一般に考えられがちだが、

現実は異なる。たとえ自宅の目の前にスーパーがあろうと、足や腰を痛めていたり、認知症のために家から一歩も出ることができないという高齢者は多く存在する。実際に大都会の真ん中の高層マンションに住んでいて、自分が出掛けられるうちは生活できているが、近所にはせいぜいコンビニか、飲食店街、デパート地下しか買い物先がないのである。ごく昔からの八百屋さんや魚屋さん等の姿は消えてしまい、ネオンの町となり、日常生活用品を買うのにも事欠く始末である。

　確かに個人所有のマンション等をもち、金銭上は何不自由がない生活を送っているように見える人もいる。部屋のドアを開けて一歩入れば、生ごみの異臭が鼻をつき、ごみ屋敷の中に住んでいる人もいる。近頃は、出前を1人前では配達してくれない飲食店も増え、昼に2食分を注文して夕飯に回している高齢者もいる。ごみ捨てについては、訪問介護員の勤務時間に出すことは難しいため、今のところ隣人や地域の有料ボランティア組織の会員に頼むしかよい方策がない場合もある。また、土地を所有していても、老夫婦の片方が亡くなると、相続税が高いため土地で物納というケースが多い。昔は家がどんなに広くて快適であったのかと語る老婦人が、「何億という相続税を払ったんだから、その分はたっぷり公費で面倒をみてもらうわ」と自信たっぷりに話された言葉が忘れられない。

　都会の生活は隣人との生活干渉を嫌う傾向にある。これが過疎地に住む高齢者との根本的な違いであると感じる。オレオレ詐欺等、特に高齢者を狙った社会的事件が続いて起こっているという背景もあり、ひとり暮らしの高齢者は過剰なくらい警戒心が強い。介護保険の訪問調査で伺った際、まず行政から訪問に来たと伝えても容易に玄関のドアを開けてもらえない。そして、たとえ居室に上げていただいても、なかなか打ち解けてご自身の生活について話してくれない。一見して日常生活に困っているのは明白だとしても、何とかなしているから困ってはいないと頑なに拒まれるケースが多い。こういった埋もれがちなニーズをどう掘り起こしていくのかが、都会の福祉課題の一つであると考えられる。配食サービスを1日1食受けるために400円から500円の自己負担の支払いを躊躇する人々もいる。ビルやマンションが密集する都会のど真ん中で、エアコンなしで日々生活している人もいる。何も不自由がないと思われる都会であっても、その日その日の1食の確保に苦労している高齢者がいるということを忘れてはならない。都会の中での新しい人付き合いの場や安心して話ができる居場所が提供されていくことが重要な課題になってきている。

3　時代の生活事情の変化と食生活の変化

　人間はこの世に生まれてきてからその一生を終えるまで、毎日の生活の中で何らかの形で食事を摂り続けている。その食事が栄養的にも、精神的にも満たされるものであるか否かで、必ず健康状態に影響が出てくるはずである。

　戦後から、昭和、平成を経て令和となり、日本の産業、経済事情、社会保障、社会福祉は大きく変化した。それに伴い、人々の日常生活の状態も大きな影響を受けていき、当然食生活も様変わりしていった。

1．生活背景の社会的事情の変化－豊かさがもたらしたもの－

　現在の高齢者（およそ70歳以上の高齢者を考えてみよう）は、第2次世界大戦中や戦後の混乱期も含め、一番食料事情が悪い時期を経験している。草の根やどんぐりの粉等を食べてきた。そして高度経済成長期にも必死に働いてきて、物の豊かな時代も知り、オイルショック以後の厳しい不景気をまた経験した、まさに激動の時代を歩いてきた人たちである。

　高度成長期の飽食の時代には、生活習慣病の基礎を生んだ。高血圧、糖尿病、心臓疾患は、遺伝的な要素を除いて毎日の食生活の積み重ねが招く。朝食抜き、不規則な食事、深夜の夜食や飲酒等、自分たちの寿命を縮めるような食生活をしながら、今日まで社会生活を送ってきたのである。食習慣や嗜好は、各人のそれまでの生活や環境の影響が大きく、一人ひとりていねいにその人の日常生活に耳を傾けなければならない。さらには、年齢とともに食習慣、嗜好も変化することを理解しておかなければならない。

2．食生活の変化－価値観・生活習慣がもたらすもの－

　糖尿病を患っている患者さんで、スポーツセンターのインストラクターの方がいた。その方の仕事は午後からで、一番忙しいのが夜6時ぐらいから11時ぐらいまでで、ほとんどトイレに行く暇がないほどであるという。家に帰って12時ぐらいに夕食をたっぷりとって、それから眠るから、当然朝は起きられず、朝食は摂らない。こういった不規則な生活は、糖尿病には一番よくないとわかっているが、今の仕事を続けていく上ではやむを得ないという。こういった生活を実際に行っている人をどう栄養指導するのであろうか。ご飯1杯が何カロリーという指導は何の意味もなさない。トイレに行く時間もな

いときに、低血糖の時間があまり長くならないよう冷蔵庫に牛乳 1 本入れておいて飲むように指導するのが精一杯だろう。

　また食生活は毎日続く。慢性的に進行する疾患や耐えがたい障害を抱えていても、毎日続く。そうした中で、病気や障害があって食事に気をつけなければならない状況でも「これがよい」というこだわりをもって変えることはなかなかできない。食生活の難しさは、いかに栄養バランスのよい食事を用意しても、食べなければ意味はないということである。その反面、控えた方がいい食べ物でも、食べたい欲求にかられ食べてしまうこともある。既存の栄養指導の理論を振り回したところで、知識としては理解されても、日々実践されていくところまではなかなかつながらない。栄養学の知識と理論が中心の栄養指導では、個々の食生活の変容や自己管理の力を育てて支えていくということは極めて難しいことである。そのような中、食が公のもの、社会交流の場の楽しみという視点から、私的なもの、個人の趣味・嗜好であるという視点までの広い価値観を網羅し受容することが、最近の食生活を考える上で必要不可欠だと思うのである。

4　栄養士・管理栄養士が社会福祉を学ぶ必要性について

1．社会福祉を学ぶ意味

　少子・高齢化社会、家庭機能の変化、障害者の自立と社会参加という時代を迎え、社会全体で人がどう生きていくのが、共生社会を築くのかというものを考えざるを得なくなっている。疾病や不慮の事故等で、人間は身体的にも精神的にもさまざまな障害を負う可能性がある。それは決して他人事ではない。

　人間社会が、老いや障害、幼い子ども等に対する社会的な救済措置として社会福祉制度を整備したのは1945（昭和20）年、第 2 次世界大戦が終了してからのことである。前述のように、憲法第25条第 1 項に「すべて国民は、健康で文化的な最低限度の生活を営む権利を有する」とある。ここに示される生存権は、人間にとって生活というものが単に生命を保障するものだけではなく、文化的あるいは精神的な活動をも含んでいるものとうたっていると解釈される。

　社会福祉制度がかつてのような限られた者の保護、救済にとどまらず、国民全体を対象とした権利として人々の生活を支えられるように発展していく

中、多くの人々が得られた腹いっぱい食べることができ、餓えることがない食生活は、豊かさの象徴として受け止められた。しかしそれらの食生活の積み重ねは、やがて糖尿病や高脂血症等の生活習慣病の増加へとつながっていった。

　こうした流れから、人々の健康を維持増進するための手段として、より適切な栄養のバランスの摂り方の指導や教育が重要であると考えられるようになった。その担い手の中心として栄養士・管理栄養士という専門職種が配置されるようになったのである。ここに栄養士・管理栄養士がなぜ社会保障や社会福祉について学ぶ必要があるのかを再認識してほしい。

2．社会生活における栄養学

　かつての栄養学は、人間を生物として観察する視点が強い傾向にあった。生化学的に人間の健康問題や食生活問題を解決しようとしたものの、栄養指導の現場では、過剰栄養の問題、生活習慣病の問題、孤食の問題、さらに近年では貧困問題などさまざまな社会生活との接点の中で考えていかなければならない問題が多く認識された。

　例えば、独身のひとり暮らしの人に糖尿病の食生活指導をしようとしても、その方の住むアパートに量りはおろか鍋、釜がないことを知るのである。何グラムが何単位に相当するかという机上の空論がむなしく聞こえてしまう。たとえ頭で理解されても、実際の生活の中では実践に結びつきようがないということである。

　また、糖尿病性腎炎のため透析の必要が近い患者さんに腎臓病食の話をしたときである。「要するに透析までにはあとどのくらい時間があるんですか。今の生活をそのまま続けていたら？」との問いに「医師にはどれくらいといわれているんですか？」と尋ね返すと、「長くて6か月ぐらい。食事療法をまじめにやれば。私はねえ、たとえ透析までの期間が3か月になっても今まで通りの生活を楽しみたいんですよ。それで悔いはありませんから」と話す中年の男性のまっすぐ見据えた瞳には少しの迷いも見られなかった。

　このような患者さんの話に、栄養士・管理栄養士としてどのようにかかわればよいのか。人々の生活のあり様はさまざまであり、その生き方の選択には、育ってきた環境（風土・風俗・生活状況等）や、価値観や思想等、さまざまな因子が複雑に影響すると考えられる。医学や生物学、栄養学等が示す化学的な方向性と、本人の求める食生活の方向性が必ずしも一致するとは限らない。

3．自分の住む地域とは

　地域で自分たちの生活をより豊かにするために住民が主体的に動いて何かを企画し、実施するには、人材（人間関係）、環境や物（ハード）、資金の3つは欠かせないと思われる。自分の住んでいる地域を見回し、古い住宅地なのか、町なのか、一戸建てが多いのか、どんな年齢層の人が多く生活をしているのか等考えてみると、意外に知らないことに気づくだろう。さらに、公衆浴場や公衆トイレ・障害者用トイレ等は整備されているか。住民は町内会費を払っているのか、回覧板は回ってくるのか、地区担当の民生委員や児童委員は誰か。昼は外で働き、居住地域には夜しかいないという人ならばなおさら自分の住んでいる街を知らない。公共の交通路や日常生活用品の購入先であるスーパーぐらい確認できれば、あとはインターネットを利用して日常生活を送ることができる。通常、地域といえる範囲は徒歩で20分程度（自転車で10分程度）、距離にして10km足らずという範囲である。この範囲が、今の自分自身には広く感じるのか、それとも遠く感じるのかをまず意識してほしい。その上で、改めて地域理解と社会福祉について考えてみよう。

⑴　住民ボランティアが育った地域（東京都世田谷区の場合）

　都会近郊の住宅街は、子育て世代の集う、地域の力に豊かさを感じる。

　PTAで知り合った主婦のボランティアが社会福祉法人格を取得し、地域福祉の拠点として育ってきた例が東京都の世田谷区にある。1983（昭和58）年にスタートした「老人給食協力会ふきのとう」である。

　創立時のリーダーであった故平野眞佐子氏の立派な厨房や施設が準備されていたわけではなく、ごく普通の"おうちのキッチン"での配食サービスであった。地域が抱える課題に気づき、小さな活動を組織的に展開して、行政や法律を学びながら働きかけながら、日々の活動を育て上げた積み重ねだと感じられた。とにかく、地域をくまなく歩いて、自転車に乗り、足しげく通う姿勢は、孤立しがちであった古い都営住宅の片隅に住む高齢者や障害者の心を開き、公民館で行う食事会への参加に導くことができた。世田谷区は代々の地主や、高度成長期のサラリーマンの一家で移住してきた人たちを取り込み、ボランティア組織を育ててきた文化がある。老人給食協力会ふきのとうは「地域はひとつの家族」と「参加型福祉」の2本柱の理念を忠実に守ってきた35年の歴史がある。自分たちの活動を始めた出発点や目標が継承されていくことが、公助と違う、温かみのある支え合いになっているように感じられる。住民が自らの手で立ち上げ、維持してきた組織のもつ信用と安心ほど安定感のある集まりはない。

　また、世田谷区には、定年退職、シングルの男性単独世帯などの男性の居場所づくりとして「おとこの台所」というボランティアグループがあり、区内に10か所300人の会員がいる。中には、子ども食堂としての機能に広げている所もある。定年までの社会的な地位や経験、資格等は一切活動には出さないのがルールという集まりである。就労の人間関係から定年により一切引き離された時、生きがいや自分の存在意義をどう維持していくのか、住んでいる地域でどう生活していけばよいのか悩む男性の社会的なニーズを与えてくれる場と機会の提供になり、なおかつ規則正しい、栄養のバランスが取れる食生活を維持することにもつながるという活動になっている。社会的に孤独にならない生き方を守る重要な手立ての一つである。

(2)　地域における居場所の活用

　オレンジカフェは認知症を思う人々の地域の受け皿として知られ、国の新オレンジプラン[*4]（認知症施策推進総合戦術）にも詳細に記載されている。江戸川区では現在、地域包括支援センターの空きスペース、元喫茶店、「なごみの家」の一角などさまざまな場所で住民主体の活動の展開として認知症カフェ、サロンが開催されている。軽度の認知症の方が、100円程度のお茶代で週に1度、午後のお茶の時間を楽しめる空間が提供されていた。これらのカフェやサロンは高齢者に限定されたものでもなく、誰もが立ち寄れる雰囲気づくりをしているのも地域包括支援センター（熟年相談室）やなごみの家の介入が活きているのを感じる。もの忘れカフェからコミュニティカフェへと確実に進化してきていると感じられる。

　江戸川区は、2014（平成26）年に第6期介護保険事業計画の中で、2025（令和7）年までに地域包括ケアシステムを構築するため、2015（平成27）年に地域の拠点を区内に設置する方針を定めた。2016（同28）年1月にその拠点の名称を「なごみの家」と定め、同年5月に初年度「なごみの家」を区内3か所に整備した。区民すべての年齢層の住民を対象に24時間365日の安全の相談体制を実現することをめざした。人々の拠り所としてハード面の基盤を整備したのが、江戸川区の特徴であった。2019（令和元）年7月現在9か所が区内オープンしており、2025（同7）年までに15か所の整備をめざしている。はじめにスタートした3か所のなごみの家は、取り組むべき地域課題として、見守り支援活動を共通して挙げている。

　見学した地域支援会議は北小岩のなごみの家と松江北のなごみの家の2か所である。前者は第3回目の会議で、地域に抱える課題の抽出する目的が中心に行なわれていた。後者は7回目の会議で、2020（令和2）年4月にオープンする区の児童相談所についての勉強会が中心に行なわれていた。1年間

＊4　新オレンジプラン
第5章95頁参照。

のなごみの家の活動の報告のあと、グループ内で自分たちが住んでいる地域について話し合いがもたれていた。町内会長、民生委員・児童委員などのほかに、クリニックの医師、地域包括支援センターの職員、地元の大学の卒業生（行政のシニア向けの教養講座）、薬剤師会の薬剤師など多彩なメンバーで、それぞれのなごみの家で60人程度の人々が集まっていた。会議では、地域の見守り隊の組織化や最近増えてきた外国人居住者に対するごみ捨てマナー指導等が挙がった。住民どうしが声をかけ合いにくいという都会の人間関係を踏まえた上で、「なじみの関係」をどのように構築していくかがどちらの地域会議でも基本的に課題になっている印象を受けた。

(3)　地域共生社会の実現の視点

　2025（令和7）年にむけてそれぞれの地域は自助、共助、互助をその地域のおかれている環境と担い手の望む意思の方向性に応じて、実践の仕組みを地域包括支援システムの構築として再生していかなければならない。

　地域支援会議に出席している人々は地域のリーダーとして役割を期待されている人々であり、知識や行動力、社会性をある程度身につけている人々である。民生委員だったり、町内会長だったり、保護司だったりする。長く社会福祉はそういう方々の善意や力に頼ってきたように思われる。「我々が児童相談所はこういう施設であるといくら理解しても住民の大半の人々に伝達する手段と方法にはまだまだ課題があるように思われる。夏祭りの季節だが、こういう行事にさえ関心すらもたない人たちが沢山いるように感じる」と地域支援会議のグループワークで発言した人がいた。一緒に遊んだりはするが、プライバシーには互いに踏み込まず、その場面では当たり障りのない会話はするが、どこか自分の周りにバリアを張る今時の若い世代について、どう自分の生活する地域視点を育てるかは、2018（平成20）年の改正社会福祉法が解決をめざす大きな課題であると思う。

　これまで、地域におけるごみ屋敷や認知症のひとり暮らし世帯等が地域の課題としてあがっても、問題だから排除する方向性で考えることが多かったと思われる。排除ではなく、そういう地域によりよく生活していくためには何を支えあったらよいのかを前向きに考えるスタート点だという思考が求められる。

4．生活学としての栄養学

　栄養学は、臨床の優れた医学的一分野として目覚ましい発展を遂げてきた一方、人間の食生活という生活学の一分野としての視点が十分ではなかった

ように思える。

　最近では、栄養士養成のカリキュラムに介護福祉論や社会福祉概論等が選択科目として取り入れられるようになってきた。その中で教育の目標とされているのは、社会福祉の基礎知識の習得と理解である。栄養指導が人間に対する相談援助業務であることは間違いないが、従来の栄養学の学問的な裏づけに基づいた生活援助でなければならないと思うのである。その上で、社会福祉の諸制度について学んでもらいたいと願う。

　本書を読むときの共通したキーワードは自助、互所、共助、公助、共生社会、栄養ケアマネージメント、食卓、食生活支援、日常生活援助といったものであろう。つまり、一人ひとりの日常生活である食物の購入、調理、配膳、食事、下膳、食器洗い、ごみ捨て等、食卓を巡る生活の営みについて、社会福祉的なアプローチをしてみようという試みである。人間の生活の全体、特に食生活については、過去の精神的な葛藤状況も含めたライフサイクルの中での体験が、食に対する個々人の価値観を形成する。この人間の価値観や自己決定の尊重がどう実際の生活支援の中で生かされていくべきなのかを考えてほしい。

5．栄養士・管理栄養士が社会福祉を学ぶ意義

　生活を理解する方法、すなわちリアルな生活に出会う方法として、「食生活にかかわるケア」がある。このケアをとおしてひとりの人間の生きざまに深く触れることがあり、極めて新鮮な体験になるに違いない。食は、まさに人間の生命の維持と日々の生活に欠かすことができない個性的な生の営みである。ここから社会福祉制度や社会の仕組みの基本について改めて考える機会になるだろう。

　以下は、福祉の分野を半年間学んでもらった学生の感想である。

　「利用者の個性と人生を尊重し、ともに理解し、楽しんでいけること。食べるという行為及びそれに付随するものに常に関心をもち、相手に対して最大の努力をすること。また福祉の分野では栄養士・管理栄養士だけではなく、医師、看護師、社会福祉士、介護福祉士、介護支援専門員など多くの専門職がかかわっている。そのスタッフらと仕事や交流を通じてお互いに刺激を受けながら、これからの福祉社会を創り、支えていく存在になりたい。大学の４年間で身体の機能、栄養素の働き等を学び、『この疾患にはこのような治療食を』というようなことを学んできた。確かに理論上では『身体を健康に近づける食事』ではあるけれど、『おいしいものをおいしく食べる楽しみ』

とは人間本来の幸せであり、それと病院で出される治療食には大きなギャップがあった。たとえ病気の人に対してもいかにできるだけおいしく感じてもらえる食事を提供するかが、食事の雰囲気をも含めて食事する人に対する思いやりの気持ちを大切にすることにかかっている」。

「食事の問題は生活の一部である以上、お金という制限があることを学んだ。献立が先に来るのではなくて、自宅にあるもので料理を何品か提供しなければならないこともある。栄養素の知識だけでなく、利用者の経済状況や生活環境まで知らなければならないと思った。

『食事は自分で食べるのが一番おいしい』という言葉があった。私は、人に食べさせてもらった覚えがないので、自分で食べられる喜びや逆に食べさせてもらう味がわからない。しかし、想像はつく。言葉が不自由であったり、認知症のため、自分の意思を相手に伝えることができない多くの人々はいったいどのような思いをしているのであろうか。利用者の立場に立って考えることの必要性、本当のサービスとは何だろうか。食べる人の気持ちに立ってつくる食事はどうしたらいいのだろうか。食事だけを見ていたのでは不十分で、その人の生活全体を見て、ともに考えていかなければならないと思った。その人にとってどんな食生活が幸せなのか、その中でどこまで自分が栄養士として援助することができるのか難しいと感じた」。

「暑い夏の日、通常でも食欲がなくなるような昼時、デイサービスの食事の煮魚のにおいがあたりを漂っている。『おいしいですから食べましょうね』と額の汗をふきながら声掛けをする介護スタッフ。『何であんたおいしいってわかるの。食べてもいないくせに』と両手が不自由なビニールエプロンをさせられた高齢者のひと言。とまどいを押し隠すように介護スタッフはスプーンを取りに行き、煮魚を一切れ口に入れ、『やっぱりおいしいですよ』とにっこり笑った顔。それに対してようやくひと口食べた高齢者。厨房を一歩出ればそんな光景も目にした。栄養士という仕事は、一人ひとりの人生に介入しなければできない仕事であり、そうすると当然日常生活の中にも介入しなければならない。社会福祉の授業の中で、1人の人が生活していくにはさまざまな人の力を借りて人間の生活が成り立っているということを感じ、専門スタッフによるチームの一員として努力していかなければならないと思った。100人いれば100通りの生活スタイルがあるので、その人の生活を聞かないと栄養指導上の問題解決の糸口はつかめないと思った。実際に栄養指導をしてみて感じることは、ひたすら話を聞く大事さである。これなしに信頼関係は成立せず、栄養指導の実践には結びついていかないと思った」。

以上の感想に集約されるように、栄養士は人間の生活、とりわけ人には知

られたくない個人的な日常生活の中に入らなければできない仕事である。そして、食事は生物としての栄養の確保と同時に、人間の信頼関係を築いていく手段である。そういう信頼関係が築けたときにこそ、利用者は心を開き、自らの食事のあり方について相談するに違いない。それはまさに社会福祉援助技術の技法にほかならない。つまり、栄養士が社会福祉を学ぶことは、人の生活について、特に対象者の日常生活について常に関心をもち、さまざまな生き方をする人々の生き様を受け止めてほしい。

　栄養士・管理栄養士であると同時に一人の人間として、食生活について学び、考えることで自分自身の生き方について考える一つの機会を得ることができるのではないだろうか。栄養素や食品構成ではみえてこなかった、その人の生き様に触れて栄養指導の本当の方向性に近づいていく一歩とすることができるのではないかと思うのである。

●栄養士と社会福祉

　栄養士と社会福祉といわれてもなかなか結びつかないだろう。栄養士は、多くの場合、適切な栄養のバランスと規則正しい食生活と健康を考える職種だと考えられているからである。社会福祉は、人と社会とのつながりに問題が生じたとき、その問題を解決、または緩和するために人間がこしらえた社会の制度と仕組みを指す場合が多い。私たち人間は、信頼のおける人間と食事の席をもつし、また新しい関係を築こうとするときも食事をともにするだろう。つまり、食生活は人間の生物としての生命を維持するだけでなく、社会的に生きる人間としての食生活という部分をもっているのである。今、社会福祉の分野では、自立支援という言葉が国の大きな施策の柱の1つになっている。自立支援という言葉を食生活の場面に当てはめたらどうであろうか。その担い手はまさに栄養士ではないかと思うのである。この章は栄養士が社会福祉を学ぶ意義と目的について整理した序章である。

〈引用・参考文献〉
1）フィールドハウス，P.（和仁皓明訳）『食と栄養の文化人類学—ヒトは何故それを食べるか』中央法規出版　1991年
2）足立己幸「家族と食生活」『食生活論』日本放送協会出版　1986年

第 2 章

社会福祉の意味と対象

-社会福祉とは誰のためにあるのか-

1 社会福祉とは

1.「社会福祉」という言葉の意味

「社会福祉」という言葉から何をイメージするだろうか。「高齢者を介護する」「困った人を助ける」「障害者に手を差しのべる」という言葉などを連想する人もいるかもしれない。「福祉」を辞書で引いてみると、しばしば「幸福」「しあわせ」「さいわい」などを意味する言葉として表されている。

まず、福祉の言葉の由来についてみてみよう。漢字の「福祉」は、どちらも「ネ」が使われているが、これは神を表すといわれている。たとえば「祝」「祈」「祀」「祖」など「ネ」をともなう漢字は、神にゆかりのある言葉が多い。一方、「福」の右側「畐」は、その形がお酒を入れる酒樽を表し、「祉」の右側「止」は「止まる」ことを示している。したがって「福祉」とは、神様が立ち止り、酒樽にお酒や食物を満たす意味をもつといわれている。私たちの生活にとって、食を満たすことは幸福につながることである。食を満たすには、穀物が豊かに実ることが前提であり、そのためには天候に恵まれる必要がある。しかし、晴れや雨などの天候は、私たちが操作できるものではなく、神のみぞ知るところである。つまり私たちの幸福は、私たちの力の及ばない、見えない力（神）によって左右される側面をもっている。

それでは、英語の場合はどうであろうか。英語では「福祉」は「welfare」と訳されることが多い。これは、「well」と「fare」という2つの言葉をあわせた用語といわれる。「well」は「よりよい」「快い」、「fare」は「暮らす」「やっていく」という意味をもっているため、「welfare」は「よりよい暮らし」ということができるだろう。しかし「welfare」という英語は、実際には貧困救済や保護的意味合いを強くもつネガティブな言葉として使われるため、後述のように、福祉を「自分らしく幸せに生きる」という自己実現を意味する言葉として「well-being」（よりよくある状態）が使われることも多くなってきている。日本語であれ英語であれ、「福祉」とは私たちの生活・

暮らしと密接にかかわり、より望ましい状態（幸福）をめざすことを意味していることがわかるであろう。

　さて、ここで「福祉」の前に「社会」がついていることを忘れてはならない。では、「社会福祉」とは何であろうか。「社会福祉」を一言で表すには大変難しいが、ここで例を挙げて説明しよう。誰でも「しあわせになりたい」「よりよい生活がしたい」と願っている。また、そうなるために、それぞれ自分なりの「努力」もしているのではないだろうか。

　たとえば、あなたが「管理栄養士として病院に就職したい」という希望があるとしよう。その場合、誰かに相談したり、病院に関する情報を収集したり、就職の面接や履歴書の書き方の練習をしたりなど、何らかの「努力」をするだろう。しかし、あなた自身がいくら頑張ったとしても、もし、あなたに何らかの「障害」があるならば、すんなりと就職できるだろうか。「車いすで働ける職場環境が整備されていない」「コミュニケーションが難しい」など、採用を拒否する雇用主も少なくない。本人がいくら「努力」したとしても、雇用主が障害者の人たちを受け入れようと「努力」しないかぎり、本人の幸せが実現することは難しい。

　社会福祉は、本人のみならず、他の人たちの「努力」も伴うものである。私たちは一人で生きているのではなく、社会、すなわち人々の集団の中で生活しているわけであり、個人の福祉は社会と密接にかかわっているのである。社会福祉とは、社会全体で私たちそれぞれの福祉を実現していく取り組みということができる。

　一番ケ瀬康子は、社会福祉とは「福祉をめぐるところの社会方策あるいは社会的努力である」[1]とわかりやすく定義している。社会方策とは、この場合、社会制度・政策を意味しているが、同時に社会的努力、すなわち社会の構成員であるすべての人々の努力も社会福祉には不可欠な要素なのである。

2．社会福祉の成り立ち

　現在では、社会福祉は国の制度と深くかかわっているが、最初からそうではなかった。人類の歴史を振り返れば、福祉活動は、近隣の人たちによる相互扶助や宗教的思想を基盤とした慈善事業から出発し、そして、貧困問題が社会問題として認識されるようになると、貧民救済を目的とした社会事業へと転換した。そして、第二次世界大戦後の福祉国家の成立・形成とともにすべての人々を対象とした社会福祉へと発展したといえる。

(1)　慈善事業と相互扶助

　あなたの友人が空腹なとき、あなたは隣で平然と食事をとっていられるだろうか。おそらく友人に対して「かわいそう」と思い、食事を分け与えようと思うのではないだろうか。社会福祉は、もともと、そのような慈愛の感情から出発している。恵まれない人々に情けや哀れみをかけ、助けることという「慈善事業」や近隣の人が困っていたらお互い様で助け合おうという「相互扶助」が、その発端にある。

　古代・中世および近世の時代では、親族による相互救済、地縁関係による相互扶助活動、宗教を背景とした慈善救済活動が中心であった。西欧ではキリスト教の布教活動とともに教会が中心となり神への愛の証として慈善活動が展開された。また中世末期では、商工業者によるギルド*1がその組合員や家族に対して相互扶助機能を発揮していった。

　日本では、古くは仏教福祉の先駆者として、聖徳太子（574～622）が、四天王寺に四箇院*2をつくり、現代の社会福祉施設のもとを築いたとされる。仏教思想による救済活動は、その後、皇族・豪族、僧侶などを中心に展開されていく。またフランシスコ・ザビエルのような海外からのキリスト教宣教師たちが布教活動とともに、病院や施設をつくり慈善活動を行った。他方、一般庶民の生活の中では、村落共同体に基づく相互扶助組織が生まれ、江戸時代では、犯罪の防止や年貢の納入のための連帯責任を負わせるためにつくられた五人組制度が、相互扶助の組織としての役割を果たすようになった。

　明治期になると、欧米の影響もあり民間の慈善事業家や宗教家による慈善事業が活発になった。著名な人物には、石井十次（岡山孤児院）、石井亮一（知的障害児施設、滝乃川学園）、山室軍平（廃娼運動、救世軍）、野口幽香（貧民幼稚園）、留岡幸助（感化事業、北海道家庭学校）などがいる。

(2)　貧民対策としての救貧法

　日本に先立ちイギリスでは、国による貧民への救済対策が早くから始まっていた。日本が戦国時代であった1500年代のイギリスは、中世封建社会が徐々に崩壊していく中で、土地を追われた農民や貧民に対して、彼らを取り締まる治安対策とともに貧民救済対策として法制度が整備されていった。

　1601年、エリザベスⅠ世の統治下で、エリザベス救貧法が成立した。これは世界で最初の国家的な救貧制度といわれている。この制度は、労働可能な貧民、労働不能な老人や障害者、子どもに分けて、①可能な者には労働させ、②不能な者には施設収容や生活援助を行い、③子どもは徒弟奉公に出すという内容であった。救貧法は何度か改正され、1834年の新救貧法では、救貧を最低限度にし、救済を受ける者をワークハウス（労役場）に収容し、「劣等

---

*1　ギルド
　近代まで続いた都市の商人や手工業者等の同業者の組合。

*2　四箇院
　敬田院、施薬院、療病院、悲田院の4つを指し、それぞれ寺院、薬局、病院、社会福祉施設の機能をもった施設といわれている。

処遇原則」を適用することになった。劣等処遇原則とは、救済を受けている
貧民の生活状態は、働いている一般の勤労者の平均的生活水準よりも低くな
ければならないという考え方である。これは勤勉な労働者と怠惰な貧民を区
別し、貧民への差別的待遇を進め、援助を受ける人たちへのスティグマ（恥、
負の烙印）を植え付けることにもなった。このように、救貧法は国家的な救
済措置であったが、貧困そのものは個人の怠惰のあらわれとして認識されて
いた。なお、日本においても明治期に、政府による貧民救済制度として1874
（明治 7 ）年に恤救規則が制定されたが、同様にこの原則が取り入れられた。

(3)　社会事業の成立と発展

　18世紀後半に起こった産業革命は、人々の生活や社会構造に変化をもたら
した。産業革命によって、人々の生活は便利になった一方で、資本家と労働
者、すなわち富裕層と貧困層の格差社会が生まれることになった。19世紀に
入ると、労働者階級による社会主義運動や社会改良運動が活発化し、イギリ
スやアメリカでは慈善活動の組織化やセツルメント運動が盛んに行われるよ
うになった。セツルメント運動は、教会関係者、知識人や学生など中産階級
の人たちが、都市の貧困地域（スラム）に住み込み、労働者階級や貧困層と
接触しながら、教育、医療、文化等の機会を提供し、生活状況の改善を図り
ながら社会改良をめざすものであった。また、ブース（C. Booth）やラウン
トリー（B. Rowntree）らによる貧困調査や社会調査が実施され、貧困その
ものを科学的にとらえる動きも出てきた。彼らの調査によって、貧困の原因
が個人の怠惰によるものではなく、失業、病気、低賃金・長時間労働などの
劣悪な労働条件などの社会的な理由によるものであることが明らかにされた。
こうした動きの中で、貧困は個人の責任ではなく社会の責任であり、貧困問
題への社会的な対応の必要性が認められるようになっていく。

　日本でも同様に貧困問題への対応が慈善事業にとどまらず、社会的な対応
を必要とする社会事業としての取り組みが始まるようになる。日清・日露戦
争、そして第一次世界大戦によって、日本は産業発展が進み好景気に恵まれ
たが、軍備拡張のために人々の生活よりも軍事費が優先された。物価が激し
く上昇し、それに賃金上昇が追いつかず、人々の生活は著しく困窮した。米
価の高騰や物価上昇への不満から米騒動[*3]が起こったり、都市の勤労者たち
によるストライキ・労働争議も激増し、人々の不満が爆発していった。当時
の貧困状況は、朝日新聞に連載された河上肇の「貧乏物語」（1917（大正 6 ）
年書籍化）に綴られ、大きな社会的反響を呼ぶことにもなった。こうした庶
民の生活困窮や社会経済の混乱を背景に、政府は抜本的な救貧政策を迫られ、
1920（同 9 ）年、内務省内に社会局を設置し、職業紹介、授産事業、失業者

＊3　米騒動
　1918（大正 7 ）年に
富山県の米の安売りを
求める運動が全国に広
がる騒動となり、参加
者は70万人にのぼった
ともいわれている。

救済事業などの防貧的な事業や託児所（保育所）の建設を進めていった。このような対策は社会事業と呼ばれるようになり、政府が人々の生活困窮に積極的に介入していくことになった。1929（昭和4）年には世界大恐慌が起こり、日本経済も打撃を受け、国内の貧困問題が深刻化したが、国は貧窮対策として救護法[*4]を制定し、公的扶助体制を整備していくことになった。

(4) 福祉国家の登場

慈善事業や社会事業は、その基本的な考え方や対象者を生活困窮者に限定し、社会全般に及んでいないことで限界に至っていた。第二次世界大戦後、後で述べるように人権思想、とくに生存権が定着し、社会福祉は国の責任で行うことになり国民全体のものになっていく。

イギリスでは、1942年、戦後の社会再建のために「ベヴァリッジ報告」[*5]が出され、体系的な社会保障制度が実施されることになった。社会が解決すべき課題として、「5つの巨人」（疾病、無知、不潔、無為、窮乏）を想定し、それらの対策として、たとえば医療費の無料化、雇用保険、救貧制度、公営住宅の建設などを行った。イギリスは、国によるナショナルミニマム[*6]保障を掲げ、すべてのイギリス国民を対象とした「ゆりかごから墓場まで」、すなわち生まれてから死ぬまでの最低生活の保障をめざしていく「福祉国家」をスタートさせた。第二次世界大戦後は、先進諸国もイギリスにならい、次々と福祉国家への道を歩みことになっていく。

敗戦後の日本では、GHQ（連合国最高司令官総司令部）が中心となって社会事業の全面的な見直しが図られていった。GHQは1946年（昭和21）年、生活困窮への対応として、国家責任に基づく緊急救済の4原則の覚書を発表した。それは、①困窮者の保護は無差別平等に行う、②社会事業の公私分離、③国家責任で国民生活の最低保障を行う、④必要な保護費の無制限支出をする、という内容であった。そして、日本国憲法が公布され、その中で「社会福祉」という語句が明記されるとともに、第25条によって国民の権利としての生存権保障が提唱されることになった。これによって、日本も国による責任において、国民全体の生活を保障する「福祉国家」としての一歩を踏み出すのである。

3. 社会福祉の発展

戦後の日本の社会福祉は発展し変化を続けているが、その段階は大きく4期に分けられるだろう。戦後初期の段階、高度経済成長期を迎え福祉が充実してくる段階、施設サービスから在宅サービスへと転換をしていく段階、そ

＊4　救護法
　戦後に制定された生活保護法の前身にあたる法律。1929（昭和4）年に制定されたが政府の財政難などの理由からなかなか施行されず、全国の方面委員（現在の民生委員）が実施を促進する運動を行った結果、ようやく3年後に実施された。

＊5　ベヴァリッジ報告
　ベヴァリッジ（W. H. Beveridge）を委員長とする報告書。正式名称は「社会保険および関連サービス」（Social Insurance and Allied Services）。

＊6　ナショナルミニマム
　国家が国民に対して保障する最低限度の生活水準。

して社会福祉基礎構造改革の段階である。

(1)　第1期

　第1期は、戦後初期の復興段階である。日本国憲法の生存権保障の理念ととともに、1951（昭和26）年に、社会福祉事業の共通的基本的事項を定めた「社会福祉事業法」（現：社会福祉法）が制定され、戦後の社会福祉体制がつくられていく時期である。戦争直後は、日本全体が貧しい時代であったために貧困対策、そして人口を増やすための児童保護、戦争で負傷した人々の救済が優先され、それぞれ「生活保護法」「児童福祉法」「身体障害者福祉法」の三法が制定された。

(2)　第2期

　第2期は、日本経済が高度経済成長を迎えた時期で、福祉制度が国民全体を視野に入れて整備されていく段階である。「精神薄弱者福祉法」（現：知的障害者福祉法）、「老人福祉法」「母子福祉法」（現：母子及び父子並びに寡婦福祉法）が制定され、いわゆる福祉の対象者別に法律が整備され、先の三法とあわせて福祉六法時代となった。また1961（昭和36）年には、すべての国民が医療保険及び年金による保障を受けられるという画期的な「国民皆保険・皆年金」を実現していくなど、社会保障制度の充実が図られていった。

　1970（昭和45）年には日本は高齢化社会*7となり、老人医療費の無料化や老人福祉施設などの施設の整備も進んでいった。一方、高度経済成長によって人々の生活は豊かになった反面、企業による公害問題や薬害問題、また女性の社会進出などを背景に、保育・生活権の要求運動もあらわれ、社会福祉が市民による運動論という側面をもつようにもなった。

(3)　第3期

　第3期は、1980年代から90年代にかけて、施設福祉から在宅福祉へと転換が図られていく時期である。後述のように、「ノーマライゼーション」の考えが世界的に普及する中で、福祉の対象者が施設で暮らすのではなく、住み慣れた地域社会でその人らしい生活するという考えが支持されるようになってきた。また社会の高齢化ともに、1989年（平成元）年には、1.57ショックという合計特殊出生率*8の低下が心配され、少子化問題も深刻となった。そこで、福祉の理念の見直しや少子高齢社会に対応していくために、1990（同2）年、主要な8つの福祉関係法*9が改正され、在宅福祉サービスの推進や市町村・都道府県による福祉計画の策定の義務化が図られていくことになった。また、今後の福祉ニーズの増加を想定し、1988（昭和62）年に「社会福祉士及び介護福祉士法」が制定され、国家資格による福祉専門職の養成が始まった。

*7　高齢化社会
　65歳以上の老年人口の比率が総人口の7％を超えた社会。

*8　合計特殊出生率
　女性が生涯に産む子どもの数。1966（昭和41）年は「ひのえうま（丙午）」の迷信により、この率が1.58に落ち込んだが、1989（平成元）年は、それを下回り1.57となり、社会に衝撃を与えた。これは「1.57ショック」と呼ばれ、少子化対策が急がれることになった。

*9　福祉関係八法改正
　「老人福祉法等の一部を改正する法律」による各種法律の改正。老人福祉法、身体障害者福祉法、精神薄弱者福祉法、児童福祉法、母子及び寡婦福祉法、社会福祉事業法、老人保健法、社会福祉・医療事業団法の8つの法律（法律名は当時）の改正を指す。

⑷ 第4期

　第4期は、2000年前後に行われた社会福祉基礎構造改革である。これは少子高齢社会の進展とともに、ますます増加・多様化する福祉ニーズに対応していくために、21世紀型の社会福祉の構築をめざすものであった。日本の福祉制度の共通基盤を定めた社会福祉事業法が約50年の時を経て「社会福祉法」へと改称、大きく改正され、戦後の措置制度の下で発展してきた社会福祉事業の基本的枠組みが抜本的に見直されることになった。つまり、従来、日本の福祉サービスは行政の判断により提供されるという措置制度であったが、個人がサービスを選択・利用し、契約に基づく制度へと移行することになったということである。これによって、福祉サービスの提供者である事業者と福祉サービスを利用する個人が対等な立場であることが認識されるようになった。しかし、福祉サービスを利用する人たちは、しばしば自分で判断する能力や自己決定する能力が低下している場合も多いため、それらの人たちの福祉サービス利用支援や権利をまもるための権利擁護制度なども並行して進められていった。そのほか、福祉サービスの質の向上をめざすための第三者評価機関等の整備、地域福祉の推進、多様な福祉サービス事業者の参入促進などが改革として行われた。本改革によって、個人の尊厳や自己決定を尊重する福祉理念に基づいた制度転換が図られたが、同時に自己責任による自立を支援する方向へと変わっていったといえよう。

　このような基礎構造改革の流れをくみつつ、2016（平成28）年、厚生労働省に「我が事・丸ごと」地域共生社会実現本部が設置され、現在は「地域共生社会」の実現に向けた新たな改革が進行中である。少子高齢化や人口減少がますます進むなかで、地域・家族・職場といった支え合い機能は低下するとともに地域経済・産業は衰退し地域社会の存続が危ぶまれている。また福祉ニーズは多様化・複雑化し、高齢者、障害者、子どもなどの対象者別の公的支援だけでは限界が生じており、分野を超えた複合的な支援が求められている。「地域共生社会」とは「制度・分野ごとの『縦割り』や「支え手」「受け手」という関係を超えて、地域住民や地域の多様な主体が『我が事』として参画し、人と人、人と資源が世代や分野を超えて『丸ごと』つながることで、住民一人ひとりの暮らしと生きがい、地域をともに創っていく社会」であり、地域における住民主体の課題解決力の強化や包括的支援体制の構築がめざされている。

4．社会福祉を支える思想

　社会福祉は政策や実践活動をともなうものであるが、その際に、拠り所となる根本的な考えや理念がある。ここでは、基本的人権、ノーマライゼーション、自立と共生の概念について述べる。

(1)　基本的人権

　人間は誰しもおごそかで尊いものであり、互いに人間として尊重すべきである。すなわち「人間の尊厳（human dignity）」は、社会福祉の根幹といえる考えであり、これを否定してしまっては社会福祉そのものが成り立たないといえる。たとえばホームレスだから、障害者だからという理由で、他人より劣っているとか、世の中から切り捨てられることはあってはならない。世界人権宣言の第1条は「すべての人間は、生まれながらにして自由であり、かつ、尊厳と権利とについて平等である」と述べ、また日本国憲法第13条では人間の尊厳は、個人の尊重として規定されている。

　人間の尊厳は、誰もが人間らしく生きる権利、すなわち「人権」として歴史の中に刻み込まれてきた。人権思想は、欧米における市民革命を背景に、18世紀のアメリカ独立宣言やフランス人権宣言などにおいて、国家権力による個人の自由への不当な干渉を禁止する「自由権的基本権」から出発した。しかし、20世紀になると、国家が積極的に個人に干渉することにより、個人が本当の意味で自由で自立した存在になるという考えも広まっていく。これは「社会権的基本権」と呼ばれ、1919年のドイツのワイマール憲法[*10]によって、国家による人間の生活を保障する権利が初めて含まれるようになり、社会権としての生存権が認められるようになった。現代の福祉国家では、国家の義務として生存権を保障することが政策の根底になっている。日本国憲法第25条では生存権を以下のように規定している。

　　①すべて国民は、健康で文化的な最低限度の生活を営む権利を有する。
　　②国は、すべての生活部面について、社会福祉、社会保障及び公衆衛生の
　　　向上及び増進に努めなければならない。

　生存権はこの憲法第25条によって、法的な権利として位置づけられたが、実際にはどうであろうか。1957（昭和32）年に、朝日訴訟[*11]という生活保護費を不服とする裁判が起こり、生活保護制度で想定する具体的な生活基準が、憲法第25条の「健康で文化的な最低限度の生活」に値するのかどうかが問われた。この訴訟自体は最終的に最高裁まで進み、原告の主張は退けられ、原告死亡により幕を閉じた。しかし、この裁判は世間の注目を集め、「社会福祉の権利性」が広く社会に認識されるようになった。

*10　ワイマール憲法
　ワイマールで開かれた国民議会で制定されたドイツ共和国憲法。当時は世界で最も民主的な憲法といわれた。

*11　朝日訴訟
　岡山県の療養所に重症の結核患者として入院していた朝日茂氏が生活扶助の月額600円の支給が少ないことに対して不服を訴え、国の改善を求めて起こした訴訟。

(2)　ノーマライゼーション

　ノーマライゼーション（Normalization）は、いまや社会福祉の草の根的な哲学として定着している考えである。ノーマライゼーションのノーマルは「普通」という意味であり、直訳すると「正常化」「常態化」、つまり「普通の状態になる」ことを指す。近年ではノーマライゼーションという言葉そのものが、福祉用語として定着している。

　もともとノーマライゼーションという言葉は、1950年代のデンマークにおいて、知的障害者の親の会の人たちが行った施設の改善運動の中で生まれ、バンク・ミケルセン（N.E. Bank-Mikkelsen）やニーリエ（B. Nirje）らによって概念化された。当時のデンマークは、施設収容型の福祉が主流であり、知的障害者は街から遠い施設に隔離収容されていた。このような収容状態が「人間らしい普通（ノーマル）の生活といえるのか」という批判を受け、デンマークでは、1959年に「知的障害者法」が成立し、「知的障害者の生活を可能なかぎり通常の生活状態に近づけるようにする」ことがめざされた。

　当時、社会省で福祉行政にかかわっていたバンク・ミケルセンは、自らが戦時中ナチスに捕らえられた経験と、知的障害者の反福祉的な現実を重ね合わせ、ノーマライゼーションという言葉は人権を踏みにじる権力への抵抗という意味が含まれていることを唱えている。その後、ノーマライゼーションは、知的障害者だけにとどまらず、障害者全体の運動や地域生活の保障を求める運動へと発展し、国連の「国際障害者年」（1981年）および「国連障害者の十年」の中で強調され、世界中に広く普及していった。

　ノーマライゼーションは、①ノーマルな暮らしの実現を求める視点と、②ノーマルな社会を実現する視点をもつといわれている。前者は、障害者（もしくはマイノリティ*12の人たち）が一般の人々と同じように人間らしい生活をできるように、生活条件を整えていくこと、後者は、社会というものは多様な人たちから成り立っていることが普通であり、それぞれの能力の違いを認め合い、誰も排除しない、すべての人々の参加によって成り立つ福祉社会づくりをめざすものである。

(3)　自立と共生

①自立

　社会福祉は、生活保護法という名前からわかるように、生活に困っている人を「保護」することがその第一の目的であった。しかし、社会福祉基礎構造改革あたりから、社会福祉の目的は「自立」支援であることが強調され、法制度上に「自立」の言葉が頻繁に登場するようになってきた。

　自立という言葉から何を連想するだろうか。おそらく働いて経済的に生計

*12　マイノリティ
　社会的少数派。社会的に弱い立場にある人たちを指す場合が多い。社会の多数派の人たちからは異質な存在とみなされ、差別や偏見や不平等にさらされやすい。

を立てている、つまり経済的自立や職業的自立を思い浮かべるのではないだろうか。生活保護行政では、現金給付を主たる内容としている制度なので、自立の経済的な側面が強調されてきた。また、福祉施設の中では、しばしば自立といえば、身辺的な自立として理解されてきた。たとえば、障害のある入所者が、自分でスプーンをもち食事ができる、歯ブラシで歯を磨くことができる、洋服を着ることができるなど、日常生活動作（ADL：Activities of Daily Living）の自立を意味した。こうした経済的自立、職業的自立、身辺的自立といった伝統的な自立の概念は、現代にいたっても、根強く残っているが、一方で新しい自立の考え方も登場してくる。

1970年代のアメリカで重度障害のある人たちが地域で自立した生活をおくることを推進する自立生活運動（Independent Living Movement：IL運動）が展開された。ここでの自立は、ADLのみならず、生活の質（QOL：Quality of Life）の重要性を訴え、「自らの生活や人生を自己選択し、自己決定しながら行動し、自己実現に向けて主体的に生きる」という自立の考え方であった。こうした新しい自立の概念は、人間の生活を生産的・効率的な側面から見るのではなく、文化・余暇などを含めた生活全般の質をみて支援していく必要性が認識されたといえる。

②共生

自立とともに共生の考えも現代社会福祉において重要となってきている。私たちの社会では、生涯を通じて、誰にも頼らないで生きていくことは不可能といえよう。社会福祉は「誰もが相互に適切に依存しあう、つまり他人による必要な援助を受け入れながら（共生）、その人らしく生きる（自立）」状態をめざしているといってもよいだろう。自立と共生とは車輪の両輪のように不可欠なのである。日本の福祉の中で「共生」の考えが注目され始めたのは、1995（平成7）年の阪神淡路大震災後である。震災の悲劇によって、地域社会の「つながり」が見直されるようになり、1997（同9）年には特定非営利活動促進法（NPO法）*13が制定され、市民のボランティア活動や社会貢献活動を政府が後押しすることになった。また2000（同12）年に厚生省（現・厚生労働省）に設置された「社会的な援護を要する人々に対する社会福祉のあり方に関する検討会」の報告書の中では、今日的な「つながり」の再構築を図り、すべての人々を孤独や孤立、排除や摩擦から援護し、健康で文化的な生活の実現につなげるよう、社会の構成員として包み、支え合う（ソーシャル・インクルージョン*14）ための社会福祉を模索する必要性が示唆されている。現代の福祉は、自立を支援することと同時に、多様な人たちで構成される社会の中で、豊かなつながりを作りお互いに支え合う共生社会を実現して

*13　特定非営利活動
促進法（NPO法）
　特定非営利活動とは、非営利な活動（NPO：Non Profit Organization）の中でも、法律で決められた20種類の分野に限定された活動であり、不特定かつ多数のものの利益に寄与することを目的とする活動をさす。

*14　ソーシャル・インクルージョン
　社会的包摂や社会的包含と訳される。インクルージョン（inclusion）は、エクスクルージョン（exclusion）すなわち排除や排斥という意味の対比で使われることにより、誰も排除しないという強い意志を示した理念である。

いくことを主たる目的としている。

キーワード

■生活保護

2　社会福祉の対象

　社会福祉の対象といえば、「高齢者」や「障害者」を思い浮かべるかもしれない。しかし、それは「対象者」であって、「対象」というわけではない。ややこしく聞こえるかもしれないが、最初に、社会福祉の「対象者」と「対象」を説明しておく必要があるだろう。

1．社会福祉の対象者となる人たち

　社会福祉の対象者という場合は、対象となる人を指す。誰が対象者になるのかについては、社会福祉を狭い意味でとらえるか、もしくは広い意味でとらえるかで違ってくる。

(1)　選別的な福祉

　社会福祉は、最初に述べたように、もともと「かわいそうな人」「恵まれない人」「貧しい人」などを相手に、援助が行われてきた。そのように対象者が限定されている場合は、社会福祉は狭い意味でとらえられ、しばしば「狭義の福祉」または「選別的な福祉」と呼ばれる。その場合は、いわゆる社会的に弱い立場にある人々として「高齢者」「児童」「障害者」「貧困者」などが対象者として認識されてきた。日本の社会福祉の法は、これらの人々を対象者として、「老人福祉法」「児童福祉法」「知的障害者福祉法」「身体障害者福祉法」「生活保護法」などに分類されている。

(2)　普遍的な福祉

　他方、社会福祉を広い意味でとらえた場合は、社会福祉の対象者は「すべての人々」とされる。そのような福祉は「広義の福祉」または「普遍的な福祉」と呼ばれる。たとえば憲法13条の中では「公共の福祉」と記されているが、その場合は「社会全体の共通の利益」を指し、「福祉」は「すべての人々」の福祉の意味で使われている。また、前述した通り、福祉国家という場合の「福祉」は、国家の責任で、生まれてから死ぬまで、国民すべての人々の生活・生存権を保障することをめざしているため、普遍的な福祉ということができる。

2．社会福祉の対象と援助

　次に「対象」についてであるが、「対象」とは、一般的に、行為の目標や目的となるものを指すので、社会福祉の対象といえば、「社会福祉が取り扱うべき問題」ということができる。すなわち、社会福祉が他の学問と違って、「○○な問題」が生じた場合には、社会福祉こそが介入しなければならないというものである。この「○○な問題」とは、ひとことで言えば、「生活困難」といってよいであろう。

　生活といってもいろいろあるが、とくに社会福祉では、生活を「社会生活」ととらえ、個人と社会との関係（社会関係）で、私たちの生活が成り立っているととらえる。たとえば、私たちは誰しも「仕事をして安定した暮らしを得たい」と望むものであるが、仕事をするためには何が必要であろうか。現代社会では、一般的に読み書きの能力がなければ、就職することは難しい。読み書きの能力を身に付けるために、私たちは「学校」で教育を受けることができるだろう。しかし、学校や教育を受ける場がなかったり、あるいは学校があっても、何らかの事情で通学することができなかったりすれば、読み書きの能力を身に付けることはできない。これは一つの例であるが、私たちの生活は、さまざまな社会制度との関係で成り立っている。教育制度、雇用制度、医療制度など、それらとの社会関係で、個人の生活は良くも悪くもなるのである。

　普段、私たちが生活をしているときは、それほど意識していないが、個人はそれぞれの役割を担って生きている。たとえば、あなたが大学生ならば大学の中では「学生」の役割、職場の中では「アルバイト」の役割、家族の中では「子ども」の役割、クラブ活動の中では「部員」の役割、もし病院に通院しているのであれば「患者」の役割など、一人の人間はさまざまな役割をこなしながら生活している。個人が、学校、職場、家族、病院などでのそれぞれの役割を果たし、社会環境・社会制度とよい社会関係を保って暮らしているときには、社会福祉の援助は必要ない。

　しかし、社会関係が上手くいかなくなっときに「生活困難」があらわれる。たとえば、あなたが病気になった時を考えてみよう。病院に行けば、医者は患者のあなたに対して治療に専念するように言うだろう。しかし治療に専念すると、仕事を休まなければならなくなる。職場の上司は、あなたに仕事を休むと困ると言うかもしれない。あなたは無理して職場にいくと、病院に通院できず、病気が悪化してしまい、最終的に仕事を辞めざるを得なくなるかもしれない。病院と職場との両者の関係の調整がとれなくなったり、関係が

断たれたりすることにより、生活困難が陥ることが想定される。

　また、社会制度そのものに問題がある場合も生活困難になりやすい。たとえば、発展途上国では、まだまだ学校や病院が不足しているとこともあり、学ぶことや治療を受けることができないところもある。あるいは職場が十分にあったとしても、障害や高齢であることを理由に就職を拒否されれば、仕事につけず生活が苦しくなることが予想される。

　社会福祉の対象とは、個人と社会制度との社会関係の不調和や断絶、そして社会制度そのものの未整備を指す。そのため、社会福祉の援助は、社会関係の調整や修復、そして社会制度の改善や開発を通して、生活困難の軽減・解決を図っていくのである。

3．社会的ニーズ

　社会福祉は制度・政策と密接にかかわり、現実的に支援をしていくときには、福祉制度をしばしば利用する。たとえば生活に困窮した場合、生活保護制度によって、金銭的な給付がなされることがある。しかし、すべての人々が生活保護の対象者となるわけではない。本人が、生活に困っていると訴えたとしても、実際、本人の要求だけで、保護費が支給されることはない。その人が本当に生活に困っているのか、どのくらい困っているのか、あるいは貯金はないのか、ほかに頼れる家族や親族はいないか等、役所が調べることになる。すなわち、第三者が「本当にその人に金銭的な支給が必要かどうか」について客観的な判断を下すのである。

　これは、社会的ニーズ（必要：needs）と呼ばれる。すなわち、本人の主観的なニーズだけでは、政策上、福祉サービスは提供されない。本人以外の人々、つまり他の人たち、いってみれば「社会」からもニーズがあると認められなければならない。なぜなら、制度上の福祉サービスは私たちの税金から成り立っているため、福祉にかかわる人材、金銭、物などの社会資源には限りがあるからである。そのため、より有効に公平に、本当に福祉が必要な人に社会資源を配分することが求められるであろう。実際、特別養護老人ホームに入りたいといっても、誰でも入れるわけではない。介護保険制度において、介護の必要度（要支援・要介護）が介護認定審査会*15の中で専門家の判断によって決定し、介護の必要な度合に応じて福祉サービスが提供される仕組みになっているのだ。

　社会的ニーズについては、時代や場所で違ってくる。たとえば、生活保護世帯にエアコンがあることについて、人々（社会）はどのように考えるだろ

*15　介護認定審査会
　保健・医療・福祉の専門家で構成される、要介護認定等の審査・判定を行う市区町村に設置された機関。

うか。発展途上国のように、国民の多くがエアコンを所有していなければ、エアコンは贅沢品となるだろうが、日本では最近、エアコンは多くの家庭に普及し、また猛暑対策のため必要不可欠なものとなってきている。実際、生活保護世帯のエアコン設置・保有は認められるようになってきている。

4．ニーズの発見

　社会福祉の政策上は、社会的ニーズが本人の訴えるニーズよりも優先される傾向にある。しかし、これについては、常に疑問視されなければならない。本人が生活保護の支給を申請しながらも拒否され餓死してしまった事件や、児童が親からの虐待を訴えたものの児童相談所が保護に踏み切れず虐待死したという痛ましい事件なども起こっている。本人から訴えられたニーズは、援助において真摯に耳を傾ける必要がある。

　また、福祉の対象者の中には、自らのニーズを伝えることができない人もいる。たとえば認知症の人や知的障害の人など、自らの判断能力が不十分な人たちは、相手に自分の要望を正確に伝えることができなかったり、自分自身のニーズにそもそも気がつかなかったり、もしくは気づいていても言わない場合もある（例：熱があるのに自分で感知できない、食物アレルギーがあるのに伝えることができない、失禁したことが恥ずかしくて言えない）。

　あなたが、栄養士・管理栄養士として、さまざまな人たちと向き合うときに、自分自身のニーズを表明することが難しい人たちがいることを念頭においておく必要があるだろう。そのような人たちの行動をよく観察したり、わずかな声をひろったりするなど、注意深く接し適切な対応をすることが求められる。

●多様な家族のカタチ

　普通の家族とは何なのか？　戦後から標準的な家族とされてきた「夫は働き、妻は専業主婦、子ども二人」は、もはや崩れつつある。厚生労働省「国民生活基礎調査の概況」が示す世帯の状況によれば、1989（平成元）年には約４割が「夫婦と未婚の子のみの世帯」で最も多かったが、2016（同28）年では、３割となり減少傾向にある。それに対し「単独世帯」及び「夫婦のみ世帯」が増加し、この２つの世帯で全世帯の約半数を超えている。また「ひとり親と未婚の子のみの世帯」、いわゆるシングルマザー・ファーザー世帯も５％から７％に増加している。

　家族の構成員や概念も多様化している。国際結婚や外国人労働者などの影響により、2015（平成27）年の日本に住む外国人人口は総人口の約1.37％、「外

国人のいる世帯」は約117万世帯で年々増加している（「国勢調査」より）。他方、法律上は正式な夫婦や家族とはいえないが、同性カップルも社会的に認知されつつある。2015（同27）年、東京都渋谷区が同性カップルに対して「結婚に相当する関係」を認めるパートナーシップ証明書を発行したことにより、他の自治体でもこうした動きが増えつつある。さらに未婚・非婚化や晩婚化など個人のライフスタイルや結婚観も多様化し、50歳までに一度も結婚したことがない人が、2015（同27）年では、男性で約4人に1人、女性で約7人に1人であり、それぞれ上昇している。

　日本の社会福祉制度は標準的家族像を中心につくられてきたが、家族の変化に応じて、それぞれの福祉ニーズも変わり多様化している。約30年後の2050年には、単独世帯が主流となり、世帯全体の約4割を占め、そのうち高齢者単独世帯の割合は5割を超えるとも予測されている。もはや「ひとり」の時代、ソロ社会の到来である。社会の動向を見据えた社会福祉制度の抜本的な見直しや多様化するニーズへの対応が今後ますます求められるだろう。

〈引用文献〉
1）一番ケ瀬康子編『社会福祉とは何か（現代の社会福祉Ⅰ）』ミネルヴァ書房　1983年
　　7頁

〈参考文献〉
一番ケ康子編『社会福祉とは何か（現代の社会福祉Ⅰ）』ミネルヴァ書房　1983年
岡崎祐司・藤松素子・坂本勉『社会福祉原論』高菅出版　2002年
岡村重夫『社会福祉原論』全国社会福祉協議会　1997年
京極高宣『改訂　社会福祉学とは何か―新・社会福祉原論―』全国社会福祉協議会　1998
　　年
武川正吾『福祉社会―包摂の社会政策―［新版］』有斐閣　2011年

第　3　章

私たちの生活と社会保障

－生活を支える社会保障の体系と社会保険－

1　生活を支える仕組みとしての社会保障の全体像

キーワード🖊

■医療保険
■NPO
■生活保護

1．生活と社会保障

(1)　生活の豊かさと安定

　社会保障制度は、国民生活の豊かさ安定を目的とし、国等の公的な責任の
もとで管理運営される制度である。しかし、国等が保障する基準は必ずしも
一定ではなく、その時代の経済・生活価値観等によって絶えず発展し、これ
が最高の社会保障であるというものはない。

(2)　豊かさとは

　今日の私たちの生活は、一見何事もなく平穏な日々の繰り返しのように見
える。生活上の問題が生じて初めて、生活を滞りなく継続することの困難性
に気づくことが多い。この生活問題は歴史的に見ても、貧困問題として考え
られてきた。豊かさ、貧困の基準は個々人によって異なるが、国連では、国
の経済規模を測るGDP（国内総生産）*1ではなく、国民の幸福度を増やす
ことを最終目標とし、人的資本、生産した資本、社会関係資本、天然資本を
要素とし、国民の総合的な幸福度、国の経済発展の持続可能性をもって、暮
らしの豊かさを測定するようになってきた。

(3)　社会保障とは

　社会保障とは、国民が安心して「健康で文化的な」生活を営むことが困難
になる場合に備えどのように準備されているか、つまり、疾病、傷害、出産、
老齢、障害、死亡、業務災害、失業、多子、貧困等に対して一定の給付を行
うことにより、生活を維持、自立できるようにすることである。

　社会保障の対象は、国や歴史により異なるが、今日のわが国では、すべて
の国民とされている。また、管理運営主体は、国または地方公共団体である。
給付を受けるには、社会保険のように保険料の拠出が前提になっているもの
と、一定の条件に該当すると財源が国庫になる公的扶助、社会手当、社会サー
ビスによるものとに大別できる（図3−1）。

*1　GDP
　一定期間内に国内で
生産された「もの」や
サービスの総額。かつ
てのGNP（国民総生
産：一定期間内にある
国民によって生産され
たものやサービスの総
額）に代わる指標。な
お、現在はGNPに代
わる概念として、GNI
（国民総所得）が導入
されている。

この他、公衆衛生・医療、社会福祉を含めて、今日のわが国の社会保障制度は構成されている。社会保障制度の中心は、資産や所得の不足や減少に対応する経済的保障機能であることから、所得の再分配の意味を有している。これらのことから、社会保障の機能は以下の３つに要約できる。１つめは、生活の安定・安心機能で、国民の自立生活の実現支援機能である。２つめは、所得の再分配機能である。これは、所得格差を緩和させる効果がある。３つめは、経済安定化機能である。この機能により、景気変動を緩和し、消費活動の下支えを通じて、経済成長を支えていくことができる。

　社会保障制度が充分にその機能を果たすには、前提となる条件が求められる。それは、一定水準に達した医療、教育、住居、公害防止や環境保護、労働災害防止策の整備、災害時の救助・援護体制、完全雇用、適正賃金の保障、物価安定、平和の持続等である。

図３－１　国民生活を生涯にわたって支える社会保障制度

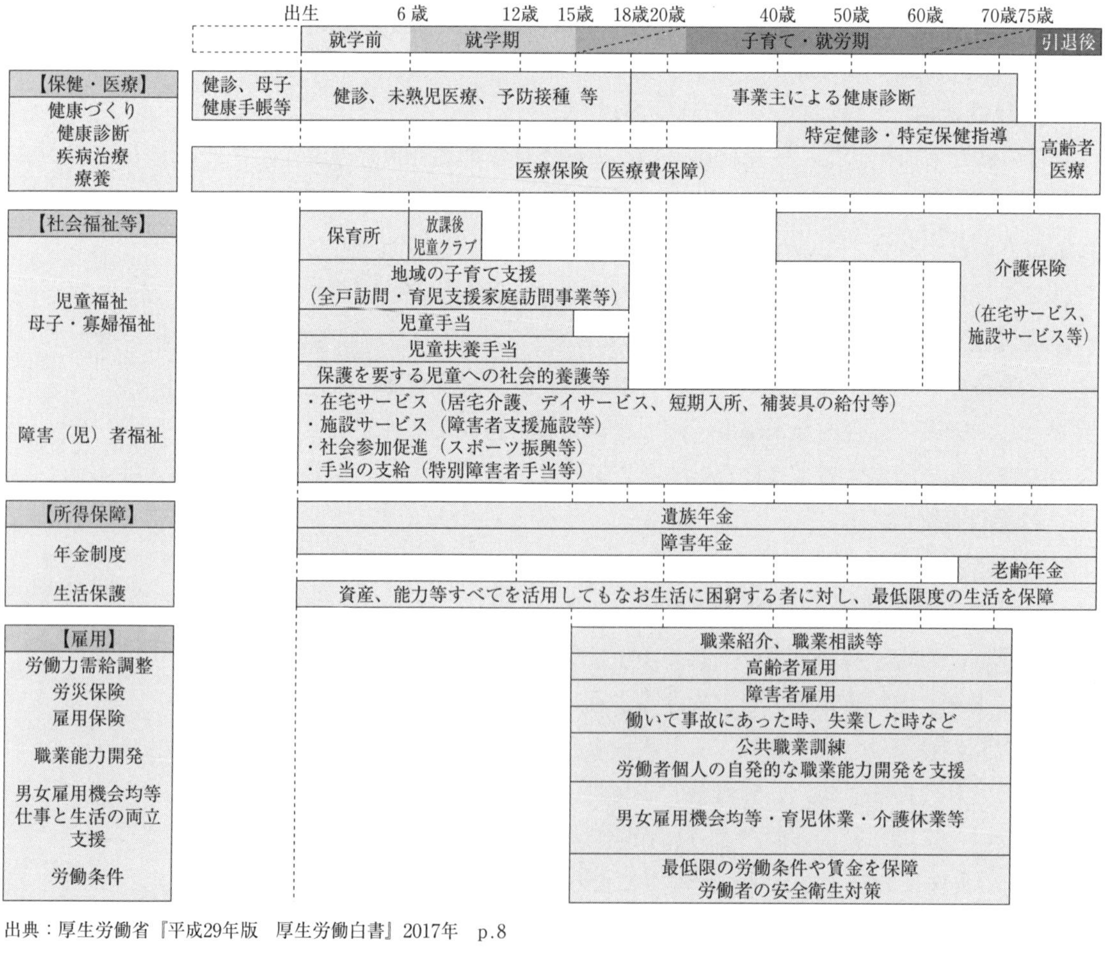

出典：厚生労働省『平成29年版　厚生労働白書』2017年　p.8

2．社会保障の歴史

　社会保障という用語は、世界恐慌後の1935年に、老齢年金、失業保険、公的扶助からなるアメリカ社会保障法が制定されたことにより、初めて使用された。それ以前は、1601年のイギリスのエリザベス救貧法に代表されるように、労働能力のない生活困窮者を対象としていた。その後の1883年のドイツの社会保険に見るように、一部の労働者を対象とする制度であった。

　現代の社会保障の指針となったのは、1942年に発表されたベヴァリッジ報告[*2]である。この報告書では、全国民を対象に、社会保険を中心とし、これに公的扶助、任意保険を加えることにより、最低生活の保障と完全雇用、医療、職場復帰のための総合的保健サービスを行い、「ゆりかごから墓場まで」の社会保障を行うとしている。

　わが国では、1874（明治7）年の恤救規則（じゅっきゅうきそく）[*3]、1922（大正11）年の健康保険法、1929（昭和4）年の救護法、1938（同13）年の国民健康保険法、1944（同19）年の厚生年金保険法のように、生活困窮者に対する救貧制度や社会保険による救済制度は存在した。しかし、これらは特定の者を対象とし、救貧的性格の強いものであることから、必ずしも社会保障制度とは言い難い。

　昭和20年代は第2次世界大戦後の混乱期で、引揚者や失業者等生活困窮者への生活救済や、食糧事情、衛生環境の劣悪な環境に対する対応が急務となっていた。一方、日本国憲法により国民の生存権が保障されたことにより、社会保障制度の創設が進められた。そこで成立したのが生活保護法、児童福祉法、身体障害者福祉法であり、伝染病予防、医療提供体制の整備といった公衆衛生及び医療制度の確立である。

　昭和30〜40年代は高度経済成長に伴い、生活水準の向上が進んだ。昭和20年代が貧困のための社会保障制度であったのに対して、この時代では疾病や老後に貧困になることを予防するための防貧制度の確立が求められるようになり、それまで対象となっていなかった自営業者等を対象とする国民健康保険法、国民年金法の成立に伴い1961（昭和36）年、「国民皆保険・皆年金」となった。また、精神薄弱者福祉法（現：知的障害者福祉法）、老人福祉法、母子福祉法（現：母子及び父子並びに寡婦福祉法）も成立した。また、児童手当法の制定、老人医療費の無料化等が実施されるようになった。

　その後、2000（平成12）年の介護保険制度の施行までにはいくつかの過程を経て、今日に至っている。1960（昭和35）年頃までは戦後の復興期でもあり、社会保障制度の基盤整備期にあたる。1975（同50）年頃までは、高度経済成長に伴って社会保障制度の拡充期となった。医療保険の給付率の改善、

＊2　ベヴァリッジ報告

　ベヴァリッジ（W. Beveridge）の名によってイギリス政府に対して出された「社会保険および関連サービス」と題された報告書で、社会保障の具体的な方式を明らかにし、今日のイギリスをはじめ各国の社会保障のあり方を方向付けた。

＊3　恤救規則

　1874（明治7）年に制定された救貧制度。極貧で単身の働くことができない者に限って救済する。生活困窮者は隣保相扶で救済することが原則であった。

45

＊４　物価スライド制
年金の受取額を現実
の生活費の実態に対応
するように調整する方
法で、物価、賃金、可
処分所得等の変動に応
じて改定する。

＊５　老人保健法
現「高齢者の医療の
確保に関する法律」。

＊６
具体的には、ゴール
ドプラン（1989年）、
福祉八法の改正（1990
年）、福祉人材確保法
（1992年）、エンゼル
プラン（1994年）、介
護保険法（1997年）等
から始まり、その後の
高齢者福祉、子育て支
援、障害者福祉及び地
域福祉等の分野での指
針が作成され、国民の
福祉ニーズの増大化、
高度化、多様化に対応
した整備を進めた。

＊７
詳細は第４章参照。

年金制度への物価スライド制＊４の導入等、1973（昭和48）年は「福祉元年」とまでいわれた。しかし、第１次オイルショックを機に、経済は安定成長期に入った。1980（同55）年に発足した臨時行政調査会では、社会保障への国庫支出の抑制、削減を求めた。これを受けて、老人保健法＊５の制定、医療保険での被保険者本人の定率自己負担の導入、退職者医療制度の導入、基礎年金制度の導入、生活保護費、施設措置費の削減等がなされた。

その後、1986（昭和61）年からはいわゆるバブル経済に入り、1990（平成２）年をピークに急速な景気の低迷期に入った。さらに、少子・高齢化はますます進み、社会保障制度は見直しを余儀なくされた。1995（同７）年に社会保障制度審議会は「社会保障体制の再構築—安心して暮らせる21世紀の社会をめざして—」を勧告した。この勧告では、国民に健やかで安心できる生活を保障することを社会保障の基本理念とし、これまでの制度の見直しが必要であるとした＊６。

2013（平成25）年にとりまとめられた社会保障制度改革国民会議の報告書（概要）では、「自助を基本としつつ、自助の共同化としての共助（＝社会保険制度）が自助を支え、自助・共助で対応できない場合に公的扶助等の公助が補完する仕組み」が基本とし、社会保障制度を全国民を対象とした持続可能な制度としていくための負担と給付の見直しを進めるようになった。

また、働きたくても働けない、住むところがない等、生活困窮に陥ってもその状態から抜け出して自立した生活をリスタートしていけるように、「生活困窮者自立支援法」による支援が2015（平成28）年から始まった。社会保障制度の中での救貧的役割をもつ公的扶助を受給するのみではなく、自立した生活を実現するために、自立支援事業、住居確保給付金の支給、就労準備事業、家計相談支援事業、就労訓練事業、生活困窮世帯の子供の学習支援、一時生活支援事業などがある＊７。

3．社会保障の種類と体系

(1)　社会保険と公的扶助

社会保障は、社会保険と公的扶助を中心としている。公的扶助は、社会保障以前の救貧法の流れによる、生活困窮者の最低生活を可能にするための救貧機能を果たす。社会保険は、社会政策的目的により誕生したドイツの社会保険から、次第に各国の全国民を対象とするまでになってきた。公的扶助が最後の手段であるのに対し、社会保険は防貧的機能をもつ。両者とも生存権の保障をなすが、給付目的の機能の他、表３−１に示すような相違がある。

表3－1　社会保険と公的扶助の
　　　　相違点

	社会保険	公的扶助
対象	保険加入者	全国民
目的	防貧	救貧
給付理由	保険事故	貧困
給付内容	事前の取り決めどおり	即必要
資力調査	なし	あり
財源	拠出金	租税収入

表3－2　社会保険と民間保険の相違点

	社会保険	民間保険
保険者	国または地方公共団体	民間事業者
被保険者	一定の条件に該当する者すべて	保険商品を購入した者
目的	国民生活の安定	保険者の営利
加入方法	強制加入	任意加入
給付内容	法定保険事故	契約による
保険料	リスクと給付に比例して決めるが、負担の公平化により各自の保険料は異なる	各保険会社により設定されるため、比例するとは限らない
財源	保険料と国庫、自己負担	保険料

　わが国の公的扶助は、生活保護法によってなされる。生活保護は憲法第25条の生存権の保障をすべての国民に対して行うという理念によって、最低限度の生活を保障する制度である。これは、無差別平等、最低生活の保障、補足性の各原理、申請保護、基準及び程度、必要即応、世帯単位の各原則に基づいて給付がなされている。

　保険料の拠出を前提とする社会保険に対して、公的扶助は、資産や所得が生活を営む上で不足しているという現状にだけ着目して給付がなされる。生活困窮に対する最終的な手段であり、他のすべての扶助がこれに優先する。

⑵　**社会保険の特質**

　社会保険は、保険技術を用いて国民の生活保障をし、もって保険事故発生以前の生活水準を保とうとする手法である。民間保険との相違点の第1は、社会保険が生存権の保障という観点から公的責任のもとに管理運営されていることである。その他、表3－2に示す通りである。

2　社会保険制度

　現在の日本には、「年金保険」「医療保険」「介護保険」「労災保険」「雇用保険」の5つの保険制度がある。

1．年金保険と所得保障制度

(1)　年金保険の目的と種類

　老齢や障害があったり、家計維持者が死亡すると、それまで得ていた所得が喪失または減少する。このような場合に備えた所得保障制度として、年金制度がある。この制度は、生活の経済的基盤を整え、著しく経済生活を脅かされないようにするための制度であり、その方法は社会保険方式による。

　保険給付は、老齢給付として老齢基礎年金、老齢厚生年金があり、障害給付として障害基礎年金、障害厚生年金、遺族給付として遺族基礎年金、遺族厚生年金等がある。

(2)　保険者と被保険者

　わが国の年金制度は、図３－２に示すように、国民年金（基礎年金）を１階部分とした全国民共通の年金がある。1959（昭和34）年に国民年金法が成立し「国民皆年金」となったが、これは、それまでの厚生年金等被用者年金と制度が分立したままであるために不安定であった財政基盤に対する解決策

図３－２　年金制度

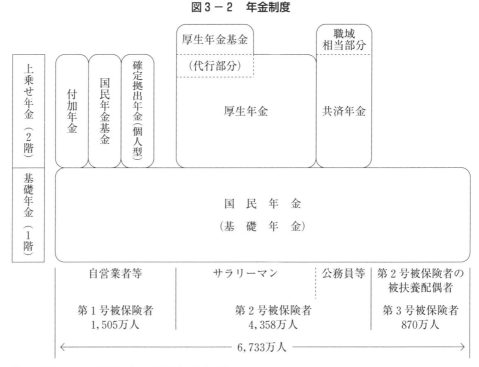

注１：数値は、2018（平成30）年度末時点の加入者数。
　　２：共済年金は、2015（平成27）年10月に厚生年金へ統合。それにともない職域相当部分も廃止される。
出典：日本年金機構ホームページ「公的年金の種類と加入する制度」一部改変
　　　http://www.nenkin.go.jp/ service/seidozenpan/shurui-seido/20140710.ftml

として導入された。この制度では、自営業者等を第1号被保険者、厚生年金や共済年金加入者を第2号被保険者、第2号被保険者によって扶養されている配偶者を第3号被保険者と、被保険者を分類している。第2号被保険者には、2階建て部分として厚生年金、または共済年金がある。この他厚生年金基金等による3階部分の年金もある。第1号被保険者には、任意加入の2階建て部分に相当する国民年金基金等がある。なお、厚生年金保険法等の改正により、2015（平成27）年10月、共済年金は厚生年金に統合された。

　国民年金（基礎年金）の導入により「1人1年金」の原則が確立し、サラリーマンの無業の妻にも年金権が確立した。さらに、離婚した場合には申立てにより年金が保障されるようになった。

(3)　給付の決定と要件

　各年金には、受給にあたって定められた要件がある。老齢基礎年金は、資格期間*8を満たした者が、保険加入期間と保険料納付または免除期間により年金額が決定される。老齢厚生年金は、老齢基礎年金の受給資格期間を満たしている者に対して、標準報酬*9比例部分相当の年金が支給される。高齢化の進展、高齢者の就労の促進等により、受給年齢の引き上げ、報酬比例部分の計算方法の改訂が進んでいる。

　障害年金は、障害状態によって支給される。しかし、年金を受給する状態よりもやや軽い状態の障害状態のときには、障害手当金の支給が行われる。

　遺族に関しては、国民年金からは遺族基礎年金、寡婦*10年金、死亡一時金、遺族厚生年金がある。

　年金受給には、国民年金部分と厚生年金部分、被保険者の種類により、また生年月日により、受給要件、年齢、計算式が異なっている。これは、世代間扶養による財源の後代負担の軽減を図ることの必要もあるからである。

(4)　財源と負担

　年金保険は、年金給付、事務費の費用が必要である。この財源は、被保険者等の保険料の他国庫負担が主要な財源である。保険料の決定には、将来の年金額を働いているときにあらかじめ貯めていくという積み立て方式と、今必要な給付額を今働いている現役世代が賄うという「賦課方式」がある。わが国では、年金保険発足当初は積み立て方式で保険料の決定をしていたが、物価・賃金額の上昇、スライド制の導入、長寿化等のため、現在では世代間の扶養という考えにシフトしている。

(5)　年金制度改革

　2004（平成16）年6月に年金制度改革法案が成立した。改革の基本的な視点は、①社会経済と調和した接続可能な制度の構築と制度に対する信頼の確

*8
　2012（平成24）年に成立した年金機能強化法により、年金の受給資格期間は、これまでの25年から10年に短縮されることとなった（2017（同29）年8月施行）。

*9　標準報酬
　保険料の徴収や年金額の決定に際して、事務処理上仮定的な報酬枠を何等級かに区分して設定し、各人の報酬をその該当枠にあてはめて計算する。

*10　寡婦
　配偶者のいない女子で、かつて母子家庭の母であった者。

保、②生き方、働き方の多様化に対応した制度の構築の２点である。

少子高齢化の進展によって現役世代の負担増は避けられないが、その上限を定めるという「保険料水準固定方式」の導入により、定められた上限に達するまで、保険料は毎年引き上げられている（2017（平成29）年度以降の保険料水準を固定）。

毎年の年金額は、保険料を負担する現役世代人口の減少率や、高齢化による受給期間の伸び率を反映されて年金給付水準を抑制する「マクロ経済スライド」制を採用することになった。したがって、現役世代の賃金が増えても、高齢者の年金の伸びは抑えられるため、現役世代の平均収入と比較した給付水準は徐々に下がり、現役世代の平均年収の50％程度となる。

また、基礎年金の国庫負担を、現行の３分の１から２分の１に引き上げ安定した財源確保を図った（2009（平成21）年６月完全実施）。女性の年金権の確保のための方策としては、離婚したり、希望する場合には、被保険者期間の厚生年金の２分の１を分割して受け取ることができる（2008（平成20）年４月実施）。

また、「税と社会保障の一体改革」関連で、年金制度が以下のように改定されることとなった。

公的年金制度の財政基盤及び最低保障機能強化のため、①年金の受給資格期間を10年とする、②短時間労働者に対する厚生年金の適用拡大を行う、③雇用年金の産休中の保険料を免除する、④父子家庭にも遺族基礎年金を支給する。そして、低所得者や障害者等の年金受給者に福祉的給付を行う。

また、被用者年金の一元化を図るために、①公務員、私学教職員も厚生年金に加入する、②共済年金の職域部分（図３－２：３階部分）を廃止する、③恩給期間に係る給付を27％引き下げ、追加費用の削減を図る。

なお、2012（平成24）、2013（同25）年度の基礎年金国庫負担割合を年金特例公債により２分の１にし、2013年度から３年間で解消する。さらに、年金受給者のうち低所得・高齢者・障害者等に福祉的な給付を行う。

２．医療保険と医療制度

(1)　医療保障

医療とは、健康の保持・増進、疾病・傷害の予防・治療・リハビリテーションを行うことである。医療保障とは、医療を必要とする場合に、誰でも、どこでも、いつでも充分に給付されることである。医療保障を進めるには、医療の給付にあたって経済的な負担を取り除く必要がある。そのために、公的

責任のもとに医療保険、公費負担等がある。医療提供施設の適正配置は、医療法に基づく「医療計画」によってなされている。

(2) 医療施設

医療法において、医療を提供する場所（医療施設）は、病床を20床以上有する「病院」と、19床以下の「診療所」に区分されている。さらに、患者の状態に応じて必要かつ迅速に医療を提供可能にするために、図３－３に示すように分類されている。医療の給付を得ようとする場合に、わが国では自由に医療機関を選択受診できる体制であるが近年では受診の第一段階は地域のかかりつけ医とすることが前提とされるようになってきている。

医療提供施設とともに、「在宅医療」により、医療の提供を居宅で受けることも可能となっている。また、介護保険法による施設サービスのなかで、医療給付も行われる介護医療院などもある。

(3) 保険者と被保険者

医療保障の中心は、医療保険である。業務上、損害賠償の対象となる医療、自由診療以外の医療は医療保険によって給付を受けることができる。わが国

図３－３　医療施設の類型

医療施設
病院（20床以上）
診療所（０～19床）
有床診療所（１～19床）
無床診療所（０床）
病院
一般病院
特定機能病院（高度の医療の提供等）
地域医療支援病院（地域医療を担うかかりつけ医、かかりつけ歯科医の支援等）
臨床研究中核病院（臨床研究の実施の中核的な役割を担う病院）
精神病院（精神病床のみを有する病院）（対象：精神病疾患）
結核病院（結核病床のみを有する病院）（対象：結核患者）

出典：厚生労働省『平成30年版　厚生労働白書（資料編）』2019年　38頁

図３－４　医療保険の仕組み

職域保険
健康保険
全国健康保険協会管掌健康保険
（協会けんぽ）
組合管掌健康保険
民間被用者
船員保険（医療保険）
船員
共済組合（短期給付）
公務員、私立学校教職員等
地域保険
国民健康保険
自営業者等

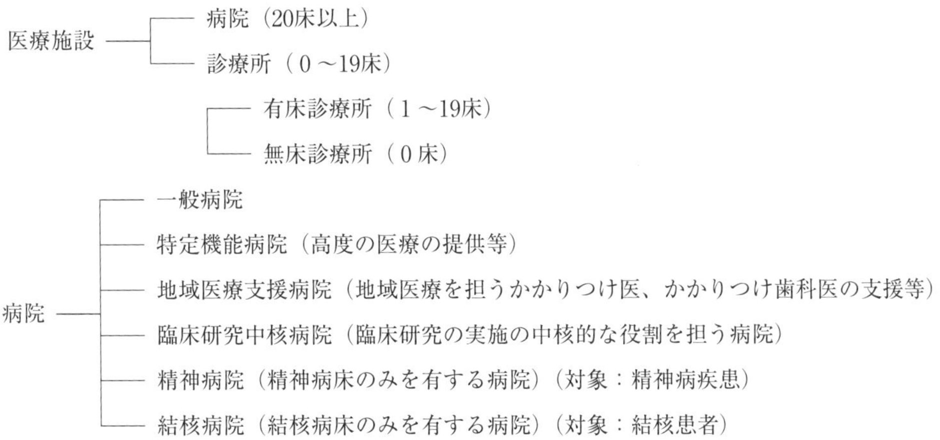

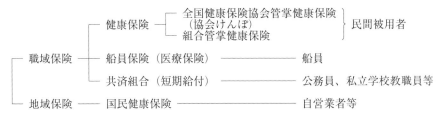

の医療保険は、図3－4に示すように、職域保険と地域保険からなっている。年金保険と同様、社会保険制度発足時の相違等がその原因である。

　健康保険等の被用者保険は、適用事業所に使用される者とその被扶養者が被保険者となる。しかし、被用者でなくなっても、任意継続被保険者、資格喪失後の継続給付、特例退職被保険者等については、被保険者の資格を継続して医療の給付を受けることができる。

　職域保険は、一般のサラリーマンが加入し、全国健康保険協会が保険者である全国健康保険協会管掌健康保険（協会けんぽ）、大企業のサラリーマン等一定の基準を満たしている場合に認められている健康保険組合が保険者となる組合管掌健康保険、関係共済組合が保険者の公務員等が加入する共済組合、船員保険に分類される。

　一方、1958（昭和33）年に国民健康保険法が成立し、健康保険に加入している者及びその被扶養者、生活保護法の適用を受けている者以外の自営業者、被用者保険の退職者は市町村を保険者とする国民健康保険に加入することになった。国民健康保険加入対象者のうち、同種の業務に従事するものを組合員として国民健康保険組合を設立することもできる。これにより国民皆保険となり、すべての国民は何らかの医療保険に加入することになった。

　一方、高齢化の進展、高度医療の進歩により高齢者の医療費が増大し、医療保険財政の圧迫を強くした。そのため、「老人保健法」（1982（昭和57）年）が制定され、老人の医療費に自己負担を求め、かつ各医療保険制度では公平に老人医療費を負担する仕組みをつくった。2008（平成20）年からは、老人保健法が「高齢者の医療の確保に関する法律」に改正され、75歳以上の後期高齢者を被保険者とする独立した医療保険が導入された。しかし、後期高齢者にとって保険料は負担感が大きいという問題もある*11。

（4）　給付の種類

　医療保障としての医療保険では、疾病や傷害に対して必要な診療、薬剤、治療材料、手術、リハビリテーション、入院、移送などの医療給付がある。わが国では医療の給付は原則として現物給付*12の形で、医療保険適用医療機関から給付される（表3－3）。医療の給付の他、疾病や傷害のための出費や、収入の減少を補填するために一時金や手当金の形での現金給付*13がある。

　この他健康保険組合等保険者では付加給付を行い、被保険者の医療費負担の軽減を図る効果がある。

　地域保険としての国民健康保険は、健康保険とは異なり、被用者が被保険者ではなく、雇用関係は前提としないので、休業に対する給付は原則として備える必要はない。

*11
　後期高齢者医療制度については第5章93頁参照。

*12　現物給付
　社会福祉での給付の形態で、ニーズに対して必要な財及びサービスを現物で給付する。具体的には現品、医療、施設でのサービス、介護サービス、家事援助サービスがこれにあたる。

*13　現金給付
　現物給付ではなく、必要な財およびサービスを得るのに必要な費用を現金で給付する。生活を自己責任で営む、すなわち自立していくためにも現金給付が必要な場合もある。生活保護法での扶助の多くはこれである。

表3-3　医療保険の仕組み

制度名		保険者	保険給付（2018（平成30）年6月現在）				現金給付
			医療給付				
			一部負担	高額療養費制度、高額医療・介護合算制度	入院時食事療養費	入院時生活療養費	
健康保険	一般被用者　協会けんぽ	全国健康保険協会	義務教育就学後から70歳未満　3割	**高額療養費制度** ・自己負担限度額 〈70歳未満の者〉 年収約1,160万円〜 　252,600円＋（医療費−842,000円）×1％ 年収約770〜約1,160万円 　167,400円＋（医療費−558,000円）×1％ 年収約370〜約770万円 　80,100円＋（医療費−267,000円）×1％ 〜年収約370万円　57,600円 住民税非課税　35,400円	**食事療養標準負担額** 住民税課税世帯 1食につき460円	**生活療養標準負担額** 医療区分（Ⅰ）（Ⅱ）（Ⅲ） 1食につき460円 ＋1日につき370円	・傷病手当金 ・出産育児一時金　等
	組合	健康保険組合		〈70歳以上75歳未満の者〉 現役並み所得者 　80,100円＋（医療費−267,000円）×1％ 　外来（個人ごと）57,600円 一般　57,600円、 　　外来（個人ごと）14,000円（年144,000円） 住民税非課税世帯 　24,600円、外来（個人ごと）8,000円 住民税非課税世帯のうち特に所得の低い者 　15,000円、外来（個人ごと）8,000円	住民税非課税世帯 90日目まで 1食につき210円	住民税非課税世帯 1食につき210円 ＋1日につき370円	同上（附加給付あり）
	健康保険法第3条第2項被保険者	全国健康保険協会	義務教育就学前　2割	・世帯合算基準額 　70歳未満の者については、同一月における21,000円以上の負担が複数の場合は、これを合算して支給 ・多数該当の負担軽減 　12月間に3回以上該当の場合の4回目からの自己負担限度額 〈70歳未満の者〉 年収約1,160万円〜　140,100円 年収約770〜約1,160万円　93,000円 年収約370〜約770万円　44,400円 〜年収約370万円　44,400円 住民税非課税　24,600円	91日目から 1食につき160円	特に所得の低い住民税非課税世帯 1食につき130円 ＋1日につき370円	・傷病手当金 ・出産育児一時金　等
船員保険		全国健康保険協会	70歳以上75歳未満　2割（※）（現役並み所得者3割） ※2014年3月末までに既に70歳に達している者　1割	〈70歳以上の現役並み所得者・一般所得者〉 44,400円 ・長期高額疾病患者の負担軽減 血友病、人工透析を行う慢性腎不全の患者等の自己負担限度額10,000円 （ただし、年収約770万円超の区分で人工透析を行う70歳未満の患者の自己負担限度額20,000円）	特に所得の低い住民税非課税世帯 1食につき100円	※療養病床に入院する65歳以上の方が対象 ※難病等の入院医療の必要性の高い患者の負担は求めない	同上
各種共済	国家公務員	共済組合		**高額医療・高額介護合算制度** 　1年間（毎年8月〜翌年7月）の医療保険と介護保険における自己負担の合算額が著しく高額になる場合に、負担を軽減する仕組み。自己負担限度額は、所得と年齢に応じきめ細かく設定。			同上（附加給付あり）
	地方公務員等	共済組合					
	私学教職員	事業団					
国民健康保険	農業者等　自営業者	市町村／国保組合					・出産育児一時金 ・葬祭費
	被用者保険の退職者	市町村					

注1：75歳以上は、後期高齢者医療制度に加入する。第5章を参照。

　　2：現役並み所得者は、住民税課税所得145万円（月収28万円以上）以上または世帯に属する70〜74歳の被保険者の基礎控除後の総所得金額等の合計額が210万円以上の者。ただし、収入が高齢者複数世帯で520万円未満若しくは高齢者単身世帯で383万円未満の者、及び旧ただし書所得の合計額が210万円以下の者は除く。特に所得の低い住民税非課税世帯とは、年金収入80万円以下の者等。

出典：厚生労働省編『平成30年版厚生労働白書（資料編）』27頁を一部抜粋・改変

(5)　給付の要件

　医療給付を受けるには、まず、医療保険に加入していることが前提である。その上で、厚生労働大臣の指定を受け、都道府県知事に届け出ている保険医療機関を通じて給付を受けなければならない。さらに、医療保険で適応されている範囲内でしか給付は受けられない。

　また、業務上または第三者に責任がある場合には、原則として医療保険の

利用はできない。正常分娩・美容整形等は、医療保険の目的にそぐわないので給付対象にはならない。医療保険での医療給付を望まない場合には、自由診療の形で医療を受けることになる。

(6) 財源と負担

医療保険の財源は、被保険者と使用者が支払う保険料と国庫負担金、国庫補助金によっている。保険料は、健康保険、共済組合では標準報酬に定められた保険料率を乗じて決定される。国民健康保険は、被保険者世帯の所得割額、被保険者数に応じた均等割額、世帯別平等割額の合計額からなる。

医療給付を受けた場合には、負担金を支払わなければならない。負担金は、定率の負担となっている部分と、高額療養費、高額医療費のように医療費によって決定される部分と、入院時食事療養費のように定額の部分によって決定される。

(7) 医療保障と栄養

医療保障により、健康の保持・回復を図ることを目的としているが、そのためには医療の提供の他に、食事のあり方、栄養のとり方も重要である。食育等栄養教育は、栄養士・管理栄養士の指導により適切な栄養のとり方・食事の方法が指導されている。また、地域包括ケアシステムでは、住み慣れた地域で自分らしい暮らしを続けられるようなシステムづくりが進められている。このシステムづくりの中で重要なことは、食事のあり方の充実であるので、栄養士・管理栄養士の存在が重要となってくる。また、医療機関での栄養指導も管理栄養士が担っている。さらに、介護支援専門員の受験資格にも栄養士・管理栄養士が含まれている。このように栄養士・管理栄養士の業務は医療・介護分野で重要な役割を担っている。

3. 介護保険制度と高齢社会の生活

(1) 保険者と被保険者

介護保険制度は、要介護または要支援状態にある高齢者に対して「その有する能力に応じ自立した日常生活を営むことができるよう、必要な保健医療サービス及び福祉サービスに係る給付」を行うとして、2000（平成12）年より開始された。

保険者は、地域の実情に即したサービス供給を行うために市町村（特別区を含む）となっている。被保険者は、65歳以上の者を第1号被保険者とし、40歳以上65歳未満の医療保険加入者が第2号被保険者となる*14。

*14
給付の要件、流れを含む介護保険制度の詳細については、第5章参照。

(2)　財源と負担

　介護保険の財源は、図3-5に示すように被保険者の保険料と公費からなっている。高齢者介護を社会的な責任において、国民全体で担っていくという視点から公費でも負担することになっている。その割合は、被保険者の保険料と同額（50%）となっている。

　被保険者の保険料は、第1号被保険者は基準額を中心に市町村の基準により区分されている[*15]。納付は、年金額が一定額以上では年金から天引きされる特別徴収と、保険料を振り込み用紙等により自分で納付する普通徴収があり、原則特別徴収となる。第2号被保険者は、各々が加入する医療保険の保険者が、医療保険料と一括して徴収する。

　介護保険からサービスを受けると、食事の提供及び居住に要した費用については、施設サービス利用者と居宅（在宅）サービス利用者との負担を公平

*15　第1号被保険者の区分

　9段階を標準として、各市町村の実情に応じ、市町村民税本人課税層についても保険料設定を弾力化する。

図3-5　介護保険の保険料と公費負担

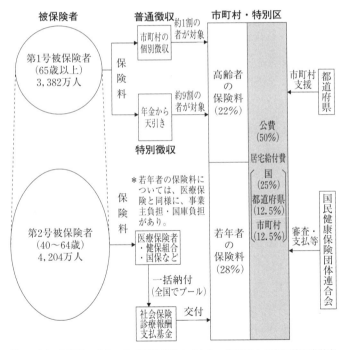

注1：国の負担分のうち5%は調整交付金であり、75歳以上の方の数や高齢者の方の所得の分布状況に応じて増減。

注2：施設等給付費（都道府県指定の介護保険3施設及び特定施設に係る給付費）は、国20%、都道府県17.5%。

注3：第1号被保険者の数は、「平成27年度介護保険事業状況報告年報」によるものであり、平成27年度末現在のものである。

注4：第2号被保険者の数は、社会保険診療報酬支払基金が介護給付費納付金額を確定するための医療保険者からの報告によるものであり、27年度内の月平均値である。

資料：厚生労働省編『平成30年版厚生労働白書（資料編）』227頁を一部抜粋

*16 介護サービス計画
　第5章84頁参照。

にするため、利用者の負担とするが、その他については、利用者は受けたサービスの介護報酬の1〜3割を負担能力に応じて自己負担する。ただし「介護サービス計画」[16]の作成にあたっては自己負担の必要はない。

4. 労災保険と産業保健

(1) 保険者と被保険者

　労働者災害補償保険（労災保険）は、業務上の理由または通勤途上の負傷、疾病、障害、死亡等に対して必要な給付を行う。これによって労働者の福祉の増進を図ることを目的とする。

　保険者は国で、事業主を保険加入者として強制加入を義務付けている。保険料は、原則全額事業主の負担である。また、業種により保険料率が定められているのに加え、業務により災害発生率が異なることから、保険料のメリット制[17]が採用されている。

*17 メリット制
　個々の事業の労働災害の多寡により、労働保険率を増減させる制度。大きな労働災害を発生させたり、労働災害が多発している事業では労災保険率を高くし、逆に少ない事業では低くする制度。

　保険給付は、現物給付と現金給付の形がある。給付の種類は、療養（補償）給付、休業（補償）給付、障害（補償）給付、遺族（補償）給付、葬祭料（葬祭給付）、傷病（補償）年金、介護（補償）給付[18]、二次健康診断等の給付がある。このほか、保険給付を補足するものとして、社会復帰促進等事業である特別支給金がある。

(2) 福利厚生と産業保健

　事業主は雇用者に対してさまざまな法定内、外の福利厚生の現物給付や現金給付の形態でサービスを行っている。事業主は福利厚生の給付を行うことによって雇用者のモラール（勤労意欲）の向上を図るが、それは生産性の向上、利潤の増加等に密接に関連しているからである。

*18
　保険給付が業務災害に対するものか、通勤災害に対するものかにより、各名称が異なる。

　支給内容・方法も雇用形態の多様化等により選択制としてのカフェテリア方式[19]も取り入れられるようになった。企業年金についても、転職者も多くなってきた今日では、確定給付式から確定拠出式を採用するなど、各個人が自らの生活設計の上で、福利厚生をどのように選択するかも公的な生活保障制度との関連で位置付けが重要になってくる。

*19 カフェテリア方式
　個人のニーズに合った福利厚生を提供するため、事業主が提示する多様な福利厚生の選択肢から、従業員がそれぞれ必要なものを選択し利用する仕組み。従業員は事業主から付与されたポイントの中で、福利厚生メニューから選択することができる。

　健康で安全な職場環境と、疾病の予防・早期発見は、生活の滞りない維持に必要である。労働安全衛生法では、事業主は、その責任において雇用者に対して健康診断を行わなくてはならないと規定され、健康診断の最低基準は、年齢、業務内容等により決定されている。また、今日の厳しい社会環境の中で、心の健康（メンタルヘルス）も大きな課題となっている。仕事によるストレスが原因となり、精神障害を発症して労災認定されるケースが増加した

ことを受け労働安全法が改正され、2015（平成27）年より労働者に対するストレスチェック制度が導入された。

5．雇用保険と就労・生きがい

(1)　保険者と被保険者

　失業労働者の生活の安定を目的として、1947（昭和22）年に失業保険制度が発足したが、1974（同49）年に労働者にとって望ましい雇用状態を実現することを目的に、雇用保険法により雇用保険制度と改正された。

　国を保険者に、事業主が保険加入者に、被用者が被保険者になる。しかし、被用者すべてが被保険者になるのではなく、適用対象が決まっている。

　失業等給付として、求職者給付、就職促進給付、教育訓練給付、雇用継続給付があり、他に雇用安定事業、能力開発事業の2つの事業がある。

　給付期間等は、雇用期間と年齢、支給の理由等で決定される。

(2)　無償労働と有償労働

　ところで、労働とは対象に働きかける行為をいうが、これには、その結果として報酬を得る有償労働と、報酬を結果としない無償労働とがある。例えば、専業主婦の家事労働は一般に無償労働の代表とされている。

　生活は自分または家族のみで営むことが困難であるのは周知のことであり、歴史的にも地域社会での支え合いがなされていた。しかし今日、生活の都市化、サラリーマン化、転勤等による転居、職住分離等で地域の中での支え合いは希薄になってきている。そうした中で、公的なシステムでなく、また公的なシステムの代替でもなく、地域住民同士やボランティア、NPO[20]のような団体による支え合いを見直す考えが出てきた。いわば「共助」である。共助によるサービスの提供にあたっては、無償の方法もあるが、サービスの受け手もタダではいいたいこともいえないとか、提供側もタダではなく、なにがしかの報酬を得たいという考えも出てきた。そこで、有償、時間預託、地域通貨の使用等の方法で、有償のサービス提供による方法が出てきた。

(3)　就労と生きがい

　国民の生活の安定と向上をめざすことが社会保障制度の目的であるが、働かなくても生活が保障されれば、人は安心できるかというと、決してそうではない。各々の生活の価値観に従って、自分の生活を創造していくことこそ生活といえる。その意味で、労働の継続は必要である。

　もちろん、経済生活の安定のための収入労働の必要も否定できない場合も多い。しかし、一方では生きがいや社会との交流の継続、健康保持・増進を

＊20　NPO

　Non Profit Organizationの略。民間非営利組織といわれる営利を目的としない団体を指し、社会福祉事業では新たなサービス供給団体として活動が期待されている。1998（平成10）年に公布された特定非営利活動促進法に基づき、法人格を取得することも可能となった。

目的とした就労も保障されてよい。高齢であっても、障害をもっても、子育て・介護の中にあっても、就労の機会は本人の精神的または経済的自立性を実現する上で有効である。ただし、働き方の多様性も保障されねばならない（ワークライフバランス*21）。

*21　ワークライフバランス
　性や年齢にかかわらず誰もがやりがいや充実感を感じながら働き、仕事上の責任を果たす一方で、子育てや介護の時間や、家庭、地域、自己啓発に係る個人の時間をもてる、健康で豊かな生活ができるような、仕事と生活双方の調和の実現をいう。

キーワード
■生活保護

3　公的扶助

1．社会保障体系における公的扶助

　現実に生活していくことが困難または不能の状態に陥った者に対して、国または地方公共団体は、最低限度の生活を保障しなければならない。また、国民は最低限度の生活を憲法第25条で生存権として保障されている。

　所得保障としての年金保険等、社会保険は、社会保障制度の中心的制度であるが、この社会保険を補充する制度として、公的扶助制度がある。社会保険が保険料の拠出を前提にしているのに対して、公的扶助は、無拠出の生活救済手段として機能する。しかし、受給にあたっては、貧困の実情、他の方法による生活の継続法の有無等資力調査を必要とする。

2．公的扶助の原理・原則

*22
　詳細は第4章参照。

　わが国の公的扶助*22は、生活保護法として存在する。その運用は以下の原理と原則に基づいて行われる。それは、国家責任の原理、無差別平等の原理、最低生活保障の原理、保護の補足性の原理であり、申請保護の原則、基準及び程度の原則、必要即応の原則、世帯単位の原則である。これらの原理、原則は健康で文化的な最低限度の生活の保障をするという憲法の理念に従って公的扶助を行うことを示している。

キーワード
■感染症
■公衆衛生
■障害者総合支援法

4　社会福祉

1．社会手当

　社会手当は、医療保険や年金保険のように、事前の拠出が前提の社会保険で対応するのではなく、また、公的扶助のように、貧困という現実を早急に

救済しなくてはならないというのでもなく、あらかじめ決められている状態になった場合に給付される。老齢福祉年金、児童手当、児童扶養手当、特別児童扶養手当、特別障害者手当等がこれにあたる。社会手当は現金給付でなされるが、所得制限が設けられていることが多い。

2．公衆衛生と生活の安定

健康で安全な生活環境を整えることは、精神的、肉体的な疾病の予防につながる。そのための公的責任において行われる活動が、公衆衛生である。具体的には、医療の確保、安全な水の確保、廃棄物・汚水による環境汚染防止、食品・医薬品の安全確保、感染症の予防・感染防止等である。

3．難病対策

1972（昭和47）年に難病対策要綱が策定された。ここで難病とは、「原因不明、治療方法未確立であり、かつ、後遺症を残すおそれが少なくない疾病」「経過が慢性にわたり、単に経済的な問題のみならず介護等に著しく人手を要するために家庭の負担が重く、また精神的にも負担の大きい疾病」とされており、前者ではベーチェット病等、後者では進行性筋ジストロフィー等が挙げられる。これらの疾病に対して、医療費の自己負担軽減、医療施設の整備、患者や家族のQOLの向上等をめざして福祉施策が展開されている。

なお、障害者自立支援法の改正が行われ、2013（平成25）年より障害者総合支援法*23となった。この法律により、難病患者の一部が「障害者」の定義に含まれることとなり、社会福祉サービス、相談支援等の対象となった。

また、医療費の自己負担軽減のほか、介護保険の第2号被保険者であっても、特定疾病に指定されている疾病の場合には介護保険のサービスを受けることが可能である。

2014（平成26）年には、日本の難病対策の基本となる「難病の患者に対する医療等に関する法律」が成立した。これを機に、医療費助成の対象となる指定難病が56疾患から段階的に拡大され、2018（同30）年4月にて331疾患となった。しかし、「発病の機構が明らかでなく、治療方法が確立していない希少な疾病である」「長期の療養を必要とする」、また場合によっては「見た目に分かりにくく、周囲に誤解されやすい」といった難病の特徴から、社会での生活に困難をきたすこともある。そこで、支援や配慮を必要としていることを周囲に知らせるための「ヘルプマーク」*24の普及など、対策が図られている。

*23　障害者総合支援法
　正式名「障害者の日常生活及び社会生活を総合的に支援するための法律」。第7章129頁参照。

*24　ヘルプマーク
　義足等の使用者、内部障害や難病、妊娠初期など、外見から分からなくても援助や配慮を必要としている人々が、周囲に配慮を必要としていることを知らせることで援助を得やすくなるよう、東京都福祉保健局が作成したマーク。

5　社会保障関連制度

　社会保障制度としてではないが、国民生活の安定と向上にとって関連のある政策として、住宅政策、雇用・就労政策、教育政策がある。

1．住宅政策

　生活を営む基盤として住宅がある。安全で快適な住宅は、生活の維持にとって密接に関連する。とりわけ福祉サービスを必要としている人にとっては、費用面、設備面で大きな生活上の問題である。

　住宅の供給面では、低家賃の公営賃貸住宅がある。収入が一定基準以下という入居条件があるが、ひとり親世帯、高齢者世帯、障害者世帯等条件の緩和がある。また、高齢者や障害者には安全性や利便性を考慮した住宅も配慮されるようになってきている。なお、地域包括ケアシステムでは高齢者ができる限り住み慣れた地域で生活を続けられるよう、"住まい方"についても力点を置いている。

　低所得者等に住宅費の補助がなされたり、高齢者や障害者の居室の増築改造を行う際に費用面での融資がなされる等資金面での支援がある。

2．雇用・就労政策

　高齢者や障害者に収入労働を確保できるように、また、生きがいや社会交流、健康維持等を目的としたものである。障害者の雇用に関しては、障害者雇用促進法により、事業主に対して障害者雇用率に相当する人数の障害者の雇用が義務づけられるようになった。高齢者や障害者は、一般の人に比べて雇用の確保は困難であるが、ノーマライゼーション[25]の理念の実現の上でも社会的に支援する必要がある。

＊25　ノーマライゼーション
第2章36頁参照。

3．教育政策

　公立高等学校等の授業料を無償化し、私立高等学校等には就学支援金を支給するとして、2010（平成22）年度から「高校授業料無償化」等の制度が実施された。その後、2014（同26）年度より公立・私立問わず「高等学校等就学支援金」に統一され、一定額が支給されることとなった（2013（同25）年

度以前に入学した者は旧制度対象）。なお、新たに所得制限が設けられ、2018（同30）年7月支給分以降は、市町村民税所得割額と道府県民税所得割額の合計額が50万7,000円以上の世帯は授業料を負担しなければならない。

　また、2019（令和元）年10月より、幼児教育・保育の無償化が始まった。

6　今後の社会保障の方向と課題

　少子・高齢社会にあって、国民生活の安定・向上を図る社会保障制度は、国の責任において継続して遂行していかなくてはならないが、それは1995年に社会保障制度審議会から発表された「社会保障体制の再構築について─安心して暮らせる21世紀の社会を目指して─」の勧告に示されているように「生存権の枠を超えて拡大していくこと」が求められている。

　進められている社会保障構造改革では、基本的方向として、将来の負担と給付のあり方、介護、少子化問題への対応等国民の需要への適切な対応、自立支援の利用者本位のサービス体制の整備、国民的合意のもとでの公私の役割分担と民間活力の利用推進が挙げられている。

　ノーマライゼーションの理念の実現と同時に、世帯単位の保障から個人単位の保障、権利が擁護される体制を構築して、男女共同参画社会の実現をめざしていくことが社会保障の今後の課題である。

　また、働き方にも変化が見られ、正規雇用者と比べて給与等処遇面で不安定な非正規雇用者が増加している。多様な働き方が存在するとはいえ、社会保障制度の持続可能性の確保には課題となることも否定できない

　さらに、人間関係をめぐる視点、物質的観点及び人とモノの関係にみられる視点、生活時間上の視点、生活区間・場所からの視点についてみると、少子高齢化が進む中で、家族のあり方、家族規模、産業構造の変化による就業形態の変化等により、従来家族が行ってきた自助機能が外部化せざるを得なくなってきている。この自助機能は、本来公助となるべきものではない、いわば自立機能である。さらに、家族あるいは地域コミュニティで、協同で解決できると考えられる共助（互助）も、同様に脆弱化している。

　人として、その人らしく生活をしていくうえで守られなくてはならない人権が保障されるには、個人の責任ではなく、地域全体として地域で解決していく、または公的に考えていく性質の公助が必要となる。自助・共助を自立した個人またはコミュニティで支え合うと同時に、必要な保障は公的に十分になされなくてはならない。

持続可能な社会保障制度とするために、給付と負担のあり方、公費と保険料のあり方、就業政策、制度間バランスの調整等、早急に解決しなくてはならない課題に対して、一人ひとりが主体的に取り組まなければならない。

　社会保障制度は、「すべての国民が安心して安定した生活が保障されるための制度である」という前提が覆されてはならないことを忘れてはならない。

●関心をもってみるとおもしろいはず

　国民生活の安定・向上を目的として多くの先進国では社会保障制度を設けている。一口に社会保障制度といっても、起源、目的、対象、主体、財源等によりさまざまな制度が存在する。それはその国の社会経済的背景、文化、生活価値観の相違等が複雑に絡んでいるからである。他の国の制度を知ることで、わが国の社会保障制度をより一層理解し、どうしたら安心して毎日を過ごし、将来への不安が解消されていくかを考える基準が深まっていくであろう。

　例えばイギリスでは、医療保障、所得保障、社会福祉サービス、住宅サービス、教育サービスを含むソーシャルサービスが社会保障と理解されている。ドイツでは、年金保険、疾病保険、災害保険、失業保険、介護保険、児童手当、育児手当、社会扶助、失業扶助、雇用促進、職業訓練、青少年扶助、母性保護、戦争犠牲者援護、公衆保健・医療、環境政策といった広い範囲の制度から成り立っている。アメリカでは、社会保障とは連邦が直接運営する社会保険制度（老齢・遺族・障害・健康保険）を指している。

　医療保障といっても、名称も異なる。対象とする者も国民なのか被用者なのか、年齢の制限があるかないか、経済的条件があるかないか等異なっている。保障方式も保険かサービスかと異なってくる。まだまだ違いはある。

　どうして違いが出てくるのか考えてみると、きっとその国に行ってみたくなると思う。気候風土も違い、国の成り立ちも違い……。

　そんなことを考えながら学習することが幅広く、奥深く物事を考えられるようになるのではないだろうか。社会保障制度は、自分と関係ないのではないのだから。

〈参考文献〉

椋野美智子・田中耕太郎『はじめての社会保障―福祉を学ぶ人へ―第16版』有斐閣　2019年

週刊社会保障編集部編『平成31年版　社会保障便利事典』法研　2019年

加藤智章・菊池馨実・倉田聡・前田雅子『社会保障法 第5版』有斐閣　2013年

社会保障入門編集委員会編『社会保障入門2014』中央法規出版　2014年

中央法規出版『社会保障の手引き　平成26年版―施策の概要と基礎資料―』中央法規出版　2014年

西村健一郎『社会保障法入門［第3版］』有斐閣　2017年

西村淳『入門テキスト　社会保障の基礎』東洋経済新報社　2016年

坂口正之・岡田忠克編『よくわかる社会保障［第5版］』ミネルヴァ書房　2018年

第　4　章

公的扶助

－最低限度の生活保障－

1　公的扶助の概念と意義

　人は時に、自分の願いとは相反してさまざまな生活困難に直面する。自分の力で解決できればよいが、問題が大きすぎたり複雑になったりすると、解決が困難になり、生きることが苦痛になることさえある。社会保障や社会福祉はそのような人々のために役立っている。

　生活保護法（1950（昭和25）年：以下「法」）は、要保護者が最低限度の生活需要が充足されているか否かを判断する一定の尺度が必要とされる。この具体的尺度を示したものが、法第8条に基づき厚生労働大臣が定める生活保護基準であるが、これを定めるに際しては、法の上から最低生活というものをどのように理解し、それをどのように表示するかということについて検討が必要とされる。

　最低生活保障を行うには、人間生活の多様さに対応し、対処しなければならない。さらにこの法は、生活保護を受ける中で、人間として自立していくよう手助けをすることを目的としていることも忘れてはならない。生存権保障のためには、生活苦に喘ぐ人とそれを取り巻く環境とを理解し、生活苦を取り除くだけでなく、生活問題を抱えた人の生き生きと生きる権利の回復を図っていかなければならない。

　生活保護制度は公助であり国民の「最後のセーフティーネット」としての役割を果たしていくことがますます重要になっている。

2　生活保護の仕組み

1．福祉事務所

　福祉事務所は、生活保護を担当する第一線の行政機関として、その管内に居住地または現在地を有する要保護者に対する保護を行っている。

＊1　郡部、市部
「郡部」とは、福祉事務所のうち都道府県が設置する福祉事務所の管割をいう。また「市部」とは、福祉事務所のうち市（指定都市、中核都市を含む）、特別区および町村が設置する福祉事務所の管割をいう。

＊2　マーケット・バスケット方式
最低生活を営むために必要な飲食物や衣類、家具什器、入浴料、理髪代というような個々の品物を積み上げて最低生活費を算出する方式である。

＊3　エンゲル方式
日本人の標準的栄養所要量を満たすことが可能となる飲食物費を理論的に計算し、これと同程度の飲食物費を支出している低所得世帯を家計調査から抽出し、そのエンゲル係数で逆算して総生活費を計算する方式である。

＊4　格差縮小方式
予算編成時に公表される政府経済見通しにおける国民の消費水準を基礎とし、これに格差縮小分を加味して生活扶助基準を算定する方式である。

＊5　水準均衡方式
当該年度の政府経済見通しにより見込まれる民間最終消費支出の伸び率を基礎とし、前年度までの一般世帯の消費支出水準の実績などを勘案して生活扶助基準の改定率を決定し調整を行う方式である。

福祉事務所は2018（平成30）年4月現在、全国に1,247か所ある。社会福祉法では所長の他、査察指導員、現業員、事務職員を置くこととされている。なお、現業員は、市部＊1については被保護世帯80世帯に対して1人、郡部＊1については被保護世帯65世帯に対して1人を標準として配置されている。2016（同28）年4月時点で、生活保護の業務に当たっている現業員は全国で、2万4,786人であった。

2．生活扶助基準の算定方式の変遷

生活扶助基準の最初の算定方式は、最低生活に必要な物資を積み上げて算定する、いわゆるマーケット・バスケット方式＊2によるもので、その後のエンゲル方式＊3に続き、1965（昭和40）年度から格差縮小方式＊4により一般国民の消費水準の伸び率以上に基準を引き上げてきた結果、一般国民との消費水準格差が60％を超えるに至った。

そのため、中央社会福祉審議会において、生活扶助基準の評価とそれを受けた基準改定方式のあり方について検討した。その結果、1983（昭和58）年12月、一般国民生活水準との均衡上、現行の生活扶助基準はほぼ妥当な水準の向上に見合った引き上げを行ういわゆる水準均衡方式＊5が採用されることになった。1984（同59）年以降現在まで採用されているのが、この方式である。

なお、費用負担については、保護費を国が4分の3を負担し、都道府県、市、福祉事務所を設置する町村が4分の1を負担している。

3．不服申立て

この法は、生活保護を受ける中で人間として自立していけるように手助けをすることを目的としている。このことから、法の規定に基づき保護の実施機関が行った処分に不服がある場合、国民は正当な保護を求めることができる。この保護請求権の救済制度として不服申立ての制度が設けられている。

4．生活保護の目的と基本原理

(1)　生活保護の目的

日本国憲法第25条には「国民は、健康で文化的な最低限度の生活を営む権利を有する」と規定されており、国民に基本的人権のひとつとして生存権を

保障し、国民に健康で文化的な最低限度の生活を保障することは、国の義務とされた。したがって、国民は誰でも最低生活の保障を権利として主張することができる。この憲法によって、保障される生存権を実現するための制度のひとつとして制定されたのが生活保護法である*6。

＊6
第2章35頁の「基本的人権」の項も参照。

　法は、日本国憲法第25条の理念に基づき、国が生活に困窮するすべての国民に対して、困窮の程度に応じて必要な保護を行う公的扶助立法である。社会保険が、保険料を主たる財源に、生活の安定が損なわれないようにする予防的対策であるのに対し、公的扶助は、公費（税）を財源に、貧困状態に陥った国民に対し、最終的手立てとして、公の機関が公の責任においてその最低生活を保障する制度である。その公的扶助の中核をなすのが生活保護制度である。

⑵　生活保護の基本原理

①国家責任の原理

　法の目的及び基本となる考え方は、法第１条から第４条までに規定されている。これらの規定内容は「基本原理」と呼ばれるものであり、制度の根幹となる極めて重要なものである。

　法第１条は「この法律は、日本国憲法第25条に規定する理念に基き、国が生活に困窮するすべての国民に対し、その困窮の程度に応じ、必要な保護を行い、その最低限度の生活を保障するとともに、その自立を助長することを目的とする」と規定しており、この原理は、生活保護法という法律の目的を規定した、最も根本的な原理である。すなわち、国が直接その責任において生活困窮者に対する保護を行うということである。生活保護事務は国の事務であるが、生活保護の決定実施に関する事務は都道府県知事、市長及び社会福祉法に規定する福祉事務所を管轄する町村長が行い、都道府県知事は法で定めるその職権を、その管轄に属する行政庁に委任することができる。

②無差別平等の原理

　法第２条は「すべて国民は、この法律の定める要件を満たす限り、この法律による保護を、無差別平等に受けることができる」と規定して、保護請求権無差別平等保障の原理を明記している。すなわち、生活困窮に陥った原因の如何や人種・信条・性別・社会的身分・門地などは一切問わずに、生活に困窮しているかどうかという経済状態だけに着目して保護を行うということになっている。

③最低生活保障の原理

　法第３条は「この法律により保障される最低限度の生活は、健康で文化的な生活水準を維持することができるものでなければならない」と規定してい

る。つまり、この法律が保障する最低生活は、単に衣食住等の必要を満たすにとどまらない。人間の生存に必要な最低条件である最低生存水準ではなく、知的生活・栄養状態・体格なども一応の水準に到達でき、文化的・社会的生活面でも人間としての生活を享受することができる最低生活水準である。これは、時代によって、クーラー、自家用車等が認められる実態もあり、一般国民の生活水準、文化水準の向上に伴って変化する相対的水準である。

④保護の補足性の原理

法第4条第1項は「保護は、生活に困窮する者が、その利用し得る資産、能力その他あらゆるものを、その最低限度の生活の維持のために活用することを要件として行われる」、さらに、同条第2項で「民法に定める扶養義務者の扶養及び他の法律に定める扶助は、すべてこの法律による保護に優先して行われるものとする」としている。これを補足性の原理という。これは、保護を受ける上で極めて重要である。保護は生活に困窮する者が、その利用しうる資産、能力その他あらゆるものをその最低限の生活維持のために活用することを要件として実施される。生活保護給付の財源は国民の税金によって賄われるので、公的扶助の特徴といわれるミーンズ・テスト（資力調査）*7もひとつにはこの要件を確認するための調査となっている。資産能力等活用の原則では、保護を受けるためには、土地や家屋を売却してその売却代金を生活費に充てるなど、資産を最低生活維持のために活用しなければならない。資産の取扱いについては、個々の世帯の実態やその地域の実情に応じて決められるべきものであって、機械的、画一的に決められるべきものではない。

また、能力の活用についての規定もあり、現実に稼動能力があり、適当な職場があるにもかかわらず、どうしても働こうとしない者については保護を受けることができない。さらに、資産、能力だけでなく、公的貸付制度などその他あらゆるものについて適用される。「親族扶養優先の原則」は、保護の補足性の原理に基づき、民法に定められている扶養義務者の扶養を生活保護に優先して活用すべきことを明らかにしたものである。「他法優先の原則」では老人福祉法、身体障害者福祉法、知的障害者福祉法、介護保険法などによる措置や給付などを受給できる場合には、まず、これらの給付を受けなければならない。

なお、保護の要件を欠く場合であっても、生活困窮に「急迫した事由がある場合に、必要な保護を行うことを妨げるものではない」（法第4条第3項）。急迫した事由とは、生活困窮者の生存が危うくされるとか、その他社会的通念上放置しがたいと認められる程度に状況が切迫している場合をいう。ただ

し、急迫の事由により保護を受けた被保護者に資産その他があることが判明すれば、保護を受けた者は、保護金品に相当する金額の範囲内で、保護の実施機関が定める金額を後日返還しなければならない。

⑶　生活保護実施上の原則

　法には基本原理の他、保護を具体的に実施する場合の原則が規定されている。すなわち、法の具体的実施にあたっては、①申請保護の原則、②基準・程度の原則、③必要即応の原則、④世帯単位の原則の4原則に依拠する。

①申請保護の原則

　申請保護の原則とは、「保護は、要保護者、その扶養義務者又はその他の同居の親族の申請に基いて開始するものとする。但し、要保護者が急迫した状況にあるときは、保護の申請がなくても、必要な保護を行うことができる」（法第7条）ということである。すなわち、法は申請行為を前提として、その権利の実現を図ることを原則としている。

②基準・程度の原則

　基準・程度の原則とは、「保護は、厚生労働大臣の定める基準により測定した要保護者の需給を基とし、そのうち、その者の金銭又は物品で満たすことのできない不足分を補う程度において行うものとする」(法第8条第1項)ということである。基準とは、要保護者が最低限度の生活を維持するための需要を測定する尺度を意味し、的確かつ具体的に示さねばならない。保護基準は、最低生活に必要な費用を各種の扶助ごとに金額で示しているが、この基準は保護が必要かどうかを判定するという機能も有している。

③必要即応の原則

　必要即応の原則とは、「保護は、要保護者の年齢別、性別、健康状態等その個人又は世帯の実際の必要の相違を考慮して、有効且つ適切に行うものとする」（法第9条）ということである。これは、生活保護制度の画一的な運用に陥らないよう、個々の要保護者の実情に即して、有効適切な保護を行うという趣旨の規定である。

④世帯単位の原則

　世帯単位の原則とは、「保護は、世帯を単位としてその要否及び程度を定めるものとする」（法第10条）ことである。つまり、生活困窮に陥っているかどうか、またはどの程度の保護を要するかという判断は、その者の属している世帯全体について行うという趣旨の規定である。

5．扶助の種類と方法

保護は、以下の8種類の扶助に分類されている。

①生活扶助

困窮のため最低限度の生活を維持することのできない者に対して、衣食その他日常生活の需要を満たすために必要なものの給付を行う。現金給付[*8]を原則としているが、救護施設、更生施設若しくはその他の適当な施設に入所させ、または私人の家庭に養護を委託して行うという現物給付[*8]の方法がとられる場合もある。

＊8　現金給付、現物
　　給付
　　第3章52頁参照。

②教育扶助

義務教育に伴って必要な教科書その他の学用品、通学用品、学校給食などについて行われる。

③住宅扶助

住居費・住居の補修費その他住居の維持のために必要な費用について実施される。

④医療扶助

最低限度の生活を維持することができない者に対して、疾病や負傷の治療に必要な医療の給付を中心として行われる。

⑤介護扶助

介護保険制度の導入に伴い、新設された扶助である。困窮のため最低限度の生活を維持することのできない要介護者及び要支援者に対して、居宅介護、福祉用具、住宅改修、施設介護、移送等の範囲内において行われる。介護扶助は現物給付によって行われる。

⑥出産扶助

原則として居宅保護であり、生活困窮者の出産に際して、分娩の介助、分娩前・後の処置、脱脂綿・ガーゼその他の衛生材料について行われる。

⑦生業扶助

最低限度の生活を維持することのできない者、またはそのおそれのある者に対して、生業に必要な資金、器具または資料、生業に必要な技能の修得、就労のために必要なものにおいて行われる。金銭給付が原則であるが、授産施設を利用させるという現物給付の方法がとられる場合もある。

⑧葬祭扶助

被保護世帯の構成員が死亡した場合、その検案、死体の運搬、火葬または埋葬、納骨その他の葬祭のために必要なものについて行われる。

以上、保護はこのように8種類の扶助に分類されている。

6．保護施設

(1)　保護施設の種類

　生活保護は、居宅保護を原則とするが、これによることができないとき、これによっては保護の目的を達しがたいとき、または被保護者が希望したときは、施設に入所させてまたはこれを利用させて保護を行うことができる。

　その施設として、救護施設、更生施設、医療保護施設、授産施設、宿所提供施設の5種類がある（法第38条第1項）。

①救護施設

　救護施設とは、身体上または精神上著しい障害があるために日常生活を営むことが困難な要保護者を入所させて、生活扶助を行うことを目的とする施設をいう。ここ数年、施設数は横ばい傾向で、1989（平成元）年から「通所部門」が設けられた。1994（同6）年から退所した者などが地域社会で安定した自立生活を送るための相談援助事業が実施された。

②更生施設

　更生施設は、身体上または精神上の理由により、養護及び生活指導を必要とする要保護者を入所させて、生活扶助を行うことを目的とする施設をいう。1970（昭和45）年以降は精神障害者が入所するようになり、地域での生活実現のための「中間施設」としての役割も担うようになっている。

③医療保護施設

　医療保護施設は、医療を必要とする要保護者に対して、医療の給付を行うことを目的とする施設をいう。この施設は利用施設である。医療保険制度の充実、指定医療機関の充実などによって、存在意義は必ずしも大きいものではなくなっているが、2017（平成29）年10月現在、59か所ある。

④授産施設

　授産施設は、身体上もしくは精神上の理由または世帯の事情により就業能力の限られている要保護者に対して、就労または技能の修得のために必要な機会及び便宜を与えて、その自立を助長することを目的とする通所施設である。

⑤宿所提供施設

　宿所提供施設は、住居のない要保護者の世帯に対して住宅扶助を行うことを目的とする施設である。公営住宅の普及などによって必要度が低くなってきている。東京都では住宅困窮者の安定した居所、場所の確保の視点から、宿泊提供施設や山谷地域簡易宿泊等の退所者に対して都営住宅が提供されてきた。

⑵　保護施設の義務

　保護施設は、保護の実施機関から保護のための委託を受けたときは、正当な理由なくしてこれを拒んではならない（法第47条第1項）。「正当な理由」とは、①当該施設に収容人員の余力がないこと、②委託を受けた被保護者に感染性疾患などがあるため他の入所者に感染等の影響を及ぼすおそれがある、③当該施設の種類や固有の性格からして受託することができないときなどである。

　また、「保護施設は、要保護者の入所又は処遇に当たり、人種、信条、社会的身分又は門地により、差別的又は優先的な取扱いをしてはならない」（法第47条第2項）と規定されている。

　信条とは宗教上の信仰・思想上の主義、社会的身分には人が社会において占める地位のすべてが含まれる。宗教団体の経営する施設であっても、宗教上の行為、祝典、儀式行事に参加することの強要はできないが、参加は自由である。

3　生活保護の動向

1．生活保護受給の動向

　厚生労働省は、被保護者調査（2019（平成31）年4月分概数）の結果を取りまとめた。それによると、被保護実人員は208万1,339人となり、対前年同月と比べると、2万2,327人減少した。また、被保護世帯は163万4,353世帯となり、対前年同月と比べると、927世帯減少した。

　まずはじめに、保護実人員の動向を概観してみる。経済好況期であった1985（昭和60）年度以降は減少傾向で推移した。しかし、1996（平成8）年度後半からは増加に転じた。以降は大幅な増加傾向で推移し、2014（同26）年度には約217万人と現行制度化での過去最高となった。しかし、2015（同27）年度以降の保護人員は減少している。2017（同29）年度は212万4,631人となり、国民の約60人に1人が受給している計算になる。

　被保護世帯数は2017（平成29）年度で総数約164万人世帯となっている。世帯数の推移をみると、1984（昭和59）年度の79万世帯をピークに減少傾向で推移してきた。その世帯数は、1993（平成5）年度からは増加に転じている。

　世帯人員が減るに従って被保護者世帯数は多くなっており、2017（平成

表4－1　扶助別に見た受給世帯数と扶助率の推移

	被保護世帯総数	生活扶助	住宅扶助	教育扶助	介護扶助	医療扶助	出産扶助	生業扶助	葬祭扶助
昭和50年度	707,514 100.0%	541,637 76.6%	322,675 45.6%	132,848 18.8%	.	573,519 81.1%	207 0.0%	2,901 0.4%	1,774 0.3%
昭和60年度	780,507 100.0%	638,948 81.9%	482,873 61.9%	149,917 19.2%	.	652,262 83.6%	191 0.0%	2,402 0.3%	1,352 0.2%
平成7年度	601,925 100.0%	493,992 82.1%	413,032 68.6%	55,091 9.2%	.	533,189 88.6%	62 0.0%	970 0.2%	1,211 0.2%
平成17年度	1,041,508 100.0%	908,232 87.2%	820,009 78.7%	86,250 8.3%	157,231 15.1%	927,945 89.1%	112 0.0%	25,702 2.5%	2,164 0.2%
平成27年度	1,629,743 100.0%	1,441,282 88.4%	1,378,887 84.6%	95,841 5.9%	319,002 19.6%	1,421,745 87.2%	162 0.0%	46,430 2.8%	3,326 0.2%
平成28年度	1,637,045 100.0%	1,445,170 88.3%	1,387,867 84.8%	90,172 5.5%	336,646 20.6%	1,429,919 87.3%	149 0.0%	44,258 2.7%	3,429 0.2%
平成29年度	1,640,854 100.0%	1,447,529 88.2%	1,395,097 85.0%	84,019 5.1%	354,473 21.6%	1,439,459 87.7%	138 0.0%	42,289 2.6%	3,583 0.2%

出典：昭和50～平成17年度：厚生労働省「福祉行政報告例」（社会福祉行政業務報告）
　　　平成27年度以降：厚生労働省「被保護者調査」

29）年は単身保護世帯79.9％、2人世帯14.2％と少人数世帯が全体の9割を占める。とりわけ単身者世帯の割合が高い。

　高齢者世帯の総数に占める被保護世帯の割合が半数以上まで増加していること、また、被保護高齢者世帯に占める単身世帯の割合が高くなっていることから今後の一般高齢者人口の急速な増加傾向を考えると、単身の高齢者世帯の割合がさらに増加すると考えられる。

　世帯類型別の世帯保護率をみると、高齢者世帯は、1975（昭和50）年に14.4％の高率を示して以降は減少傾向であった。しかし、その数は、2005（平成17）年度以降は増加傾向に転じ、2017（平成29）年度は6.54％となっている。母子世帯の保護率については、2017（平成29）年度の世帯全体の保護率3.25％に対し、12.1％と著しく高く、母子世帯の家計基盤の脆弱さを示している。

　保護の受給期間別世帯数をみると、全体としては保護受給期間が長期化する傾向がみられる。受給期間が10年以上の世帯の割合は、2015（平成27）年には29.72％であり、5～10年の世帯と合わせると総数の約6割となっている。

　これは、高齢者世帯と傷病・障害者世帯における受給期間の長期化傾向の影響によるものである。特に高齢者世帯は5年以上の受給期間となっている世帯が、2017（平成29）年で68.1％となっている。

扶助の種類別に扶助率をみると、2017（平成29）年度には、生活扶助88.2％、医療扶助87.7％、住宅扶助85.0％となっている。

　保護開始の主な理由を見ると、傷病、とりわけ世帯主の傷病が2016（平成28）年度で24.9％と依然として大きな割合を占めている。増加傾向にあった働きによる収入の減少・喪失は20.2％と前年度の21.2％から1.0ポイント減少した。

２．生活困窮者自立支援法

　現在、稼働年齢層による生活保護受給が増加している状況にある。そして、非正規雇用労働者など生活困窮に至るリスクの高い層が増加している。

　こうした中で、「生活困窮者自立支援法」が2015（平成27）年４月に施行された。生活保護に至る前の段階での自立支援策を強化し、生活困窮者に対し、自立相談支援事業の実施、住宅確保給付金の支給などを行うことで、「自立の促進」を図ることを目的とした法律である。

　この法律においては、全国の福祉事務所設置自治体が実施主体となっており、官民共同による地域の支援体制を構築し、自立相談支援事業、住居確保給付金の支給、就労準備支援事業、一次生活支援事業、家計相談支援事業、学習支援事業その他の生活困窮者の自立の促進に関し、包括的な事業を実施することとなっている。また、都道府県知事等は、事業者が生活困窮者に対し、就労の機会の提供を行うとともに、就労に必要な知識および能力の向上のための必要な訓練等を行う事業を実施する場合、その申請に基づき一定の基準に該当する事業であることを認定する仕組みを設けている。

　なお、2018（平成30）年６月公布の「生活困窮者等の自立を促進するための生活困窮者自立支援法等の一部を改正する法律」の中で生活保護法が一部改正された。その概要は、以下の通りである。

　生活困窮者等の一層の自立の促進を図るため、生活困窮者に対する包括的な支援体制の強化、生活保護世帯の子どもの大学等への進学支援、児童扶養手当の支払い回数の見直し等の措置を講じたほか、医療扶助における後発医薬品の原則化等の措置を講じた。

4　ホームレスの生活支援

1．ホームレス問題の現状と課題

　ホームレスの問題でいえば「路上生活者」、定住居宅を失ったホームレス、例えば車上生活やカプセルホテル、簡易宿泊所、サウナ、オールナイト上映の映画館、友人宅への泊まり歩き、それらの人は路上生活者予備軍ともいえる。

　長引く不況の中で、今まで安定していると思われていた正社員といわれる人たちも、倒産やリストラといった形で突然職を失うケースも珍しくない。建設業界の末端で働いてきた日雇い労働者や、季節労働者、派遣労働者、パートタイマーなどの弱い立場の人々は何の保障もなく真っ先に仕事を失っていく。

　こういった社会状況の中で、生活に困窮し家もなく、路上や公園で野宿せざるを得ない人たちが増えていった。食事さえままならず衰弱死、餓死や凍死する例さえ後を絶たない。

　貧困や低所得など最低生活を巡る問題がリストラによる失業、倒産、多重債務などと結び付きながら再び出現し、ホームレス問題が広がりを見せている。また、今日のホームレス問題は全国各地で見られる「野宿者襲撃事件」や公園などの「仮設一時避難所」建設時におけるさまざまなトラブルなどに象徴されるように、社会的排除や摩擦を含んだ問題として現れ、同時に社会的孤立と路上死、自殺、孤独死などの問題として広がりを見せている。

　ホームレスの状態にある人々は安定した収入や社会関係、人間関係から排除されているため社会的援助を必要とするが、今日の日本の社会福祉制度はホームレス対策を十分に備えていない。先進諸国では民間非営利団体が援助主体として活躍しているが、日本では生活保護制度内での保護と食事券配布や臨時宿泊所開設などの自治体独自の法外施策で実施されているほか、ぎりぎりの状態の中におかれている野宿生活者に手を差し伸べるボランティア団体や民間団体もある。

　また、女性のホームレスの問題も全くないとはいえない。女性のホームレスの要因として、家族問題、具体的には離婚、虐待、家出などがある。ドメスティック・バイオレンス（以下「DV」）による精神的・肉体的暴力へと発展し、女性自身が人格を傷つけられ、自らの居場所すら喪失してしまうことになる。

日雇い労働者など不安定な雇用形態に置かれている人が路上での暮らしの中で健康を破壊され、命を脅かされている。このような状態の原因としては、生活保護制度がセーフティーネットとしての機能を十分に果たしていないこと、生活保護基準を下回る収入・資産状況でありながら、公的扶助を有効に活用するに至っていないことなどが挙げられる。

２．ホームレスの自立の支援等に関する特別措置法制定の背景

　これまでのホームレスの人たちに対する国の対応策では、ホームレスが自らの意思で自立して生活できるように援助することを基本としている。その具体策としては、老齢や健康上の理由などにより自立能力に乏しい人に対しては適切な保護を行うなど、それぞれの状況に応じて効果的な対策を講じた。また、ホームレスを３つのタイプに分けた。１は、勤労意欲はあるが仕事がなく失業状態にある者。２は、医療、福祉などの援助が必要な者。３は、社会生活を拒否する者である。そして、具体的な施策として、①総合的な相談・支援体制の確立、②雇用の安定、③保健医療の充実、④要援護者の住まいなどの確保、⑤安心安全な地域環境の整備が挙げられた。

　これを踏まえて、2000（平成12）年度から「ホームレス支援事業」を予算化し、ホームレス自身が地域社会の一員として社会生活を送ることができるよう、総合的な相談と就労援助を行うために自立支援センターの設置が進められてきた。そして、2002（平成14）年「ホームレスの自立の支援等に関する特別措置法」が施行された。この法律の基本原理は、以下の通りである。

　「この法律は、自立の意思がありながらホームレスとなることを余儀なくされた者が多数存在し、健康で文化的な生活を送ることができないでいるとともに、地域社会とのあつれきが生じつつある現状にかんがみ、ホームレスの自立支援、ホームレスとなることを防止するための生活上の支援等に関し、国等の果たすべき責務を明らかにするとともに、ホームレスの人権に配慮し、かつ、地域社会の理解と協力を得つつ、必要な施策を講ずることにより、ホームレスに関する問題の解決に資することを目的とする」（同法第１条）と定めている。また、ホームレスの定義として「都市公園、河川、道路、駅舎その他の施設を故なく起居の場所とし、日常生活を営んでいる者をいう」（同法第２条）と規定している。

　ホームレスの自立の支援などに関する施策の目標は以下の通りである。
①ホームレスの自立
　安定した雇用の場、就業の機会、安定した居住場所の確保並びに健康診断

の実施など。

②ホームレスとなることの防止

　ホームレスになるおそれがある者が多数存在する地域を中心として、就業の機会の確保、生活上の相談及び指導の実施など。

③ホームレスに関する問題の解決

　宿泊場所の一時的な提供や日常生活に必要な物品の支給その他緊急援助、生活保護の実施、ホームレスの人権擁護、地域における生活環境の改善及び安全の確保などが挙げられている。

　以上のように、国のホームレス対策としては、就労による自立を支援する自立支援事業、巡回相談活動を実施する総合相談推進事業、一定期間試行的に民間企業に雇用してもらう施行雇用事業、技能の習得や資格の取得などを目的とした技能講習事業などを実施している。

　厚生労働省「ホームレスの実態調査に関する全国調査（概数調査）」によれば、全国のホームレス数は次第に減少し、2019（平成31）年1月現在では4,555人となっている。なお、ホームレスの自立の支援等に関する特別措置法は、その後の法改正により、2017（平成29）年8月まで引き続き運用されることとなっていたが、同年6月には、議員立法により、さらに10年間延長する改正法案が国会に提出され、可決成立した。

　ホームレスの人に対して、無知と無関心を助長するのではなく、ホームレスの人の多様な価値観を認め、ひとりの人間として、理解し合えるための機会と場をつくり出していくことが求められている。そのことにより、すべての人の命の尊厳が理解され、保障されることにつながっていくのである。

●生活保護を受ける人への栄養士・管理栄養士の役割

　生活保護受給者の中には食費を節約するために自炊しながら、栄養バランスに気をつけている人がいる。しかし、病気等で自炊が困難になった受給者の中には、出来合いの惣菜で食事を済ます人も多いのが実情である。また、そのような人は、近くのスーパーマーケットの総菜が半額になる時間帯を待って買うことも多いであろうことから、食事の内容の偏りも気がかりとなる。さらに、そうして買った総菜を数回に分けて食べている人の存在が指摘されている。このような生活を送る生活保護受給者はカロリーやバランスの不足だけでなく、実際に食べる楽しみを得ているのかも疑問が残る。

　しかし、このような課題があったとしても、生活保護受給者の栄養改善を自主的な努力で解決することは困難である。そこで、栄養士・管理栄養士による被保護者への栄養指導や食事指導が必要となってくる。特に障害者やひとり暮らしの高齢者に対しては、根気よく指導を継続することと、調理方法の簡素化の方法を提示することにより、食生活の改善が見込めると考えられる。福祉事務所のケースワーカーと保健センター（保健所）の保健師、栄養士・管理栄養士等の専門職が連携して、生活保護受給者の栄養改善をすることが求められている。

　また、本文にも掲載した救護施設は、社会福祉法第２条によって定められた第一種社会福祉事業の一つで、その事業がめざすところは生活保護法によって規定されている。近年の救護施設はホームレス（路上生活者）やアルコール依存症の人など多様な人が生活している。救護施設で働く栄養士・管理栄養士に求められるスキルは、適切かつ正しい知識に裏づけられた栄養マネジメントや栄養ケア計画といった栄養指導の実施といえる。例えば、咀しゃくに課題のある利用者には、それに合わせた食事を提供する。そして、料理に応じた使いやすいカトラリーを提案するなど、利用者の課題に寄り添った栄養指導や食事指導を行うことが大切である。それには、施設利用者の生の声や実際の様子を、直接、栄養士、管理栄養士自らが見聞きする必要があるといえる。

〈参考文献〉
生活保護制度研究会編『生活保護のてびき　令和元年度版』第一法規株式会社　2019年
伊奈川秀和『〈概観〉社会福祉法』信山社出版株式会社　2018年
厚生労働統計協会編『国民の福祉と介護の動向2019／2020』厚生労働統計協会　2019年

第　5　章

高齢者の福祉

－ 高齢者の生活と介護 －

1　高齢者を取り巻く状況

キーワード

■健康寿命
■健康日本21（第2次）
■合計特殊出生率
■国民生活基礎調査
■WHO
■認知症
■年少人口
■平均寿命
■老年人口

1．日本の人口構成の変化

　周知の通り、少子・高齢社会が進行し、65歳以上の高齢者の割合が年々増加傾向にある。一般に高齢者とは、65歳以上の者とされている。わが国において人口の高齢化が社会的問題として扱われるようになったのは、1970（昭和45）年のことであり、当時高齢化率（総人口に占める65歳以上の者の割合）は7％を超える状況となった。その後も人口の高齢化はとどまることなく上昇し、1994（平成6）年には14％に達し、高齢化社会から高齢社会へと突入することとなった。この人口の高齢化の速度は、他の諸外国よりもはるかに速く進行している（表5－1）。

　ではなぜ、わが国の人口の高齢化の速度は速いのか、その要因の1つに出生率の低下による少子化が指摘されている。

　近年、わが国の年少人口（15歳未満の人口）は少子化により減少傾向にあ

表5－1　主要国の高齢化社会から高齢社会への移行年数

	7％以上到達年	14％以上到達年	所要年数
フランス	1864(江戸末期)年	1979（昭和54）年	115年
スウェーデン	1887（明治20）年	1972（昭和47）年	85年
アメリカ	1942（昭和17）年	2014（平成26）年	72年
デンマーク	1925（大正14）年	1978（昭和53）年	53年
イギリス	1929（昭和4）年	1976（昭和51）年	47年
オーストラリア	1929（昭和4）年	1970（昭和45）年	41年
ドイツ	1932（昭和7）年	1972（昭和47）年	40年
日本	1970（昭和45）年	1994（平成6）年	24年

資料：国立社会保障・人口問題研究所「人口統計資料集」
出典：三浦文夫編『図説高齢者白書　2002年度版』全国社会福祉協議会　2002年　46頁

＊1　合計特殊出生率
　一般に、1人の女性が生涯で産む平均の子どもの数に相当するもの。

り、1997（平成9）年には高齢者人口（65歳以上の人口）が年少人口を上回るという逆転現象が起こった。この状況を合計特殊出生率＊1で見ると、1989（同元）年に当時過去最低を記録し、「1.57ショック」という言葉が生まれた。その後、1997（同9）年には1.4を割り込み、2005（同17）年には1.26と過去最低を記録した。近年、やや回復傾向に転じてはいるが、2018（同30）年には1.42となった。この数値が人口置換水準（2.07～2.1）を割り込むと、人口減少、高齢化が起こるといわれ、少子化と高齢化の密接な関係がわかる。

　この出生率低下の要因としては、未婚率の上昇や晩婚化による夫婦の出生力の低下などが挙げられ、わが国の重点施策として少子化対策への取り組みが本格的に実施されているところである。

＊2
　この割合を高齢化率と呼ぶ。高齢化率7％以上の社会を高齢化社会、14％以上の社会を高齢社会、また21％以上となると超高齢化社会と呼ぶ。

　また、総人口に占める高齢者の割合＊2が増加している今日、平均寿命の伸長により、高齢者人口は2019（令和元）年9月11日現在で3,586万人、高齢化率は28.4％となった。しかも、100歳以上の高齢者は、約7万人となり、その87.1％が女性である。わが国はいわゆる長寿国であるとのとらえ方ができるが、誰もが健康で自立した生活を送れる訳ではない。加齢とともに身体的・精神的機能は低下し、高齢者にとっては寝たきりや認知症といった「要介護状態」になる不安を抱えての生活となっている。特に、後期高齢者層（75

＊3
　高齢者のうち、65歳以上75歳未満を「前期高齢者」、75歳以上を後期高齢者と呼ぶことがある。

歳以上の高齢者）＊3における要介護発生率の高まりによって要介護高齢者の増加が見込まれることが、今日の高齢者福祉施策の課題となっている。

　このように、今後も高齢者人口が増加し、年少人口と生産年齢人口（15～64歳の人口）が減少すると、高齢者自身の生活が脅かされることはもちろん、生産年齢人口層の国民にとっても大きなリスクとなることが予想される。具体的には、核家族化など家族構造・家族機能の変容、子ども家族との同居世帯の減少による高齢者の独居世帯や夫婦世帯の増加、後期高齢者層等に見られる要介護高齢者の増加等々から、家庭における介護機能の低下による高齢者介護問題、現役世代への社会保障の負担増などが挙げられる。

2．高齢者の暮らしと意識

(1) 高齢者の健康状況

　高齢者にとって、加齢とともに自らの健康を維持していくことへの不安と関心は高い。2018（平成30）年の「国民生活基礎調査」によれば、自分の健康状態について65歳以上で「ふつう」と回答した者は、男性49.7％、女性50.6％、「まあよい」「よい」と回答した者は、男性26.7％、女性23.9％であった。さらに75歳以上では、「ふつう」と回答した者は、男性45.9％、女性

46.9％、「まあよい」「よい」と回答した者は、男性23.4％、女性19.5％であり、加齢とともに自分の健康状態を良好だと思う者は減少している。

　また、2013（平成25）年及び2016（同28）年の「国民生活基礎調査」から、高齢者の通院者率（傷病で通院している者の人口1,000人に対する割合）を見ると、2013（同25）年では65歳以上の者で690.6、75歳以上の者で735.0であったが、2016（同28）年には65歳以上の者が686.7、75歳以上の者が727.8とそれぞれ低くなっている。このことから、近年、高齢者への健康意識の啓蒙や予防活動が普及し、高齢者の健康意識・長寿意識が高まっていることが伺えるが、依然、他の年齢と比べると通院者率は高くなっている。

　これに関連し注目されているものにWHO（世界保健機関）が提唱した「健康寿命」がある。健康寿命は、病気や認知症、寝たきり、衰弱などの要介護状態となった期間を、平均寿命から差し引いた寿命のことであり、真に健康で生活できる期間であるといえる。厚生労働省が算出した2016（平成28）年のわが国の健康寿命は、男性が70.42年、女性が73.62年と、平均寿命と同様に健康寿命でも世界最長寿国となっている。しかし、同年の平均寿命との差は男性8.84年、女性12.35年であり、この差は寝たきりや認知症などによる「不健康な期間」を意味していることになる。そこで、生活習慣病や認知症などの予防や介護予防の観点から2013（同25）年度からは「21世紀における国民健康づくり運動（健康日本21*4）」が推進された。

＊4　健康日本21
　第12章208頁参照。現在は「健康日本21（第2次）」が進められている。

(2)　高齢者の経済状況

　2018（平成30）年の「国民生活基礎調査」から高齢者の所得状況を見てみると、「生活意識の状況」に関して、高齢者世帯では「大変苦しい」及び「やや苦しい」と回答した人を合わせると57.7％となっている。

　同調査によると、全世帯の1世帯当たりの平均所得金額は551.6万円であるのに対し、高齢者世帯の1世帯当たりの平均所得金額は334.9万円と大きな格差がある。

　高齢者世帯の所得の内訳では、「公的年金・恩給」が61.1％、次いで「稼働所得」が25.4％となっており、特に比較的健康な高齢者が多い前期高齢者にとっては「まだ働ける」意思はあっても、現実は所得の大半は公的年金に頼った生活をしていかなくてはならない状況に置かれていることがわかる。

3．高齢者虐待防止法

　高齢者虐待は古くからあったものではあるが、社会的問題としてとらえられるようになったのは近年になってからである。介護保険法等でも高齢者の

尊厳の保持が改めて重視されてきているように、近年の深刻な高齢者虐待の状況から、高齢者虐待の防止等に関する国等の責務、虐待を受けた高齢者に対する保護措置、養護者に対する支援のための措置等を定め、高齢者の権利利益の擁護を図ることを目的として、「高齢者虐待の防止、高齢者の養護者に対する支援等に関する法律」（以下「高齢者虐待防止法」）が2005（平成17）年に成立し、翌年4月1日から施行された。

(1) 高齢者虐待防止法の概要

①虐待の定義

同法では、高齢者を65歳以上と定義し、虐待の種類として「身体的虐待」「心理的虐待」「性的虐待」「経済的虐待」「ネグレクト（放置等（同居人による虐待の放置を含む））」を定めている。また、同法による虐待は、「養護者」*5及び「養介護施設従事者等」によるものと規定している。

②虐待の通報義務

養護者による高齢者虐待を受けたと思われる高齢者を発見した者は、「高齢者の生命または身体に重大な危険が生じている場合」には速やかに市町村に通報しなければならないとされている。また、養介護施設従事者等による虐待についても同様に通報義務が規定されている。

通報を受けた市町村は老人介護支援センターや地域包括支援センターなどの「高齢者虐待対応協力者」*6と対応を協議し、重大な危険がある場合には市町村や地域包括支援センターの職員に立入調査の権限があるとしている。

③養護者支援

市町村は、養護者による高齢者虐待を受けた高齢者の保護のため、高齢者及び養護者に対して相談、指導及び助言を行うとともに、養護者の負担軽減のために緊急ショートステイ確保などの措置を講じるよう求めている。

④国、地方公共団体の責務

国及び地方公共団体は、高齢者虐待の防止、高齢者虐待を受けた高齢者の迅速かつ適切な保護及び適切な養護者に対する支援を行うために関係機関・民間団体との連携強化、民間団体の支援等に努めるとともに、成年後見制度の利用を促すことが規定されている。また、国は高齢者虐待に関する事例分析及び調査・研究を行うことも規定されている。

(2) 高齢者虐待防止法施行による検討事項

同法には、高齢者以外の精神上または身体上の理由により、養護を必要とする者に対する虐待防止策の検討が速やかに講じられることが盛り込まれており、2011（平成23）年6月に「障害者虐待の防止、障害者の養護者に対する支援等に関する法律」が成立、翌年10月1日から施行された。

*5　養護者
　高齢者を現に養護する者であって、養介護施設従事者等以外の者。

*6　高齢者虐待対応協力者
　養護者による高齢者虐待の防止、養護者による高齢者虐待を受けた高齢者の保護及び養護者に対する支援のため、市町村と連携協力に努める老人介護支援センターや地域包括支援センターその他関係機関、民間団体等。

2　高齢者の心身の加齢の特徴

キーワード ✐
■うつ
■高血圧
■高齢者の医療の確保
　に関する法律
■糖尿病
■認知症

1．身体的老化と疾病

　老化とは、加齢に伴う自然な身体的変化としてとらえられる。個人差はあるものの、加齢に伴って現れやすい身体的変化の主なものとして、皮膚・毛髪の変化（しわ、白髪、脱毛など）、眼の変化（視力や視野の機能低下、角膜・水晶体の混濁など）、耳の変化（聴力低下）、循環器系の変化（不整脈、動脈硬化など）、泌尿器系の変化（頻尿、尿漏れなど）、筋肉・骨の変化（筋力低下、骨がもろくなる）などが挙げられる。

　また、高齢者にとって、下肢機能の低下が日常生活に大きく影響を及ぼすものとなりやすい。その代表的な例として、転倒による骨折がある。高齢者の場合、少しの安静臥床でも脳への刺激が減り、次第に生活意欲が減退したり、食欲不振や誤嚥性肺炎などになりやすく、寝たきりや認知症の原因ともなっている。そこで、日常生活の自立には、下肢の筋力低下を予防するためのリハビリテーション*7や生活圏の拡大が重要となってくる。

　高齢者の主な疾病としては、虚血性心疾患、高血圧症、不整脈、肺循環疾患、肺炎、肺結核、糖尿病、骨粗鬆症などが挙げられるが、高齢者は1人で複数の疾病をもっていることが多く、それらの疾病は慢性化したり、合併症をもつことが多いことなどが特徴である。

　このような疾病に関連があるものとして、高齢者の「低栄養」が問題となっている。低栄養とは、食欲の低下や食事量の減少により、身体を動かすためのエネルギーや筋肉、内臓などを作るタンパク質が不足した状態を指す。原因として、高齢者独居世帯や夫婦のみの世帯による孤食、身体機能の低下による咀嚼（嚙むこと）や嚥下（飲み込むこと）などの口腔機能の低下、味覚や嗅覚の低下が挙げられる。予防策としては、楽しくおいしく食事ができる環境とバランスよく1日3食食べることが重要である。

　また近年、高齢者が健康な状態から要介護へ移行する中間の段階として、「フレイル」*8という概念が提唱されている。上記で示したように、加齢に伴い筋力など身体機能の低下が進むこと（「サルコペニア」という）で疲れやすくなる。それに伴い外出などが減り、閉じこもりがちになると、認知機能の低下やうつなどの精神・心理的問題が生じてくる。しかし、この段階に適切な支援を受けられれば、要介護へ移行することへの防止につながるものとして注目されている。

*7　リハビリテーション
　第7章124頁参照。

*8　フレイル
　早期発見・早期支援による高齢者の生活機能の維持・向上をめざして、2014（平成26）年に日本老年医学会が提唱した概念である

2．認知機能の老化と疾病・障害

　高齢者の認知機能の老化は、個人差はあるものの、加齢に伴って知的機能や人格、感情などの変化としてあらわれる。例えば、意欲低下、うつ病、せん妄、幻覚、妄想、認知症などである。中でも、認知症は高齢者にとって切実な疾病であり、加齢に伴ってその出現率も増していく。認知症の原因は多種多様であるが、脳血管性認知症とアルツハイマー型認知症（老年認知症）が原因の約90％を占めている。脳血管性認知症は、脳血管障害が原因で起きる認知症の総称で、多くは脳の血管がつまったり破れたりし、脳の血流が低下することで発症する。また、障害された部位によって症状は異なり、記憶の低下があらわれても判断力や理解力は比較的保たれている（まだら認知症）ことが多いのが、特徴の１つである。一方、アルツハイマー型認知症は、男性よりも女性に多く、記憶障害や見当識障害が主な症状の進行性の認知症である。これら老年期認知症の主な症状としては、記銘力障害や見当識障害、抽象的思考・判断力の障害などの「中核症状」と徘徊や幻覚、妄想、不潔行為、日常生活動作能力（ADL）の障害などの「周辺症状」に分けられる。

3　介護保険制度

1．介護保険制度創設の背景と目的

　介護保険制度が創設されるに至った背景として、①人口の高齢化の進展に伴う要介護高齢者（特に後期高齢者）の増加、②家族の介護機能の低下と介護の長期化・重度化が挙げられる。

　つまり、これまで高齢者介護は主に家族介護、特に女性（妻、嫁など）に委ねられてきたが、高齢者の独居世帯や夫婦世帯の増加、女性の就業率の高まりなどにより、今後も増え続けるであろう要介護高齢者の介護に対して、家族を中心としたシステムでは支えきれず、社会全体で支えていくシステム（介護の社会化）に移行していかなければならなくなったのである。

　そこで、新しい高齢者介護のシステムとして、従来の措置制度の下でのサービス利用の反省から、「社会保険方式」を基礎とする介護サービス体系の確立が求められ、目的を①社会連帯による介護リスクの軽減、②給付と負担の関係の明確化、③利用者の選択による総合的・効果的な介護サービスの提供などとする、介護保険制度の創設に至ったのである。こうして2000（平成

12）年4月1日、5番目の社会保険として介護保険法が施行された。

2．介護保険制度の概要

(1)　保険者

　介護保険の保険者は、市区町村であり、国、都道府県、医療保険及び年金保険の保険者が支援することとされている。

(2)　被保険者

　介護保険の被保険者は、2種類に分類されている。第1号被保険者は65歳以上の者、第2号被保険者は40歳以上65歳未満の医療保険加入者となっている（表5－2）。第2号被保険者の場合、介護保険による保険給付を受けるには、介護が必要となった状態の原因が、加齢に伴って引き起こされる16種類の特定疾病に該当しなければならないとされる（表5－3）。

　厚生労働省の発表によると、第1号被保険者は3,528万人（2019（令和元）年5月末現在）となっている。

(3)　保険給付（サービス利用）の流れ

　介護保険におけるサービスを利用するためには、保険者である市区町村に

表5－2　被保険者の概要

区分	第1号被保険者	第2号被保険者
対象者	65歳以上の者	40歳以上65歳未満の医療保険加入者
受給要件	要介護者または要支援者	要支援または要介護の状態になった原因が16種類の特定疾病に該当
保険料納付	市町村による徴収	医療保険の保険料と一括して納付
賦課・徴収方法	・所得段階別定額保険料 ・年金額が一定額以上の者は年金からの天引き、それ以外は普通徴収	・健保…標準報酬×介護保険料率（事業主との折半による負担） ・国保…所得割、均等割等による按分

出典：厚生労働省老健局「公的介護保険制度の現状と今後の役割（平成30年度）」2018年　p.16を一部改変

表5－3　第2号被保険者の特定疾病

①がん（医師が一般に認められている医学的知見に基づき回復の見込みがない状態に至ったと判断したものに限る）、②関節リウマチ、③筋萎縮性側索硬化症、④後縦靱帯骨化症、⑤骨折を伴う骨粗鬆症、⑥初老期における認知症（脳血管性認知症、アルツハイマー型認知症等）、⑦進行性核上性麻痺、大脳皮質基底核変性症及びパーキンソン病（パーキンソン病関連疾患）、⑧脊髄小脳変性症、⑨脊柱管狭窄症、⑩早老症、⑪多系統萎縮症、⑫糖尿病性神経障害、糖尿病性腎症及び糖尿病性網膜症、⑬脳血管疾患、⑭閉塞性動脈硬化症、⑮慢性閉塞性肺疾患、⑯両側の膝関節または股関節に著しい変形を伴う変形性関節症

出典：介護保険法施行令第2条より作成

＊9 介護サービス計画（ケアプラン）
　サービス利用者やその家族の希望や意向を考慮に入れて、継続的にサービスを利用しながら支援していくための計画書。計画書にはサービス提供における目標、種類、内容、サービス提供者などが記載される。

申請を行う。申請を受けた市区町村は、サービス利用に際して、サービス利用を申請した者がどの程度の要介護状態または要支援状態（要介護状態となるおそれのある状態）であるかを確認するために、心身の状況に関する訪問調査を行い、その調査結果及び主治医意見書をもとに要介護認定（1次判定、2次判定）が行われる。2次判定は医師、介護職員、福祉関係者などの合議による介護認定審査会で行われ、認定結果がサービス利用者に通知される。

　そして、認定された要介護レベルは「要支援1～2」から「要介護1～5」と「自立＝非該当」に分けられ、「要支援1～2」の「要支援者」は「予防給付」等、「要介護1～5」の「要介護者」は「介護給付」の対象とされる（図5-1）。その後、介護保険のサービスである施設サービスと居宅サービスの選択が行われ、それぞれ介護サービス計画（ケアプラン）＊9の作成とサー

図5-1　介護サービスの利用手続

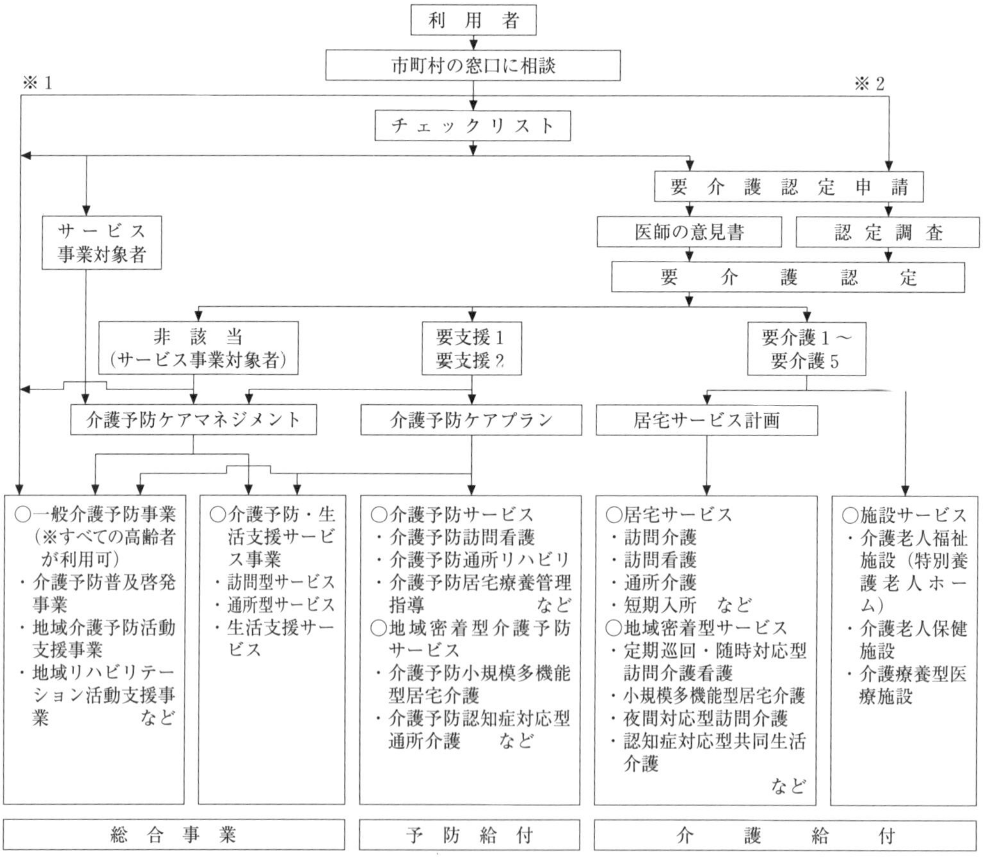

※1：明らかに介護予防・生活支援サービス事業の対象外と判断できる場合。
※2：①明らかに要介護認定が必要な場合、②予防給付や介護給付によるサービスを希望している場合等。
資料：厚生労働省「公的介護保険制度の現状と今後の役割（平成30年度）」2018年　17頁を一部改変
　　　https://www.mhlw.go.jp/file/06-Seisakujouhou-12300000-Roukenkyoku/0000213177.pdf

ビス提供事業者との契約を行い、サービス利用となる。なお、2019（令和元）
年5月末における要支援者及び要介護者の数は、表5−4の通りである。

⑷　保険給付の内容

　介護保険で利用できるサービスは、表5−5〜7の通りである。

　なお、介護保険法で定められた予防給付・介護給付以外に、要支援者・要

表5−4　要支援及び要介護の認定者数（2017年度末現在）　（単位：人）

区　分		要支援1	要支援2	要介護1	要介護2	要介護3	要介護4	要介護5	総　数
第1号被保険者		865,686	860,864	1,272,004	1,097,034	833,789	770,220	582,811	6,282,408
	65歳以上75歳未満	116,268	116,849	139,957	132,269	88,856	76,297	66,827	737,323
	75歳以上	749,418	744,015	1,132,047	964,765	744,933	693,923	515,984	5,545,085
第2号被保険者		12,205	19,455	22,208	27,310	17,846	14,793	16,535	130,352
合　計		877,891	880,319	1,294,212	1,124,344	851,635	785,013	599,346	6,412,760

出典：厚生労働省老健局介護保険課「平成29年度介護保険事業状況報告（年報）」2019年より抜粋

表5−5　介護保険サービス等の種類（地域支援事業等を除く）

2019（平成31）年4月

	予防給付におけるサービス	介護給付におけるサービス
都道府県が指定・監督を行うサービス	◎介護予防サービス ［訪問サービス］^{※1} ○介護予防訪問入浴介護 ○介護予防訪問看護 ○介護予防訪問リハビリテーション ○介護予防居宅療養管理指導 ［通所サービス］ ○介護予防通所リハビリテーション ［短期入所サービス］ ○介護予防短期入所生活介護 ○介護予防短期入所療養介護 ○介護予防特定施設入居者生活介護 ○介護予防福祉用具貸与 ○特定介護予防福祉用具販売	◎居宅サービス ［訪問サービス］ ○訪問介護 ○訪問入浴介護 ○訪問看護 ○訪問リハビリテーション ○居宅療養管理指導 ［通所サービス］ ○通所介護 ○通所リハビリテーション ［短期入所サービス］ ○短期入所生活介護 ○短期入所療養介護 ○特定施設入居者生活介護 ○福祉用具貸与 ○特定福祉用具販売 ◎施設サービス ○介護老人福祉施設 ○介護老人保健施設 ○介護療養型医療施設 ○介護医療院
市町村が指定・監督を行うサービス	◎介護予防支援 ◎地域密着型介護予防サービス ○介護予防小規模多機能型居宅介護 ○介護予防認知症対応型通所介護 ○介護予防認知症対応型共同生活介護（グループホーム）	◎地域密着型サービス ○定期巡回・随時対応型訪問介護看護 ○小規模多機能型居宅介護 ○夜間対応型訪問介護 ○認知症対応型通所介護 ○認知症対応型共同生活介護（グループホーム） ○地域密着型特定施設入居者生活介護 ○地域密着型介護老人福祉施設入所者生活介護 ○看護小規模多機能型居宅介護 ○地域密着型通所介護 ◎居宅介護支援
その他	○住宅改修	○住宅改修

出典：厚生労働統計協会編『国民の福祉と介護の動向2019／2020』厚生労働統計協会　2019年　155頁を一部抜粋

表5-6　介護保険制度における居宅サービス等

サービスの種類	サービスの内容
訪問介護 （ホームヘルプサービス）	ホームヘルパーが要介護者の居宅を訪問して、入浴、排せつ、食事等の介護、調理・洗濯・掃除等の家事、生活等に関する相談、助言その他の必要な日常生活上の世話を行う
訪問入浴介護	入浴車等により居宅を訪問して浴槽を提供して入浴の介護を行う
訪問看護	病状が安定期にあり、訪問看護を要すると主治医等が認めた要介護者について、病院、診療所または訪問看護ステーションの看護師等が居宅を訪問して療養上の世話または必要な診療の補助を行う
訪問リハビリテーション	病状が安定期にあり、計画的な医学的管理の下におけるリハビリテーションを要すると主治医等が認めた要介護者等について、病院、診療所または介護老人保健施設、介護医療院の理学療法士または作業療法士が居宅を訪問して、心身の機能の維持回復を図り、日常生活の自立を助けるために必要なリハビリテーションを行う
居宅療養管理指導	病院、診療所または薬局の医師、歯科医師、薬剤師等が、通院が困難な要介護者について、居宅を訪問して、心身の状況や環境等を把握し、それらを踏まえて療養上の管理および指導を行う
通所介護 （デイサービス）	老人デイサービスセンター等において、入浴、排せつ、食事等の介護、生活等に関する相談、助言、健康状態の確認その他の必要な日常生活の世話および機能訓練を行う
通所リハビリテーション （デイ・ケア）	病状が安定期にあり、計画的な医学的管理の下におけるリハビリテーションを要すると主治医等が認めた要介護者等について、介護老人保健施設、介護医療院、病院または診療所において、心身の機能の維持回復を図り、日常生活の自立を助けるために必要なリハビリテーションを行う
短期入所生活介護 （ショートステイ）	老人短期入所施設、特別養護老人ホーム等に短期間入所し、その施設で、入浴、排せつ、食事等の介護その他の日常生活上の世話および機能訓練を行う
短期入所療養介護 （ショートステイ）	病状が安定期にあり、ショートステイを必要としている要介護者等について、介護老人保健施設、介護医療院等に短期間入所し、その施設で、看護、医学的管理下における介護、機能訓練その他必要な医療や日常生活上の世話を行う
特定施設入居者生活介護 （有料老人ホーム）	有料老人ホーム、軽費老人ホーム等に入所している要介護者等について、その施設で、特定施設サービス計画に基づき、入浴、排せつ、食事等の介護、生活等に関する相談、助言等の日常生活上の世話、機能訓練および療養上の世話を行う
福祉用具貸与	在宅の要介護者について福祉用具の貸与を行う
特定福祉用具販売	福祉用具のうち、入浴や排せつのための福祉用具その他の厚生労働大臣が定める福祉用具の販売を行う
居宅介護住宅改修費 （住宅改修）	手すりの取り付けその他の厚生労働大臣が定める種類の住宅改修費の支給
居宅介護支援	在宅の要介護者等が在宅介護サービスを適切に利用できるよう、その者の依頼を受けて、その心身の状況、環境、本人および家族の希望等を勘案し、利用するサービス等の種類、内容、担当者、本人の健康上・生活上の問題点、解決すべき課題、在宅サービスの目標およびその達成時期等を定めた計画（居宅サービス計画）を作成し、その計画に基づくサービス提供が確保されるよう、事業者等との連絡調整等の便宜の提供を行う。介護保険施設に入所が必要な場合は、施設への紹介等を行う

出典：表5-5に同じ　156頁

表5-7　介護保険制度における地域密着型サービス

サービスの種類	サービスの内容
定期巡回・随時対応型訪問介護看護	重度者をはじめとした要介護高齢者の在宅生活を支えるため、日中・夜間を通じて、訪問介護と訪問看護が密接に連携しながら、短時間の定期巡回訪問と随時の対応を行う
小規模多機能型居宅介護	要介護者に対し、居宅または施設の拠点において、家庭的な環境と地域住民との交流の下で、入浴、排せつ、食事等の介護その他の日常生活上の世話および機能訓練を行う
夜間対応型訪問介護	居宅の要介護者に対し、夜間において、定期的な巡回訪問や通報により利用者の居宅を訪問し、排せつの介護、日常生活上の緊急時の対応を行う
認知症対応型通所介護	居宅の認知症要介護者に、介護職員、看護職員等が特別養護老人ホームまたは老人デイサービスセンターにおいて、入浴、排せつ、食事等の介護その他の日常生活上の世話および機能訓練を行う
認知症対応型共同生活介護（グループホーム）	認知症の要介護者に対し、共同生活を営むべく住居において、家庭的な環境と地域住民との交流の下で、入浴、排せつ、食事等の介護等の介護その他の日常生活上の世話および機能訓練を行う
地域密着型特定施設入居者生活介護	入所・入居を要する要介護者に対し、小規模型（定員30人未満）の施設において、地域密着型特定施設サービス計画に基づき、入浴、排せつ、食事等の介護その他の日常生活上の世話、機能訓練および療養上の世話を行う
地域密着型介護老人福祉施設入所者生活介護	入所・入居を要する要介護者に対し、小規模型（定員30人未満）の施設において、地域密着型施設サービス計画に基づき、可能な限り、居宅における生活への復帰を念頭に置いて、入浴、排せつ、食事等の介護その他の日常生活上の世話および機能訓練、健康管理、療養上の世話を行う
看護小規模多機能型居宅介護	医療ニーズの高い利用者の状況に応じたサービスの組み合わせにより、地域における多様な療養支援を行う
地域密着型通所介護	老人デイサービスセンター等において、入浴、排せつ、食事等の介護、生活等に関する相談、助言、健康状態の確認その他の必要な日常生活の世話および機能訓練を行う（通所介護事業のうち、事業所の利用定員が19人未満の事業所。原則として、事業所所在の市町村の住民のみ利用）

出典：表5-5に同じ　157頁

介護者に対し、市町村の状況に応じて条例等で定めて独自にサービスを実施する「市町村特別給付」*10がある。

3．介護保険法改正の概要

(1)　2015年の高齢者介護

わが国における高齢者介護は、急速な人口の高齢化が進むなかで幾度となく見直され、介護保険制度の導入でそのあり方は大きく変容した。そして介護保険制度開始から3年の2003（平成15）年、厚生労働省は「高齢者介護研究会」を設置し、今後の介護保険制度の課題や介護のあり方等を検討するため、「2015年の高齢者介護」という報告書を発表した。

この報告書では、2015（平成27）年にいわゆる団塊世代全員が65歳以上になることから、高齢者人口の増加に伴う要介護高齢者の増加への懸念が示され、そこから今後の介護に係る課題分析が行われている。そして「尊厳を支えるケアの確立への方策」として介護が必要となったとしてもできる限り住み慣れた地域で、できるだけ軽い状態で最期まで自分らしく生きていけるように、リハビリテーションの充実を図るとともに、認知症など重度化した状態になったとしても、地域包括ケアシステムにより在宅生活の継続性を重視した高齢者介護の方向性が望ましいことなどが提言されている。

これらの報告も踏まえ、介護保険制度の見直しが行われることとなった。

(2)　2005（平成17）年の改正

①予防重視型システムへの転換

新たな予防給付の創設

2005（平成17）年、介護保険制度創設から初の大幅な見直しがあった。

介護保険制度を「介護予防重視型システム」に転換するとともに、「自立支援」の理念をさらに重視し、介護保険法の目的に「（高齢者が）尊厳を保持し」との文言を追加した。

また、軽度者（要支援、要介護1）の増加などから、従来の介護保険制度の下での軽度者に対するサービス改善、要介護状態等の軽減、悪化防止と自立支援を目的とする「予防給付」を創設し、そのマネジメントは市町村の責任主体の下で、地域包括支援センター等が実施することになった。

地域支援事業の創設

従来の老人保健事業、介護予防・地域支え合い事業及び在宅介護支援センター事業等を再編した「地域支援事業」*11を創設した。実施主体は原則市町村とし、要支援・要介護状態になる恐れのある者を対象として状態の悪化を

---

*10　市町村特別給仕

第1号被保険者の保険料を財源とする。給付内容は実施する市町村によって異なるが、移送サービス、配食サービス、草むしり寝具乾燥等、介護保険の給付にないサービス（横出し給付）や、介護保険の給付の上限を超えて支給するサービス（上乗せ給付）がある。

*11　地域支援事業
本章91頁参照。

防止するねらいをもった事業である。

②施設給付の見直し

従来、施設入所（入院）の場合の居住費（家賃、光熱費等）は介護保険から給付（ただし、食材料費は除く）されていた。そこで、在宅と施設の利用者負担の公平性、介護保険と年金給付の重複の是正の観点から、介護保険3施設（短期入所を含む）の「居住費用」や「食事」について保険給付の対象外となり、利用者負担となった。なお、低所得者については、施設利用が困難にならないように、負担軽減を図る観点から新たな「補足的給付」を創設した。

③地域密着型サービスの創設

要介護者の住み慣れた地域での生活を支えるため、地域の特性に応じた多様で柔軟なサービス提供が可能となるような「地域密着型サービス」が創設された。小規模多機能型居宅介護*12や地域夜間対応型訪問介護などできる限り住み慣れた地域での生活が継続できるようなサービスを提供する。この地域密着型サービスは市町村に事業者指定・監督の権限があるとともに、運営基準や報酬も弾力的に決められるようになっている。したがって、サービスを利用できるのは原則としてその市町村の被保険者のみである。

④地域包括支援センターの創設

地域における総合的なケアマネジメントを担う中核機関として、①総合的な相談窓口機能、②介護予防マネジメント、③包括的・継続的マネジメントの支援機能をもつ「地域包括支援センター」*13が創設された。

⑤負担のあり方・制度の見直し

第1号保険料の見直し

所得の低い利用者の負担段階の細分化、また、特別徴収（年金からの天引き）*14の対象となる年金として、老齢・退職年金に「遺族年金」「障害年金」が追加された。

市町村の保険者機能の強化

都道府県知事の事業者指定にあたり、市町村長の関与を強化するとともに、市町村長の事業所への調査権限を強化する。

要介護認定の見直し

①委託調査の適正化から、申請者が入所している施設への委託の禁止等、②代行申請の適正化から、初回認定時の代行申請の範囲の限定等を図る。

介護報酬の見直し

介護保険制度では、3年ごとの介護保険事業計画の改正とともに、介護報酬の見直しが行われている。

---

*12 小規模多機能型居宅介護

小規模で、デイサービスにショートステイを組み合わせた型のサービスであり、「通い」を中心として、要援護者の状態や希望に応じて「訪問」や「泊まり」を組み合わせてサービスが提供される。

*13 地域包括支援センター

市区町村が運営主体となって、高齢者が住みなれた地域での生活を継続できるよう、社会福祉士、保健師、ケアマネジャーなどが総合的・包括的なマネジメントを担う。

在宅介護支援センターが地域包括支援センターの指定を受け、統廃合された場合も多い。

*14

特別徴収、および普通徴収については第3章55頁参照。

⑥サービスの質の向上

　以上のほか、介護保険サービスの質の向上のため、①情報開示の標準化、②事業所規制の見直し、ケアマネジメントの見直し（介護支援専門員（ケアマネジャー）の資格更新制、標準担当件数の見直し等）、③人材の確保のための研修体系の充実等が図られた。

(3)　2011（平成23）年の改正

　2011（平成23）年の改正では、高齢者が住み慣れた地域で自立した生活を営めるように、医療・介護・予防・住まい・生活支援サービスが切れ目なく提供できるようにするための「地域包括ケアシステム」の基盤強化を進めることに重点が置かれた。主な改正のポイントは以下の通りである。

①医療と介護の連携の強化等

①　高齢者の日常生活において、①医療、②介護、③介護予防、④住まい、⑤見守り・配食・買い物などの生活支援の５つの視点からのサービスを包括的かつ継続的な支援を推進。

②　市町村は、被保険者の日常生活圏域ごとに地域ニーズや課題を的確に分析した上で、認知症支援対策も含めた介護保険事業計画を策定。

③　重度者を始めとした要介護高齢者の在宅生活を支えるため、日中・夜間を通じて、「訪問介護」と「訪問看護」を密接に連携させた短時間の定期巡回型訪問と随時の対応を行う「定期巡回・随時対応サービス」を創設。

④　小規模多機能型居宅介護と訪問介護など、複数の居宅サービスや地域密着型サービスを組み合わせて提供する複合型サービスを創設。

⑤　保険者である市町村の判断により、要支援者および介護予防事業対象者向けに介護予防・日常生活支援のためのサービスを総合的に実施できる制度を創設（介護予防・日常生活支援総合事業）。

⑥　介護療養病床の廃止にむけた、2012（平成24）年以降の新設不認可[*15]。

②介護人材の確保とサービスの質の向上

①　たんの吸引や経管栄養は医療行為に該当し、医師や看護師のみに認められる行為であるが、介護現場での現状や課題を考慮し、介護福祉士や一定の教育を受けた介護職員等が、一定の条件下でのたんの吸引等の実施を可能とする。

②　介護事業所に対して労働法規の遵守を徹底させるとともに、労働基準法等に違反した事業所は介護事業所の指定を受けられない、または指定を取り消すことができるようにする。

③高齢者の住まいの整備等

　老人福祉法の改正により、有料老人ホーム等への入居後一定期間に契約解

*15
　ただし、療養病床の機能の存続が必要との考え方から、厚生労働省は介護療養型医療施設の廃止方針は残しながらも、介護療養病床の機能を充実させた「療養機能強化型介護療養型医療施設（仮称）」とそれ以外に転換する案を提示している。

除を行った場合に、家賃等の実費相当額を除いて、前払い金を全額返還する契約を締結することを義務付ける。

また、日常生活や介護に不安を抱く「高齢者単身・夫婦のみ世帯」が住み慣れた地域で安心して暮らすことを可能にする「サービス付き高齢者向け住宅」の整備を推進する。

④認知症対策の推進

認知症高齢者の増加に伴い、今後は親族等による成年後見の困難な者も増加することが見込まれるため、介護サービスの利用契約の支援など、成年後見の担い手を市民に求め、市民後見人の育成・活用を市町村が行うことで、高齢者の権利擁護を推進する。

⑷ 2014（平成26）年の改正

2014（平成26）年6月、「地域における医療及び介護の総合的な確保を推進するための関係法律の整備等に関する法律」（医療介護総合確保推進法）が成立し、段階的に施行されている。これは、「持続可能な社会保障制度の確立を図るための改革の推進に関する法律に基づく措置として、効率的かつ質の高い医療提供体制を構築するとともに、地域包括ケアシステムを構築することを通じ、地域における医療及び介護の総合的な確保を推進するため、医療法、介護保険法等の関係法律について所要の整備等を行う」ものである。

この改正は「地域包括ケアシステム」*16の構築をめざすものであり、①地域支援事業の充実、②予防給付の見直し*17、③特別養護老人ホームの入所要件の見直し*18が図られた。

持続可能な介護保険制度の構築―費用負担の公平化―
低所得者の保険料負担軽減割合の拡大

給付費の5割の公費に加えて別枠で公費を投入し、これまでの低所得者の保険料の軽減割合をさらに拡大する（2015（平成27）年4月施行）。

自己負担の見直し

これまで、介護サービス利用者の自己負担は一律1割であったが、一定以上の所得のある利用者については自己負担を2割に引き上げた（2015（平成27）年8月施行）。その他、小規模通所介護を市町村管轄の「地域密着型通所介護」に移行する（2016（平成28）年4月施行）などの制度改正が進められた。

⑸ 2017（平成29）年の改正
①地域包括ケアシステムの深化・推進
自立支援・重度化防止に向けた保険者機能の強化等

保険者が担当する地域の課題を分析して、高齢者の有する能力に応じた自

*16　地域包括ケアシステム
本章96頁参照。

*17
予防給付のうち、訪問介護、通所介護について市町村が実施する地域支援事業に移行された（2015年より段階的に施行）。

*18
要介護1から可能であった入所要件を原則、要介護3以上とし、在宅での生活が困難な要介護者を支える施設としての機能に重点を置いた。

立生活が継続できるように、全市町村が保険者機能を発揮し、高齢者の自立
支援と重度化防止等の取り組みを推進する（2018（平成30）年 4 月施行）。

医療・介護の連携の推進等

　2023年度末に廃止予定の「介護療養病床」に代わる新たな介護保健施設と
して、「日常的な医学管理」と「看取り・ターミナル」等の機能に加え、「生
活施設」としての機能を兼ね備えた「介護医療院」を創設した。

　また、医療・介護の連携等に関し、都道府県による市町村に対する必要な
情報提供その他の支援の規定の整備を図る（2018（平成30）年 4 月施行）。

地域共生社会の実現に向けた取り組みの推進等

　社会福祉法、介護保険法、障害者総合支援法及び児童福祉法において、高
齢者と障害児・者が同一事業所でサービスが受けやすくするため、介護保険
と障害者福祉制度に新たに「共生型サービス」を創設した（2018（平成30）
年 4 月施行）。

②介護保険制度の持続可能性の確保

2 割負担者のうち特に所得の高い層の 3 割負担

　介護保険制度の持続可能性を高めるために、 2 割負担者（単身で年金収入
のみの場合の280万円以上に相当）のうち、特に所得の高い層（同344万円以
上に相当）の負担割合を 3 割（ただし、月額 4 万4400円の負担上限）とした
（2018（平成30）年 8 月 1 日より）。

介護給付金への総報酬割の導入

　各医療機関が納付する介護給付金(40歳〜64歳の第 2 号被保険者の保険料)
について、被用者保険間では報酬総額に比例して負担する「総報酬割」の仕
組みに変更した（2017（平成29）年 8 月実施）。

4．地域支援事業

　介護保険制度が幾度と見直され改正が行われるなかで、高齢者の尊厳の尊
重や自立支援に向けた取り組みが行われている。しかし、地域社会では人間
関係の希薄化、高齢者の社会的孤立、孤独死などといった課題は解決の目処
が立っていないのが現状である。

　地域支援事業は、被保険者が要介護状態や要支援状態となることを予防し、
社会に参加しつつ、地域において自立した日常生活を営むことができるよう
支援することを目的とした事業である。市町村が地域の高齢者全般を対象に、
その実情に応じた様々なサービスを提供するものであり、以下の 3 つの事業
で構成されている。

(1) 介護予防・日常生活支援総合事業

　要支援者等に対して必要な支援を行う「介護予防・生活支援サービス事業」（訪問型・通所型サービス等がある）と、住民主体の介護予防活動の育成及び支援等を行う「一般介護予防事業」（介護予防の把握や普及・啓発などを行う）で構成される。

(2) 包括的支援事業

　地域包括支援センターの運営（介護予防ケアマネジメント、総合相談支援事業、権利擁護業務、包括的・継続的ケアマネジメント支援業務）、及び在宅医療・介護連携推進事業、生活支援体制整備事業、認知症総合支援事業、地域ケア会議推進事業といった社会保障の充実を図るための事業を行う。

(3) 任意事業

　地域の高齢者が、住み慣れた地域で安心してその人らしい生活を継続していくことができるよう、市町村が地域の実情に応じた必要な支援を行う事業。介護給付等費用適用化事業や家族介護支援事業などがある（名称の通り、実施は任意）。

キーワード

■健康寿命
■ゴールドプラン21
■地域包括支援センター
■認知症
■養護老人ホーム
■老人福祉法

4　介護保険制度以外の高齢者保健福祉事業

　今日の高齢者福祉の制度・施策は、前述の介護保険法と老人福祉法及び高齢者の医療の確保に関する法律に基づいて行われている。

1．老人福祉法

　1963（昭和38）年に制定された老人福祉法は、わが国における高齢者福祉の基本法ともいえる法律であり[*19]、その後の少子・高齢社会の進行、老人保健法（現：高齢者の医療の確保に関する法律）や介護保険法の制定などにより、幾度もの改正が行われてきたものである。近年では、高齢者福祉施策の中心的役割として介護保険法が注目されているが、老人福祉法で対象としている高齢者は、健康で元気な高齢者から要介護高齢者まで高齢者全体に及んでおり、その中でも特に今日の老人福祉法の制度・施策として位置付けられているものが、健康で元気な高齢者の生きがい対策や介護予防対策である。いわば、既述した要介護高齢者の増加に歯止めをかける新たな役割を担っているといえる。

　2005（平成17）年の介護保険法の改正で、従来より施策の範囲は縮小した

*19
　なお、前述のように65歳以上を「高齢者」というが、これは国連の世界保健機関（WHO）の定義によるものである。高齢者福祉の基本法である老人福祉法だが、本法において「老人（高齢者）」の定義は行っていない。

ものの、介護保険法の対象外とされた自立高齢者に対して、これまで同様に措置制度でサポートしていく施策も行っている[20]。

　したがって、老人福祉法は、高齢者福祉施策において介護保険と連携しつつ、重要な役割を担っているといえる。

*20
　配食サービス（弁当宅配）をこの制度で行っている自治体は多い。

2．後期高齢者医療制度

　急速な少子・高齢社会の進行と高齢者医療費を中心とした国民医療費の増加、介護予防重視の介護保険への転換などの動向から、2006（平成18）年、医療制度改革大綱により医療制度改革が進められ、同年に「健康保険法等の一部を改正する法律」が公布され、2008（同20）年4月1日より従来からの「老人保健法」が「高齢者の医療の確保に関する法律」に改正、施行された。これにより、いわゆる「後期高齢者医療制度」が誕生した[21]。

*21
　前期高齢者医療制度にあたる内容は、第3章の「医療保険と医療制度」（50頁〜）を参照。

(1)　目的

　今日の国民医療費の増加に伴い、安定的な財政運営を行うために、財政運営の責任主体を明確にするとともに、高齢者の保険料と現役世代の負担との明確化・公平化を図るためである。

(2)　従来の老人保健制度との違い

① 　原則として後期高齢者全員から保険料を徴収することとなり、これまで保険料負担のなかった健保組合などの被用者保険の被扶養者だった高齢者も新たに保険料を納める。

② 　病医院にかかる時、従来は被保険者証と老人医療受給者証の2種類が必要だったものが、後期高齢者医療保険証の1種類となる。

(3)　運営主体

　都道府県単位の全市町村が加入する広域連合が運営する。

表5－8　老人保健制度と後期高齢者医療制度の違い

	老人保健制度	後期高齢者医療制度
運営主体	市町村	都道府県単位で全市町村が加入する広域連合
対象者	75歳以上（一定の障害のある人は65歳以上）	同左
患者負担	1割負担（現役並み所得者は3割負担）	同左
保険料	老人保健での保険料は発生せず、各医療保険制度の保険料を負担する。被用者保険加入者の被扶養者には保険料がかからない。	全体の医療費の1割を保険料として徴収（特別徴収または普通徴収）
財源内訳	公費：5割（国4/6、都道府県1/6、市町村1/6）国保・被用者保険からの拠出金：5割	公費：5割（国4/6、都道府県1/6、市町村1/6）国保・被用者保険からの支援金：4割、保険料：1割

表 5 − 9　窓口での医療費負担

年　　齢	所得層	〜平成18年 9 月	平成18年10月〜	平成20年 4 月〜
〜69歳	現役並み※	3 割	3 割	3 割
	一般			
70歳〜74歳	現役並み	2 割	3 割	3 割
	一般	1 割	1 割	2 割
75歳〜	現役並み	2 割	3 割	3 割
	一般	1 割	1 割	1 割

※：現役並み所得者とは、同一世帯に属する後期高齢者のなかに、課税所得が145万円以上の者がいる場合に、①複数世帯：年収520万円以上、②単身世帯：年収383万円以上である場合をさす。

(4)　対象者

　75歳以上の者、または広域連合が一定の障害のある方と認定した65歳以上の者が対象となる。

(5)　保険料

　保険料は被保険者全員が均等に負担する「均等割額」と、被保険者の所得に応じて負担する「所得割額」の合計となる。保険料徴収は、各市町村が行うこととされ、介護保険料の徴収と同様に、特別徴収、普通徴収の納入の仕方がある。

　なお、低所得者については、世帯の所得水準に応じて軽減措置がとられる。また、これまで保険料負担のなかった健保組合などの被用者保険の被扶養者だった高齢者については、後期高齢者医療制度に加入した時から 2 年間、均等割額が 5 割軽減され、所得割額は課さないこととなっている。

(6)　費用負担

　自己負担に関しては、従来どおり 1 割負担（現役並みの所得のある人は 3 割）となる（表 5 − 9 ）。

3 ．ゴールドプランの策定及び見直し

　政府や、既述の老人福祉法・高齢者の医療の確保に関する法律の具体的展開としての施策として、1989（平成元）年12月に1990（同 2 ）年度から1999（同11）年度までの10年間に及ぶ高齢者保健福祉サービスに関する整備目標計画を記した「高齢者保健福祉推進十か年戦略（ゴールドプラン）」を策定した。また、1990（同 2 ）年に「老人福祉法等福祉関係八法の改正」が行われ、特別養護老人ホーム等の入所措置権が都道府県から市町村に委譲される

表5－10　高齢者介護サービス基盤の整備目標

	ゴールドプラン	新ゴールドプラン	ゴールドプラン21
1．在宅サービス			
ホームヘルパー	10万人	17万人	35万人
ホームヘルパーステーション	―	1万か所	―
ショートステイ	5万床	6万人分	9.6万人分
デイサービス／デイケア	1万か所	1.7万か所	2.6万か所
在宅介護支援センター	1万か所	1万か所	―
老人訪問看護ステーション	―	5,000か所	9,900か所
2．施設サービス			
特別養護老人ホーム	24万床	29万人分	36万人分
老人保健施設	28万床	28万人分	29.7万人分
高齢者生活福祉センター	400か所	400か所	1,800か所
ケアハウス	10万人	10万人分	10.5万人分
認知症老人グループホーム	―	―	3,200か所
3．マンパワーの養成確保			
寮母・介護職員	―	20万人分	―
看護職員等	―	10万人	―
OT・PT	―	1.5万人	―

出典：後藤卓郎編『新選・社会福祉一部改訂』みらい　2008年

とともに、都道府県及び市町村に「老人保健福祉計画」の策定が義務付けられた。そして、その後ゴールドプランが半分に差し掛かる1994（同6）年12月、ゴールドプランの見直しが行われ、整備目標計画の修正・追加による新ゴールドプランが策定された。その新ゴールドプランも1999年度を最終年度としていることから、さらに1999（同11）年12月には「今後5か年間の高齢者保健福祉施策の方向（ゴールドプラン21）」を策定し、2004（同16）年度までのさらなるサービスの拡充と充実を図ることとした。これら3つの整備目標は、表5－10の通りである。

　このように、3回に及ぶゴールドプランの見直し・策定のねらいとして、とどまることのない少子・高齢社会の進行の中で、いかに要介護高齢者を減らし、元気に健康で長生きできる、いわゆる健康寿命の伸長を実現していくかといったことがある。

4．新オレンジプラン（認知症施策推進総合戦略）の策定

　今後も増加する認知症高齢者に対して、団塊の世代[*22]が75歳以上になる2025（令和7）年を見据え、厚生労働省は2012（平成24）年、「認知症の人の意思が尊重され、できる限り住み慣れた地域のよい環境で自分らしく暮ら

＊22　団塊の世代
　第二次世界大戦直後の1947（昭和22）～1949（同24）年に生まれた世代を指し、第一次ベビーブーム世代とも呼ばれる。由来は、堺屋太一の小説「団塊の世代」からそう呼ばれるようになった。

表5−11　新オレンジプランの7つの柱

①認知症への理解を深めるための普及・啓発の推進
②認知症の容態に応じた適時・適切な医療・介護などの提供
③若年性認知症施策の強化
④認知症の人の介護者への支援
⑤認知症の人を含む高齢者にやさしい地域づくりの推進
⑥認知症の予防法、診断法、治療法、リハビリテーションモデル、介護モデルなどの
　研究開発およびその成果の普及の推進
⑦認知症の人やその家族の視点の重視

出典：厚生労働省「認知症施策推進総合戦略（新オレンジプラン）〜認知症高齢者等にやさしい地域づ
　　　くりに向けて〜（概要）」2015年

し続けることができる社会の実現」をめざして、2013（同25）年から2017（同29）年までの暫定施策である「認知症施策推進5ヵ年計画（オレンジプラン）」を策定した。さらに2015（同27）年には、目標を更新する形で「認知症施策推進総合戦略〜認知症高齢者等にやさしい地域づくりに向けて（新オレンジプラン）」を策定した。ここでは、新オレンジプランの推進のため、7つの柱が示された（表5−11）。

5．高齢社会対策基本法

　わが国は、世界の中でも最長寿国として、多くの高齢者が人生90年時代・100年時代の人生を送ることができる社会となってきている。これからの超高齢社会への対策を総合的に推進していく必要があることから、1995（平成7）年11月に「高齢社会対策基本法」が成立した。その基本理念は、国民が生涯にわたって就業その他の多様な社会的活動や地域社会で自立と連帯の精神に基づく社会が形成され、いつまでも健やかで充実した生活が送れる豊かな社会の実現をめざしたものである。

　高齢者社会対策基本法の基本理念は、以下の3点である。

①国民が生涯にわたって就業その他の多様な社会的活動に参加する機会が確保される公正で活力ある社会。

②国民が生涯にわたって社会を構成する重要な一員として尊重され、地域社会が自立と連帯の精神に立脚して形成される社会。

③国民が生涯にわたって健やかで充実した生活を営むことができる豊かな社会。

図5－2　地域包括ケアシステム

○　団塊の世代が75歳以上となる2025年を目途に、重度な要介護状態となっても住み慣れた地域で自分らしい暮らしを人生の最後まで続けることができるよう、住まい・医療・介護・予防・生活支援が一体的に提供される地域包括ケアシステムの構築を実現していきます。
○　今後、認知症高齢者の増加が見込まれることから、認知症高齢者の地域での生活を支えるためにも、地域包括ケアシステムの構築が重要です。
○　人口が横ばいで75歳以上人口が急増する大都市部、75歳以上人口の増加は緩やかだが人口は減少する町村部等、高齢化の進展状況には大きな地域差が生じています。
　　地域包括ケアシステムは、保険者である市町村や都道府県が、地域の自主性や主体性に基づき、地域の特性に応じて作り上げていくことが必要です。

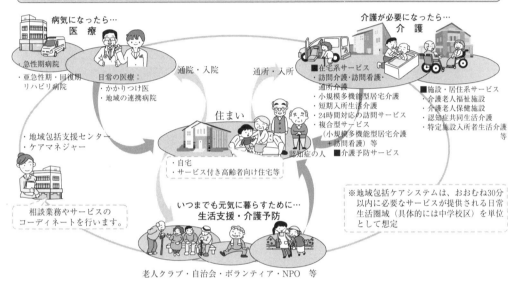

資料：厚生労働省ウェブサイト「地域包括ケアシステム」
　　　https://www.mhlw.go.jp/seisakunitsuite/bunya/hukushi_kaigo/kaigo_koureisha/chiiki-houkatsu/dl/link1-4.pdf

6．地域包括ケアシステム

　わが国では後期高齢者の増加と要介護高齢者の増加による高齢者介護問題に対する対策が急務となり、介護保険制度の下での介護の社会化が行われている。しかし、高齢者にとっては、要介護状態となっても、住み慣れた地域で自分らしく人生を送りたいと思うのは当然の思いである。その高齢者の思いを尊重する取り組みが「地域包括ケアシステム」の構築である。

　高齢者にとって長年住み慣れた地域や住居から生活の拠点を移すことは、他の年齢層に比べても高いストレスとなる。したがって、可能な限り住み慣れた地域や住居でいつまでも生活できるように、高齢者の家族や地域の医療機関や介護保険事業者などが連携をしてサポートしていく体制が整えば、高齢者の心身の健康によい影響をもたらすことになる。そこで、高齢者が住む

地域の「住まい」「医療」「介護」「予防」「生活支援」の5つのサービスを一体的（高齢者のニーズに応じた5つのサービスの適切な組み合わせ）・継続的に提供できるケアシステムが地域包括ケアシステムである（図5-2）。

　厚生労働省は、団塊の世代が75歳以上となる2025（令和7）年を目途に地域包括ケアシステムの構築をめざしている。

地域包括ケアシステムの特徴

①医療と介護の連携強化

　これまで別々で提供されていた医療サービスと介護サービスの連携を図ることは、高齢者の在宅生活を支援する意味から重要なことである。そこで24時間対応の巡回・随時対応型サービスや複合型サービスを創設し、包括的かつ継続的な在宅医療・介護の提供を行うことをめざしている。

②高齢者の住まいの整備

　高齢者にとって、住み慣れた地域で、住み慣れた家で過ごす場合に問題となるのが、住環境の問題や地域住民との関係である。そこで、サービス付き高齢者向け住宅（サ高住）や小規模多機能型居宅介護施設を増やすことで、要支援や要介護の状態となったとしても、地域の中で安心・安全に生活が送れる住まいの整備を進め、できる限り地域社会の中で自立生活を継続できるようにする。

③予防の推進

　後期高齢者の増加に伴い、今後はひとり暮らし高齢者や認知症高齢者の増加が予想される。医療や介護サービスの充実はもちろん、要介護状態などの状態悪化を防ぐ予防プログラムや自立支援型の介護サービスの提供をめざしている。

〈参考文献〉
後藤卓郎編『新選・社会福祉一部改訂』みらい　2008年
吉田宏岳監『介護福祉学習事典』医歯薬出版　2003年
社会福祉の動向編集委員会編『社会福祉の動向2019』中央法規出版　2019年
内閣府「平成24年度高齢者の健康に関する調査」
厚生労働省「平成28年国民生活基礎調査」「平成30年国民生活基礎調査」
内閣府編『平成30年版高齢社会白書』
厚生労働省「2015年の高齢者介護〜高齢者の尊厳を支えるケアの確立に向けて〜」2003年
厚生労働省構成科学審議会「健康日本21（第2次）の推進に関する参考資料」2012年
社会福祉士養成講座編集委員会編『高齢者に対する支援と介護保険制度［第6版］』中央法規出版　2019年
介護労働安定センター『介護職員初任者研修テキスト　第2分冊 制度の理解』介護労働安定センター　2018年

第 6 章

児童家庭福祉

－子どもと子育て家庭の生活－

1　児童家庭福祉の対象となる人々の状況

1．少子化の進行と家庭環境の変化

　厚生労働省の人口動態統計（図6－1）によれば、2018（平成30）年における出生児数は3年連続で100万人を割り込み、92万1,000人となった。出生数の推移を概観してみると戦後間もない頃の第1次ベビーブームと1970年代前半の第2次ベビーブームに出生数は大幅に増加している。2013（同25）年の出生数は第2次ベビーブーム時における出生数と比較するとおよそ半数以下にまで減少している。なお、2005（同17）年に合計特殊出生率[*1]は1.26と過去最低を記録したが、2018（同30）年には1.42となり、微増傾向である。ちなみに、合計特殊出生率が2.08を下回ると、親世代より子世代の人口が少なくなり、総人口は減少へと向かうことになる。このまま少子化が進行して

キーワード

- 健康教育
- 健康診断
- 合計特殊出生率
- 子育て支援
- 市町村保健センター
- 児童福祉施設
- 児童福祉法
- 小児慢性特定疾病
- 人口動態統計
- 健やか親子21
- 保育所
- 保健所
- 母子保健法
- 予防接種

＊1　合計特殊出生率
　一般に女性1人あたりが生涯で産む平均子ども数に相当するもの。

図6－1　出生数と合計特殊出生率の推移

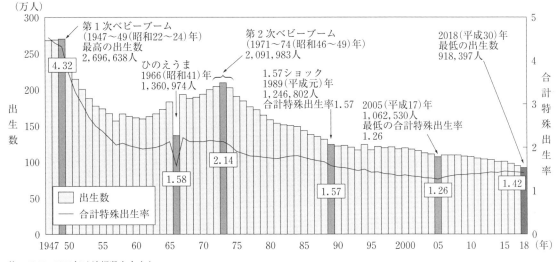

注：1947～1972年は沖縄県を含まない。
出典：厚生労働省「人口動態統計」をもとに作成

いくと年金制度、労働力人口、予算等の経済面など国への影響が深刻化していくものと思われる。

2．子育て環境の変化

＊2　大家族
　家族の構成員が多く、家族の続柄関係が複雑な家族のことをいう。

　わが国における数十年前の家庭形態は大家族＊²が多く、世代を超えて祖父母、父母、子が同居し、家族として一つの屋根の下で生活をしていた。しかし、近年結婚率・出生率の低下とともに核家族化が進み、さらに、未婚者や子どものいない世帯が増加し、家庭の形態、役割、機能にも大きな変化が見られるようになった。

＊3　核家族
　夫婦と未婚の子どもだけで構成されている家族のことをいう。

　核家族＊³化とともに、家庭の機能をもたない家族が出現してきたことで、近年、家族のあり方が問い直されている。また、わが国における労働環境においては、欧米先進諸国に比べて育児と仕事を両立することが困難な状況にある。

　女性の社会進出が進み、結婚後も仕事を続ける女性が増えている一方で、子育て支援の制度・サービス等は十分ではなく、育児と仕事を両立できないという不安から子どもをつくらない家庭が増加しており、このことが少子化の一因になっているとしばしば指摘される。しかしながら、スウェーデンやアメリカなどの先進諸国では女性が社会で仕事に従事していることにより経済的な安定を得て、少子化の進行を押しとどめていることが指摘されている。

　出生率の低下は子どもを取り巻く現状や子育て環境に大きな影響を及ぼす。また、近年家庭の育児力の低下が指摘されるようになり、子育て支援のあり方も問われている。そのため、これまで子どもに対する保育を業としていた保育士には、子どもの親の相談に応じ、子育ての仕方を指導する役割が求められるようになった。

ネグレクトが疑われる子育て支援事例

　次に、保育所においてネグレクト（育児放棄）が疑われる子育て支援事例を取り上げて、家庭への支援のあり方について考えていきたい。

　家族構成は父、母、F子（5歳）である。F子は保育所に登園するものの、朝から元気のない様子で座り込んでいることが多かった。F子の保育所への送迎はパート勤めの母がしていたものの、登園時間はばらばらで、夜出歩いて昼まで家で寝ていることがあった。母親は父親が家事や育児に非協力的であったことに落胆するとともに、家事と育児への意欲をなくしていて「何もしたくない」と担任保育士に心境を打ち明けていた。両親ともに家事・育児をしないため、家の中にはごみが散乱しており、洗濯物はかごからあふれ出

ていて、Ｆ子はいつも同じ服を着ていた。

　保育所ではＦ子の養育環境についてケース検討会が開かれた。そこで、両親との信頼関係を構築することを目標にしてさまざまな支援が行われた。まず、子どもの食事を確保するため、両親と話をするとともに、祖父母とも連絡を取り合い、衣食住に関する生活環境の整備を図った。同時にＦ子の養育状況を保健所、児童相談所にも連絡し、Ｆ子の養育環境について保育士、保健師、児童福祉司で話し合いの場がもたれた。その後、保健所、児童相談所からも家庭への訪問が行われ、保育所、保健所、児童相談所が連携して、Ｆ子を中心とした両親への支援が行われた。

　この事例では母親の心のケアから始める必要があったため、母親に対して共感的・受容的態度で接することで、信頼関係を築いていった。その後、園で母親に対して子どもの爪を切るなど具体的な養育方法の指導を行い、子育ての仕方を伝えていった。また、子どもと一緒に遊ぶことでその楽しさを共有するような支援も行われた。

　児童虐待は年々増加しており、その背景として家庭の養育・教育力の低下が指摘されている。Ｆ子のようなネグレクトの状態にまで至らないにしても、「子どもを家で見ているくらいならパートで働いていた方が楽でいい」「子どもを見るのが嫌だから保育所に預けている」「できれば月曜日から日曜日まで預かってほしい」などと保育士に平然と話す親が増加していることを保育現場でしばしば耳にする。こうしたネグレクト予備群ともいえる親への支援をどのように行っていくかが今問われている。

●欠食・孤食の実態と状況

　食生活において一人で食事をする「孤食」や朝食をとらない子どもたちが増えている。子どもの食生活の実態について厚生労働省の平成21年全国家庭児童調査によれば、１週間に家族そろって朝食を食べる回数は「ほとんどない」が32.0％と最も多く「毎日」は25.8％、「２～３日」は21.4％であった。独立行政法人日本スポーツ振興センターによる平成22年度児童生徒の食生活実態調査によれば朝食を「１週間に４～５日食べないことがある」と「ほとんど食べない」を合わせた割合は、小学生が2.5％、中学生3.8％であり、朝食を食べない理由は「食べる時間がない」「食欲がない」が80％近くを占めており、児童・生徒の生活が夜型になっていると思われる。

　また、中には、母親が朝起床していない等の育児放棄としての欠食のケースも考えられる。

3．児童家庭福祉の理念と法制度

(1) 児童の権利と児童福祉法

　1924年の子どもの権利に関するジュネーブ宣言により世界で初めて児童の権利宣言が行われた。子どもの権利が世界中で議論されるようになると、わが国においても1947（昭和22）年には法的規範として児童福祉法が制定され、憲法の基本理念に基づいた児童福祉の理念が示された。

　児童福祉の理念と児童育成の責任が示された児童福祉法の第1条と、第2条であるが、2016（平成28）年には以下のように改正された。児童福祉法の総則（原理）が改正されたのは制定以降初めてである。

> **第1条**　全て児童は，児童の権利に関する条約の精神にのつとり，適切に養育されること，その生活を保障されること，愛され，保護されること，その心身の健やかな成長及び発達並びにその自立が図られることその他の福祉を等しく保障される権利を有する。
>
> **第2条**　全て国民は，児童が良好な環境において生まれ，かつ，社会のあらゆる分野において，児童の年齢及び発達の程度に応じて，その意見が尊重され，その最善の利益が優先して考慮され，心身ともに健やかに育成されるよう努めなければならない。
>
> ②　児童の保護者は、児童を心身ともに健やかに育成することについて第一義的責任を負う。
>
> ③　国及び地方公共団体は、児童の保護者とともに、児童を心身ともに健やかに育成する責任を負う。

　なお、「児童の権利に関する条約」は、18歳未満のすべての人の基本的人権の尊重を促進することを目的としており、児童福祉法においても児童を「満十八歳に満たない者」と定義している。

(2) 児童福祉法の改正

　1997（平成9）年には少子化、子育て機能の低下、児童虐待の増加など子育て環境の変化により、児童福祉法において、①保育所を保護者が利用選択、②放課後児童健全育成事業に関する法整備、③児童福祉施設の名称・機能の改正及び児童家庭支援センターの創設がなされた。

　2000（平成12）年には、①障害児相談支援事業の追加、②児童虐待など緊急の必要時における児童委員から児童相談所長への直接通知、③障害児相談支援事業における指導委託、④助産施設・母子生活支援施設の利用方式の改正がなされた。

　2001（平成13）年には、保育士資格が法定化、「専門的知識及び技術をもつて、児童の保育及び児童の保護者に対する保育に関する指導を行うことを業とする者」として、名称独占資格となった。また、児童委員の職務も明確化された。

　2003（平成15）年には、市町村による子育て支援事業が法定化され、子育て支援体制が整備された。また、2004（平成16）年には、次世代育成支援対策を強化することを目的に、児童虐待防止対策等の充実・強化と新たな小児慢性特定疾患（現：小児慢性特定疾病[*4]）対策の確立の措置がなされることとなった。

　2005（平成17）年には、障害者自立支援法（現：障害者総合支援法）の成立に伴い、「障害児」の定義[*5]が児童福祉法に規定され、児童居宅生活支援事業は障害者自立支援法の障害福祉サービスに移行された。

　2008（平成20）年には、子育て支援事業や里親制度の拡充、また、施設における被措置児童等虐待の防止（施設内虐待の防止）が法定化された。

　2010（平成22）年には、障害児への福祉サービスが障害者自立支援法から児童福祉法へと根拠を移し、障害児施設の見直し（障害種別の一元化）が行われた。これにより「障害児入所施設」における入所支援、「児童発達支援センター」における通所支援へと再編された。また翌2011（同23）年には、児童虐待等における親権喪失審判の請求が法定化された。

　2016（平成28）年の改正は主に、①子どもが権利の主体であること、②児童虐待の発生予防、③児童虐待発生時の迅速・的確な対応、④家庭的養育の促進という4点に重点が置かれている。

　①については、第1条で子どもが児童福祉の権利主体であることが明記され、第2条で、国民の義務と地方自治体の責任が示された。

　②については、児童虐待の発生予防のために、市町村母子健康包括支援センター（通称：子育て世代包括支援センター）が設置され、支援を必要とする妊婦等を把握した医療機関・支援を必要とする子どもの通う学校等と市町村の連携の重要性が示され、国・地方公共団体が児童虐待の発生予防・早期発見に取り組むことが明示された。

　③については、児童虐待発生時の迅速・的確な対応策として、市町村が支援のための拠点の整備を努め、要保護児童対策地域協議会の調整機関について専門職を配置し、特別区への児童相談所設置を求めるとともに、児童相談所に児童福祉司、児童心理司、保健師に加えて、医師や弁護士等を配置することが示され、児童相談所等と医療機関や学校等との情報連携が示された。

　④については、家庭的養育を促進するために、児童相談所の業務として里親支援が位置づけられ、「家庭的養育」の推進が明確になった。これにより、児童養護施設などで行われてきた「社会的養護」中心から、里親、特別養子縁組、グループホームなど「家庭的養育」の比重が大きくなることとなった。

*4　小児慢性特定疾病
　児童福祉法の改正により、「小児慢性特定疾患」から「小児慢性特定疾病」へと呼称が変更され、難病とあわせて医療費助成の範囲が拡大された（2015（平成27）年1月1日施行）。

*5　「障害児」の定義
　2005（平成17）年法改正当時は「身体に障害のある児童、知的障害のある児童」が規定された。その後、2010（同22）年の法改正にて「精神に障害のある児童」（発達障害を含む）が、2012（同24）年の法改正では難病等の児童が加えられた。

(3)　児童憲章と児童の権利条約

　1951（昭和26）年には道徳的規範として児童憲章＊6が制定されている。児童憲章では児童は人として尊ばれ、社会の一員として重んぜられ、よい環境の中で育てられることが正しい児童に対する観念であることを確立し、すべての児童の幸福を図るためにこの憲章を定める、とうたっている。

　その後、1959年の児童の権利に関する宣言が国際連合総会で採択されたことにより、以前よりも児童の人権に関する保障の範囲が拡大された。さらに、1989年11月20日の国連総会において児童の権利に関する条約（児童の権利条約）が採択され、わが国はこの条約を1994年4月22日に批准している。これによって児童の権利条約は法的な拘束力をもつものとなった。

(4)　人権尊重と「子どもの最善の利益」

　児童の権利条約では18歳未満のすべての子どもに対する保護と基本的人権の尊重を促進することを目的としており、「子どもの最善の利益」が追求される。前近代的な価値観の下では子どもは小さな大人あるいは大人の前の大人として考えられており、人間として大人よりも軽視されていた。その結果、児童は支配的・抑圧的な扱いを受けることで虐待や放任など人としての尊厳に繋がる問題が生じることとなったとも考えられる。児童の権利条約には児童の生命を守り、保護するとともに発達を保障するといった内容に加えて人としての人権を保障する内容が加えられている。

　人としての人権を保障する内容としては、意見表明権、表現の自由、思想・良心・宗教の自由、集会・結社の自由等の市民的権利を得られることが明示されている。また、「子どもの最善の利益」とは、子どもにかかわるすべての活動において「その子にとって最善であるためにはどうすべきか。どうあるべきか」という視点を第1の判断基準とする基本原則である。このことは、それまで保護・養護対象として子どもの存在をとらえていたのに対して、権利を享受する主体者として理解するようになったことを意味しており、児童は権利を行使する主体者と位置付けるようになったのである。

(5)　児童虐待防止対策

　児童虐待防止対策等の充実・強化策としては、児童の相談を市町村の役割として明確に位置付けるとともに、児童相談所の役割が明確に示され、児童福祉施設の役割が見直された（①児童相談所の要保護性の高い困難事例への対応、②市町村に対する後方支援の重点化、③政令指定都市の児童相談所の設置）。さらに、要保護児童に対しては児童相談所の指導措置の中に家庭裁判所が関与する仕組みが位置付けられた（①要保護児童の入所措置は2年以内、②延長時は家庭裁判所の承認を要する、③保護者への指導の措置及び面

会や通信の制限を家庭裁判所が行う）。また、小児慢性特定疾病対策としては、特定慢性疾病にかかっている児童に対する都道府県の医療給付となっている。

　2007（平成19）年改正の児童福祉法及び児童虐待防止法は、2008（同20）年４月に施行されており、同年11月には、新たな子育て支援サービスの創設、虐待を受けた子ども等に対する家庭的環境における養育の充実等の措置を講ずる児童福祉法等の一部を改正する法律が成立している。

　また、2011（平成23）年の民法改正により、虐待する親から子どもを守るために行う親権を制限する制度として、最長２年間ではあるが、家庭裁判所が親権停止の原因が消滅するまでに要すると見込まれる期間、家庭裁判所へ親権停止の請求ができるようになった。

　そして、2019（令和元）年の児童虐待防止法の改正により、親権者に対して、しつけと称して子どもに体罰を行うことが禁止された。民法の懲戒権についても２年をめどに検討することになった。

⑹　要保護児童対策

　要保護児童対策に関連する事項として、乳児家庭全戸訪問事業、養育支援訪問事業、地域子育て支援拠点事業等の子育て支援サービスの法定化がなされた。また、子どもを守る地域ネットワーク（要保護児童対策地域協議会）の機能強化が図られた。さらに、養子縁組を前提とした里親と養育里親を区別し、養育里親の要件について一定の研修を修めることとする等の里親制度の見直しが行われた。そして、虐待を受けた子ども等を養育者住居において養育する小規模住居型児童養育事業（ファミリーホーム事業）の創設が成された。また、児童自立生活援助事業について、対象者の利用の申し込みに応じて提供することとするとともに、義務教育終了後の児童のほか、20歳未満の者を支援の対象として追加する等の見直しが行われ、児童養護施設等における虐待を発見した者の通告義務、通告があった場合の都道府県や都道府県児童福祉審議会等が講ずべき措置等、施設内虐待の防止のための規定の創設が盛り込まれ、2009（平成21）年４月から施行されている。

４．児童家庭福祉施策及び児童福祉施設の概要

　前述のように、児童福祉法における児童とは18歳未満の者をいい、１歳までを乳児、満１歳から小学校就学前を幼児、小学校就学後から満18歳までを少年と規定している。児童家庭福祉施策としては以下の対策がなされており、年齢別に分けると図６－２のように示される。また、児童福祉施設には保育所や乳児院などの施設がある。なお、2012（平成24）年４月施行の児童福祉

図6-2　年齢別児童家庭福祉施策の一覧

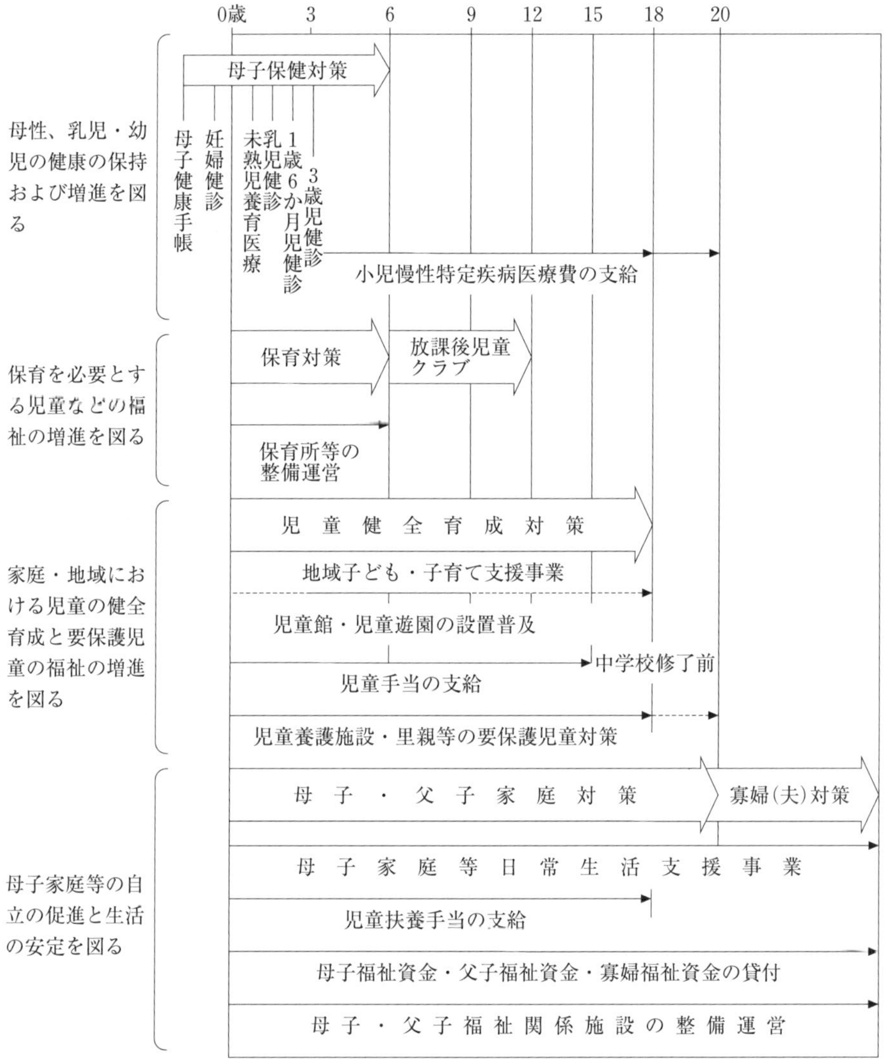

出典：厚生労働統計協会編『国民の福祉と介護の動向2019／2020』厚生労働統計協会　2019年　82頁を一部改変

法改正により、知的障害児施設、知的障害児通園施設、盲ろうあ児施設、肢体不自由児施設および重症心身障害児施設が「障害児入所施設（入所施設）」「児童発達支援センター（通所施設）」に一元化された。また、2017（同29）年4月施行の法改正により、情緒障害児短期治療施設は児童心理治療施設へと改称された。児童福祉施設の種類や目的等は表6-1の通りである。

　なお、2012（平成24）年に子ども・子育て関連3法が成立したことにより、2015（平成27）年度より新たに「幼保連携型認定こども園」が児童福祉施設として位置づけられた[*7]。

＊7
　本章114頁参照。

表6－1　児童福祉施設一覧　　　　　　2015（平成27）年1月

施　設　の　種　類	種　別	入（通）所・利用別	設　置　主　体	施　設　の　目　的　と　対　象　者
助　産　施　設 （児福法36条）	第2種	入　所	都道府県 市　町　村 届出 社会福祉法人 } 認可 その他の者	保健上必要があるにもかかわらず、経済的理由により入院助産を受けることができない妊産婦を入所させて、助産を受けさせる。
乳　児　院 （児福法37条）	第1種	入　所	同　　　　　上	乳児（保健上、安定した生活環境の確保その他の理由により特に必要のある場合には、幼児を含む）を入院させて、これを養育し、あわせて退院した者について相談その他の援助を行う。
母子生活支援施設 （児福法38条）	第1種	入　所	同　　　　　上	配偶者のない女子又はこれに準ずる事情にある女子及びその者の監護すべき児童を入所させて、これらの者を保護するとともに、これらの者の自立の促進のためにその生活を支援し、あわせて退所した者について相談その他の援助を行う。
保　育　所 （児福法39条）	第2種	通　所	同　　　　　上	日々保護者の委託を受けて、保育を必要とする（保育に欠ける）その乳児又は幼児を保育する。
幼保連携型認定こども園 （児福法39条の2）	第2種	通　所	同　　　　　上	義務教育及びその後の教育の基礎を培うものとしての満3歳以上の幼児に対する教育及び保育を必要とする乳児・幼児に対する保育を一体的に行い、これらの乳児又は幼児の健やかな成長が図られるよう適当な環境を与えて、その心身の発達を助長する。
児童養護施設 （児福法41条）	第1種	入　所	同　　　　　上	保護者のない児童（乳児を除く。ただし、安定した生活環境の確保その他の理由により特に必要のある場合には、乳児を含む）、虐待されている児童その他環境上養護を要する児童を入所させて、これを養護し、あわせて退所した者に対する相談その他の自立のための援助を行う。
障害児入所施設 （児福法42条） （　福　祉　型　） （　医　療　型　）	第1種	入　所	同　　　　　上	障害児を入所させて、保護、日常生活の指導、独立自活に必要な知識技能の付与及び治療を行う。
児童発達支援センター （児福法43条） （　福　祉　型　） （　医　療　型　）	第2種	通　所	同　　　　　上	障害児を日々保護者の下から通わせて、日常生活における基本的動作の指導、独立自活に必要な知識技能の付与又は集団生活への適応のための訓練及び治療を提供する。
児童心理治療施設 （児福法43条の2）	第1種	入　所 通　所	同　　　　　上	家庭環境、学校における交友関係その他の環境上の理由により社会生活への適応が困難となった児童を、短期間、入所させ、又は保護者の下から通わせて、社会生活に適応するために必要な心理に関する治療及び生活指導を主として行い、あわせて退所した者について相談その他の援助を行う。

施 設 の 種 類	種別	入(通)所・利用別	設 置 主 体	施 設 の 目 的 と 対 象 者
児童自立支援施設 （児福法44条）	第1種	入　所 通　所	国・都道府県 市　町　村　届出 社会福祉法人 その他の者 ｝認可	不良行為をなし、又はなすおそれのある児童及び家庭環境その他の環境上の理由により生活指導等を要する児童を入所させ、又は保護者の下から通わせて、個々の児童の状況に応じて必要な指導を行い、その自立を支援し、あわせて退所した者について相談その他の援助を行う。
児童家庭支援センター （児福法44条の２）	第2種	利　用	都　道　府　県 市　町　村　届出 社会福祉法人 その他の者 ｝認可	地域の児童の福祉に関する各般の問題につき、児童、母子家庭、地域住民などからの相談に応じ、必要な助言を行うとともに、保護を要する児童又はその保護者に対する指導及び児童相談所等との連携・連絡調整等を総合的に行う。
児　童　館 （児福法40条、平2.8.7厚生省発児123号） （　小　型　児　童　館　） （　児　童　セ　ン　タ　ー） （大 型 児 童 館 A 型） （大 型 児 童 館 B 型） （大 型 児 童 館 C 型） （そ の 他 の 児 童 館）	第2種	利　用	国・都道府県 市　町　村　届出 社会福祉法人 その他の者 ｝認可	屋内に集会室、遊戯室、図書館等必要な設備を設け、児童に健全な遊びを与えて、その健康を増進し、又は情操を豊かにする。
児　童　遊　園 （児福法40条、平成4.3.26児育８）	第2種	利　用	都　道　府　県 市　町　村　届出 社会福祉法人 その他の者 ｝認可	屋外に広場、ブランコ等必要な設備を設け、児童に健全な遊びを与えて、その健康を増進し、又は情操を豊かにする。

出典：厚生労働統計協会編『国民の福祉の動向2019／2020』厚生労働統計協会　2019年　322頁を一部改変

　2004（平成16）年の児童福祉法改正により、乳児院・児童養護施設の入所児童の年齢要件が見直され、ケアの連続性を配慮して乳児院は、それまで０歳から２歳未満としていた年齢期限を小学校就学前までとして引き上げた。また、児童養護施設においては、１歳〜18歳未満としていた年齢要件を、０歳〜18歳未満として０歳児も対象に含むこととした。さらに、児童福祉施設を退所した後の児童へのケアの充実も求められるとともに、小規模な施設運営が推進されることとなった。そして、子どもの最善の利益を確保するため、適切なアセスメントに基づいた自立支援計画が策定されることとなった。

(1) 保育対策

　保育を必要とする児童の福祉の増進を図るため、保育所での保育がなされる。保育を必要とする児童とは、保護者に代わって保育所その他の方法により社会的に養育を補完する必要がある児童のことをいう。

　保育所保育の実施においては、子ども・子育て支援新制度に基づいて保育所利用が開始される。この制度により、認定こども園、幼稚園、保育所を通じた共通の給付（「施設型給付」）へと変更された。また、都市部における待機児童解消とともに、子どもの数が減少傾向にある地域における保育機能の

確保に対応した小規模保育等への給付（「地域型保育給付」）が創設された。なお、幼保連携型認定こども園については、認可・指導監督が一本化され、学校及び児童福祉施設として法的に位置付けられた。

さらに、地域の実情に応じた子ども・子育て支援を行うため、利用者支援、地域子育て支援拠点、放課後児童クラブなどの「地域子ども・子育て支援事業」の充実が図られることとなった。

(2)　児童健全育成対策

放課後児童健全育成事業では、共働き世帯、ひとり親家庭などの子育てと仕事の両立のため、放課後の児童に対する遊びと生活の場の提供と健全育成に向けての取り組みがなされている。また、児童厚生施設では、児童の遊びを指導する者を配置し、遊びを通した健全育成を図っている。児童館では各種行事、クラブ活動、館内における遊びの場が、児童遊園では遊びの環境が提供される。

(3)　母子保健対策

母子保健対策は、児童福祉法及び母子保健法を中心に推進されている。母性並びに乳児、幼児に対する保健指導、健康診査、医療等の措置を講じ、母と子の健康保持・増進を図るものである。

①健康診査

健康診査は、病気の予防と早期発見、健康保持と増進を目的に、妊産婦、乳児、1歳6か月児、3歳児に対して市町村が実施している。

妊婦については、妊娠の前半と後半に各1回ずつ、妊娠週数に応じて問診、診察、検査、計測などが行われる。乳幼児については、市町村保健センター、保健所などでの集団健診と、医療機関での個別健診があり、健康状態や成長発達状況を専門的な視点から支援している。

②保健指導・相談

保健指導は、母親学級などの集団指導や健康診査の結果に基づき、必要に応じ妊産婦、乳幼児に対して医師、助産婦、保健師による訪問指導が行われる。また、育児不安を抱える保護者に対し、各種相談や訪問指導を行う。

③医療援護

妊娠高血圧症候群等にかかっている低所得層の妊産婦に、早期に入院し適正な治療を受けさせるための医療援護や、未熟児に対する入院等の事後指導、医療給付等が行われている。

(4)　予防接種

病気は予防が第一であるものの、病気の種類には成長の過程で多くの子どもが一度はかかるようなものから、見逃せば生死にかかわるようなものまで

多岐にわたっている。病気のサインを見逃さないように努め、早期に対応することが大切である。予防接種としてはB型肝炎、BCG、日本脳炎、麻疹（はしか）、風疹（三日はしか）、四種混合等があり、病気や障害への予防対策の重要な一端を担っている。

(5) 母子家庭・父子家庭・寡婦対策

ひとり親家庭や寡婦の自立の促進と生活の安定を図るため、ひとり親家庭等日常生活支援事業、児童扶養手当などの支給がなされる。

①母子・父子・寡婦相談

福祉事務所に配置されている母子・父子自立支援員により、母子・父子・寡婦に対する相談、自立に必要な情報提供・指導、職業能力の向上及び求職活動に関する支援が行われる。

②子育て・生活支援事業

母子家庭及び寡婦に加えて父子家庭に対しても、子育て短期支援事業、日常生活支援事業、保育所の優先入所、ひとり親家庭生活支援事業等の対象となり、利用することができるようになった。

③就業支援

母子家庭の母等の雇用促進に関して、母子家庭等就業・自立支援事業、母子家庭自立支援給付金等のさまざまな就業支援事業がある。

④養育費及び経済支援

養育費の円滑な支払い及び貸付や手当支給の制度として、母子（父子・寡婦）福祉資金の貸付、児童扶養手当等がある。

2014（平成26）年、母子及び寡婦福祉法が改正・改称され「母子及び父子並びに寡婦福祉法」となり、また、児童扶養手当法も一部改正された。これにより母子家庭及び父子家庭に対する支援施策が見直し・拡充された。

母子家庭等に対する支援の拡充としては、都道府県等による母子家庭等への支援措置の積極的・計画的な実施（母子家庭等が地域の実情に応じた最も適切な支援を総合的に受けられるように、都道府県・市区町村等による支援措置の計画的・積極的実施、周知）や、母子・父子自立支援員等の人材確保・資質向上がなされるとともに、関係機関の連携等に係る規定の整備など母子家庭等への支援体制の充実を図ることが挙げられる。また、母子家庭の母等が就職に有利な資格を取得するために養成機関で修業する期間の生活を支援するために給付される高等職業訓練促進給付金等への公課禁止など母子家庭等への支援の強化を図ることとなった。

父子家庭に対しては、母子家庭等に対する支援から範囲を広げ、父子福祉資金貸付制度（既存の母子福祉資金貸付制度と同様、父子家庭に修学資金、

生活資金等を貸し付ける制度）の創設等、支援が拡充された。

⑹　「健やか親子21」

　「健やか親子21」とは厚生労働省により示された2001（平成13）年から2010（同22）年にわたる10年間の母子保健国民運動計画のことである。なお、2010（同22）年に評価・見直しがなされ、2014（同26）年まで継続となった。

　健やか親子21では、思春期の保健対策の強化と健康教育の推進、妊娠・出産に関する安全性と快適さの確保と不妊への支援、小児保健医療水準を維持・向上させるための環境整備、子どもの心の安らかな発達の促進と育児不安の軽減の4点を取り組むべき課題として挙げている。また、各課題に対する下位項目として、保健水準、住民自らの行動、行政・関係機関等の取り組みを具体的な指標とし、目標を設定している。

　2013（平成25）年11月に厚生労働省から出された「健やか親子21」最終評価報告書では、74項目のうち、改善した割合として、①目標を達成した20項目（27.0％）、②目標に達していないが改善した40項目（54.1％）であったことが報告されており、つまり約8割改善されたことが示されている。

図6-3　健やか親子21（第2次）イメージ図

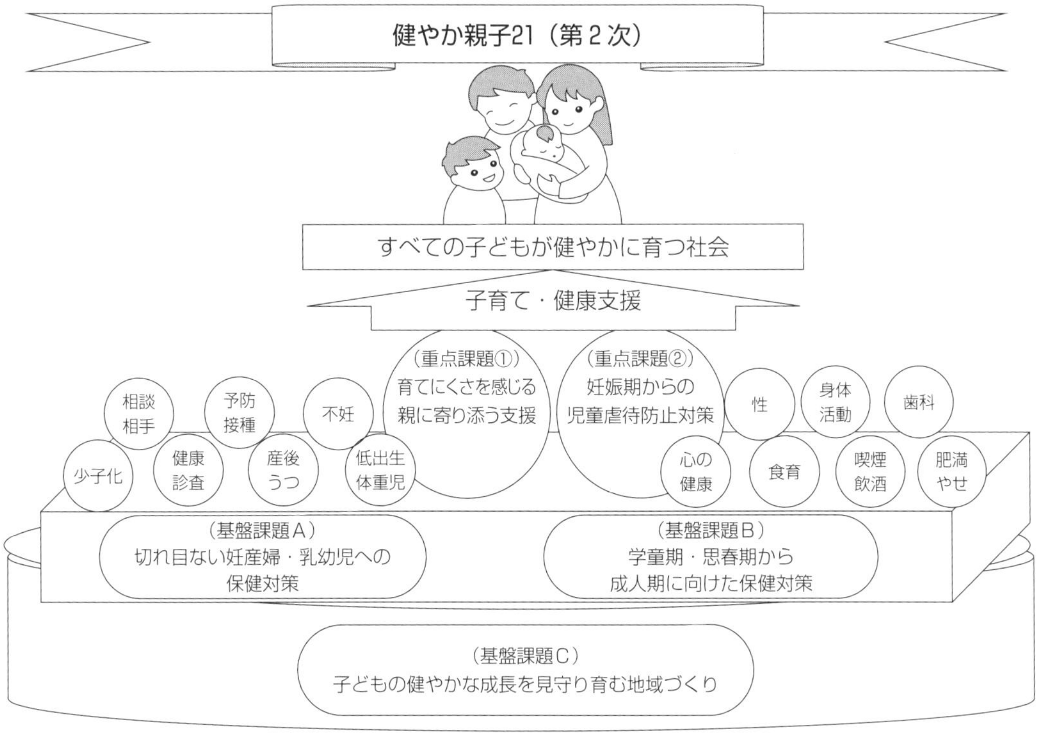

出典：厚生労働省・健やか親子21（第2次）ホームページ「健やか親子について」
　　　http://sukoyaka21.jp/about

なお、この最終評価を受け2014（平成26）年 6 月、さらに10年後にめざす姿として「健やか親子21（第 2 次）」がとりまとめられた。

　この「健やか親子21（第 2 次）」においては、「すべての子どもが健やかに育つ社会」の10年後の実現に向けて、 3 つの基盤課題（基盤課題Ａ：切れ目ない妊産婦・乳幼児への保健対策、基盤課題Ｂ：学童期・思春期から成人期に向けた保健対策、基盤課題Ｃ：子どもの健やかな成長を見守り育む地域づくり）と 2 つの重点課題（①育てにくさを感じる親に寄り添う支援、②妊娠期からの児童虐待防止対策）が設定されている（図 6 － 3 ）。

キーワード

■子育て支援

2　新しい子ども・家庭福祉を巡る動向

1．少子化対策

　1989（平成元）年の1.57ショックなどから社会への深刻な影響が危惧され、少子化への対策がなされるようになった。厚生省（現：厚生労働省）は、1994（同 6 ）年12月に「今後の子育て支援のための施策の基本的方向について」（エンゼルプラン）を策定、1999（同11）年12月には、「重点的に推進すべき少子化対策の具体的実施計画について」（新エンゼルプラン）を策定した。

　その後、2002（平成14）年 9 月には少子化対策プラスワンが提案され、「仕事と子育ての両立支援等の方針」の観点から、特に保育に関する施策中心であった従前の対策に加え、「男性を含めた働き方の見直し」「地域における子育て支援」「社会保障における次世代支援」「子どもの社会性の向上や自立の促進」の 4 つの柱に沿った対策が、総合的かつ計画的に推進された。

2．次世代育成支援対策推進法の実現に向けて

　少子化対策を推進しているにもかかわらず、少子化は進行し続けたため、少子化対策プラスワンを踏まえた政府の取組方針である「次世代育成支援対策推進法」（2003（平成15）年 7 月16日）が定められた。

　同法には次世代の社会を担う子どもが健やかに育成されるような家庭への支援、その他の環境整備を推進するために国、地方公共団体による施策や事業主による雇用環境の整備に取り組む責務について明示されている。

　基本理念には、子育ての第一義的責任は父母その他の保護者にあり、子育てに伴う喜びが実感できるように配慮しなければならないとうたっており、

国、地方公共団体に対しては、次世代を担う子どもを育成しようとする家庭を支援する責務を課し、また、事業主には労働者の職業生活と家庭生活（育児・家事・介護など）との両立を図るような雇用環境の整備を行うとともに、国、地方公共団体の施策に協力する義務が示された。2011（平成23）年から、地方公共団体及び一般事業主（常時雇用労働者数が100人を超える事業所）には5年ごとに行動計画を策定することが義務付けられ、中小事業主（同100人以下）には策定と届け出の努力義務が課せられたのである。

　企業の中には育児休暇が取りにくく職場に復帰しにくい、育児を行う労働者の時間短縮が困難、労働者の意思に基づく労働時間の変更も難しい、育児を行う労働者に対する人事上の配慮（配置、休業時の代替要員確保）がないなどの問題が指摘され、雇用環境の整備が求められている。

　ファミリー・フレンドリー企業[*8]のように、フレックスタイムやワーク・シェアリング、残業時間の縮減、勤務時間短縮、始業時間の繰り上げ・繰り下げなど子育てしやすい環境を整備している企業も近年増加している。今後は、家庭や地域社会における「子育て機能の再生」を図り、子どもを産み育てたいと思う人が安心して子育てと仕事ができる社会を実現するための取り組みが何よりも重要である。

　2014（平成26）年4月16日、次世代育成支援対策を持続するため、改正次世代育成支援対策推進法が、参議院本会議で可決、成立したことによって、2015（同27）年3月31日までであった同法の有効期限が、2025（平成37）年3月31日までの10年間延長されることとなった。

3．子ども・子育て応援プラン

　社会・経済の持続可能性を揺るがす少子化の危機感が社会で共有されていないことを受けて、子育て家庭が安心して子育てできるように社会全体で応援するとともに、子どもが健やかに育ち、自立し、親自身も育つことができる社会を作り上げていくために、2004（平成16）年6月4日に少子化社会対策大綱が閣議決定された。

　少子化社会対策大綱には、①自立への希望と力（若者の自立が難しくなっている状況を変えていく）、②不安と障壁の除去（子育ての不安や負担を軽減し、職場優先の風土を変えていく）、③子育ての新たな支え合いと連帯（家族のきずなと地域のきずな）の3つの視点がある。また、これらの視点に基づいて、①若者の自立とたくましい子どもの育ち、②仕事と家庭の両立支援と働き方の見直し、③生命の大切さ、家庭の役割等についての理解、④子育

*8　ファミリー・フレンドリー企業
　仕事と育児・介護とが両立できる制度があり、柔軟で多様な働き方を労働者ができる取り組みをしている家庭にやさしい企業のこと。1999（平成11）年度より、厚生労働省にて、特に優良な企業の取り組みの公表・表彰が実施された。現在は均等推進企業（女性の能力発揮を促進するために取り組みを推進し、その成果が認められる企業）とあわせ、「均等・両立推進企業表彰」が行われている。

ての新たな支え合いと連帯の4つの重点課題が明示された。

　この重点課題に沿って、2009（平成21）年度までの5年間に国及び地方公共団体、企業がともに計画的に取り組む具体的な施策内容と目標が、2004（同16）年12月に厚生労働省により子ども・子育て応援プランとして策定された。これまでのエンゼルプラン、新エンゼルプランでは、保育関係事業が中心の目標設定がなされ、少子化対策がなされてきたものの、合計特殊出生率低下の進行に歯止めをかけることはできなかった。

4．子ども・子育てビジョン～子どもの笑顔があふれる社会のために～

　「子ども・子育てビジョン～子どもの笑顔があふれる社会のために～」が、少子化社会対策基本法（2003（平成15）年）第7条の規定に基づく「大綱」として定めるものとして、2010（同22）年1月に閣議決定された。

　子ども子育てを応援する社会に向けて、①子どもが主人公（チルドレン・ファースト）であること、②「少子化対策」から「子ども・子育て支援」への転換、③生活と仕事と子育ての調和を図ることが示された。また、基本的な考え方として、①社会全体で子育てを支える、②「希望」がかなえられることが明示された。

　なお、3つの大事な姿勢として、①生命（いのち）と育ちを大切にする、②困っている声に応える、③生活（くらし）を支えることが示された。

　さらに、めざすべき社会への政策4本柱として、①子どもの育ちを支え、若者が安心して成長できる社会へ、②妊娠、出産、子育ての希望が実現できる社会へ、③多様なネットワークで子育て力のある地域社会へ、④男性も女性も仕事と生活が調和する社会へ（ワーク・ライフ・バランスの実現）、が掲げられ、それに向けた12の主要施策が示された。

5．子ども・子育て支援新制度

　2012（平成24）年8月に成立した子ども・子育て関連3法（「子ども・子育て支援法」「認定こども園法*9の一部改正」「子ども・子育て支援法及び認定こども園法の一部を改正する法律の施行に伴う関係法律の整備等に関する法律」）に基づいて、2015（平成27）年4月1日より子ども・子育て支援新制度が本格的に開始される。

　以下、子ども・子育て関連3法の特徴について次に述べる。

　まず、認定こども園、幼稚園、保育所を通じた共通の「施設型給付」となっ

*9　認定こども園法
　正式名「就学前の子どもに関する教育、保育等の総合的な提供の推進に関する法律」。

た点が挙げられる。また、都市部における待機児童解消とともに、子どもの数が減少傾向にある過疎地域での保育機能の確保に対応する「小規模保育」などへの「地域型保育給付」が創設されたことも特色である。

そして、幼保連携型認定こども園の財政措置を「施設型給付」に一本化、認可・指導監督も一本化し、学校及び児童福祉施設として法的に位置付けたことも特徴といえる*10。

さらに、教育・保育施設を利用する子どもの家庭だけでなく、在宅の子育て家庭を含むすべての家庭及び子どもを対象とする事業として、市町村が地域の実情に応じて実施する利用者支援、地域子育て支援拠点、放課後児童クラブなどの「地域子ども・子育て支援事業」を充実させていくことも子ども・子育て支援新制度のポイントである。

子ども・子育て支援新制度を推進していくため、市町村は地域のニーズに基づき、子ども・子育て支援に関する事業計画を策定した上で、給付・事業を実施することになる。そして、国と都道府県には、新しい子ども・子育て支援新制度を実施していく主体である市町村を支える役割が求められる。

内閣府に子ども・子育て本部が設けられるとともに、有識者、地方公共団体、事業主代表・労働者代表、子育て当事者、子ども・子育て支援に関する事業に従事する子育て支援当事者が、子育て支援の政策プロセスに参画・関与する仕組みとして、子ども・子育て会議が設置された。そして、市町村にも地方版子ども・子育て会議が設置されている。

6．子ども・子育て支援に関する近年の政治・経済の動向

⑴　ニッポン一億総活躍プラン

子ども・子育て支援に関する近年の政治・経済に関する動向としては、2016（平成28）年に閣議決定された「ニッポン一億総活躍プラン」が挙げられる。このプランでは、「女性も男性も、お年寄りも若者も、一度失敗を経験した方も、障害や難病のある方も、家庭で、職場で、地域で、あらゆる場で、誰もが活躍できる、いわば全員参加型の社会」1)の実現をめざしている。

このプランでは子育て支援や社会保障の基盤を強化することで、経済を強くし、新たな経済社会システムを作るため、①成長と分配の好循環メカニズムの提示、②働き方改革、③子育ての環境整備、④介護の環境整備、⑤すべての子供が希望する教育を受けられる環境の整備、⑥「希望出生率1.8」に向けたその他取り組み、⑦「介護離職ゼロ」に向けたその他取り組み、⑧「戦後最大の名目GDP600兆円」*11に向けた取り組みという8点が示されている。

*10
　具体的には、都道府県・指定都市・中核市が認可・指導監督を行い、「給付の支給対象施設」として市町村が確認・指導監督することになる。また、学校教育・保育を提供する機関として、学校と児童福祉施設の位置づけがなされる。なお、認定こども園の財政措置は「施設型給付」に一本化されるため、「保育の必要性」の認定を受けた利用者には、「保育時間」に対応する「施設型給付」がなされる。

*11　GDP
　第3章43頁参照。

⑵ 子育て安心プラン

　2017（平成29）年に厚生労働省が示した「子育て安心プラン」では、まず待機児童を解消するため、国として、東京都をはじめ意欲的な自治体を支援するため、待機児童解消に必要な受け皿約22万人分の予算を2018（平成30）年度から2019（令和元）年度末までの２年間で確保、遅くとも2020（令和２）年度末までの３年間で全国の待機児童を解消するとしている。次に、待機児童ゼロを維持しつつ、５年間で「M字カーブ」を解消するため、2018（平成30）年度から2022（令和４）年度末までの５年間で女性就業率80％に対応できる約32万人分の受け皿を整備するとしている。

⑶ 新しい経済政策パッケージ

　2017（平成29）年に閣議決定された「新しい経済政策パッケージ」において示された「人づくり革命」の部分のポイントとしては、①幼児教育の無償化、②待機児童の解消、③高等教育の無償化、④私立高等学校の授業料の実質無償化、⑤介護人材の処遇改善、⑥これらの施策を実現するための安定財源、⑦財政健全化との関連、⑧来年夏に向けての検討継続事項が挙げられる。

７．児童の虐待防止に向けて

⑴ 児童虐待防止法

　児童虐待防止を目的として2000（平成12）年に「児童虐待の防止等に関する法律」（以下「児童虐待防止法」）が公布された。

　児童虐待は児童の人権を著しく侵害し、将来の世代の育成に懸念を及ぼす行為であり、児童虐待問題は子どもに深刻な影響を及ぼす社会的問題である。児童虐待防止法第３条には、「何人も、児童に対し、虐待をしてはならない」と規定されている。また、同法第２条には児童虐待が以下のように定義されている。

① 「児童の身体に外傷が生じ、又は生じるおそれのある暴行を加えること」
　　　　　　　　　　　　　　　　　　　　　　　　　　（身体的虐待）
② 「児童にわいせつな行為をすること又は児童をしてわいせつな行為をさせること」
　　　　　　　　　　　　　　　　　　　　　　　　　　（性的虐待）
③ 「児童の心身の正常な発達を妨げるような著しい減食又は長時間の放置、保護者以外の同居人による前２号又は次号に掲げる行為と同様の行為の放置その他の保護者としての監護を著しく怠ること」
　　　　　　　　　　　　　　　　　　　　　　（ネグレクト・育児放棄）
④ 「児童に対する著しい暴言又は著しく拒絶的な対応、児童が同居する家庭における配偶者に対する暴力（配偶者（婚姻の届出をしていないが、

事実上婚姻関係と同様の事情にある者を含む）の身体に対する不法な攻撃であって生命又は身体に危害を及ぼすもの及びこれに準ずる心身に有害な影響を及ぼす言動をいう）その他の児童に著しい心理的外傷を与える言動を行うこと」　　　　　　　　　　　　　　　　　　　　（心理的虐待）

　第4条では国及び地方公共団体に対し、児童虐待の予防及び早期発見、迅速かつ適切な被虐待児の保護及び自立の支援、児童虐待を行った保護者に対する親子の再統合の促進への配慮、その他児童が家庭で生活するために必要な配慮をした適切な指導及び支援を行うための関係機関及び民間団体の間の連携の強化、民間団体の支援、医療の提供体制の整備等に努めなければならないことを定めている。

　さらに、児童虐待の通告義務については、国民全員に課せられているものの、特に児童福祉に職務上関係のある学校の教職員や児童福祉施設の職員、医師、保健師などに対し、被虐待児の早期発見、早期対応を行うように努めることが義務付けられている。なお、2004（平成16）年の法改正により、児童虐待を受けたと思われる児童も通告対象となった（同法第6条）。

　立入調査*12及び一時保護については、同法第10条で、児童の福祉に関する職員は児童の安全確認を行い、緊急保護が必要な場合などについては立入調査し、場合によっては一時保護できるように法的権限が与えられている。また、改正によって、警察署長に対して援助を求めなければならないと援助要請が明記され、児童虐待に対する警察の介入が義務付けられた。2007（平成19）年の改正では、特に安全確認や立ち入り調査についての機能を強化している。具体的には、市町村または福祉事務所の長の安全確認義務は、「努力義務」から、「必要な措置を講じる」義務と変更された。また、都道府県知事（児童相談所長）は、虐待のおそれがある場合、その子どもの保護者に子どもを伴って出頭することを求めることができることとして、保護者が求めに応じない場合には、立ち入り調査などの措置をとることを規定している。さらに、立ち入り調査が拒否された場合には、子どもの安全確認と安全確保のため、裁判官の許可状により、児童相談所の職員が強制的に立ち入ることができ、立ち入り調査を拒否した場合、50万円以下の罰金が課せられる。

　児童虐待を行った保護者に対しては、被虐待児との面会または通信が制限できる規定も盛り込まれており、児童相談所が家庭裁判所に申し立てを行えば、親の同意を得なくとも児童虐待を行う親から子どもを引き離すことができる（児童福祉法第28条）。この点については児童福祉法の改正で、親子の分離期間を2年以内とし、児童相談所の申し立てにより家庭裁判所が期間を更新できる。

*12　立入調査
　被虐待児の居所に立ち入って、児童虐待に関する必要な調査をすること。児童虐待が行われているおそれがあり、児童の安全確認ができず、保護者の調査への協力が得られない場合、児童相談所職員は立入調査が行える。また、立入調査の指示権限は多くの場合において都道府県知事から児童相談所長へ委任されている。立入調査に関しては、児童虐待防止法第9条及び児童福祉法第29条に規定されている。

今後、一時保護や施設入所後（親子を分離した後）の保護者への援助（親が養育態度を改善するような援助）を充実させていかなくてはならない。

(2) 児童虐待防止に向けた民法の親権制限制度等の改正

親が子どもを育てることは、親の「権利」であるとともに「義務」でもある。子どもを育てる親の「権利」と「義務」は「親権」と呼ばれ、民法に規定されている。

しかし、民法には「親権」が「子どもの利益のために行われるべき義務である」ということを明確に示していなかったため、「子どもを親が支配する権利」であると誤解されてきた側面がある。そのため、親の「権利」である「親権」が濫用され、子どもに暴力をふるったり、子どもの養育を放棄したりするといった虐待・ネグレクトが増加した。

このような児童虐待から子どもを守るため、民法第820条の「親権」の定義の改正（表6－2）、及びそれを踏まえ「親権制限制度」が見直された（2012（平成24）年4月1日施行）。

それまでの期限を定めずに親権を奪う「親権喪失」の場合、その効力の大きさから申立を躊躇する事例が多くみられた。そのため、最長2年間という期限をつけて親権を制限できる「親権停止」の制度が創設された。家庭裁判所は、「子どもの利益を害する」親権停止の原因消滅までの期間を最長2年間として、期限付きで「親権」を制限し「停止」できる。

また、これまでは親権喪失の原因として、「親権を濫用し、又は著しく不行跡であるとき」と規定されていたが、民法改正により「子の利益を著しく害するとき」と明記された。そして、子どもの親族、検察官、児童相談所長（親権喪失のみ）に限られていた親権喪失などの請求は、改正により子ども本人や、未成年後見人、未成年後見監督人にも可能となった。

また、これまでは児童相談所で一時保護中や、児童養護施設で入所中の子どもに対し、親が抵抗すれば必要な措置がとれなかった。そこで、施設長らの権限を親権より優先させることが児童福祉法改正により実現した。そして、親が病気の子供に治療を受けさせない放棄といった医療ネグレクトや、入所施設からの子どもの連れ戻しへの対応における児童相談所長や施設長らは、

表6－2　民法820条（新旧対照）

	改正前	改正後
民法820条	親権を行う者は、子の監護及び教育をする権利を有し、義務を負う。	親権を行う者は、子の利益のために子の監護及び教育をする権利を有し、義務を負う。

緊急の場合は親の意に反しても、看護や教育などができることとなった。

(3)　児童虐待防止へ向けたさらなる改正

　2019（平成31）年の児童虐待防止法の改正により、親権者が、しつけと称して子どもに体罰を行うことが禁止された。しかし、現在、親が子を戒めることを民法の懲戒権で認めているため、その規定を施行後2年をめどに検討するとになった。

　これに加えて、児童相談所における一時保護などの介入と、家族関係の再構築を担う支援を別々の職員が行うように規定された。また、中核市や特別区に児童相談所の設置を促進するため、人材確保や施設整備などの面で改正児童虐待防止法施行後5年間は政府が支援することとなった。さらに、児童虐待と関連の深い配偶者への暴力への対策を強化するため、児童相談所が配偶者暴力相談支援センターと協力を促進することになった。

3　児童家庭福祉における栄養士・管理栄養士の役割

キーワード🖊
- 栄養教諭
- 食育基本法

1．児童虐待問題と栄養士・管理栄養士の役割

　第1節に示したように児童虐待の中のネグレクトとは、保護者が子育てを放棄することである。保護者が監護を放棄し食事を与えないことにより、児童は心身の正常な発達が妨げられる。著しい減食が身体にどのような影響を及ぼすか、長時間の栄養不足が何をもたらすか医学的、栄養学的な視点から見ていくことは大切である。

　児童虐待においては早期の対応、予防が非常に重要であるため、乳幼児健診のような初期の段階から医師、保健師、栄養士・管理栄養士が連携協力してそのような問題に取り組むことが大切である。

2．今後の食育指導と健診

　現在、食育が推進されており、子どもの栄養改善と食を通じた心の健全育成が行われ、栄養士または管理栄養士がその役割を担っている。

　学校、保育所等における給食で栄養士または管理栄養士は食の専門家として食の説明を行うだけでなく、食事の場や方法を工夫し、保護者へも試食会などを通して食に関する指導・説明を行っている。

　乳幼児健診においても小児科診察、発達チェック、育児相談、保健指導、

身体計測とともに離乳食指導、おやつ試食会などを通しての栄養指導が行われている。また、虐待予防の観点からは、妊産婦の段階から必要に応じて親へ食に関する指導を行うとともに、関係諸機関と連携して親への援助を行い、食と栄養に関する関心を高めるような早期介入を行う必要がある。

3．障害のある子どもの福祉と摂食指導

　障害児の福祉や障害児療育において、栄養士または管理栄養士の担う役割は大きい。特に身体障害のある子どもにとっては摂食指導が行われる。摂食指導においては、栄養士または管理栄養士、医師、看護師、言語療法士、理学療法士、保育士、児童指導員、教員などでスタッフが構成され、チームを組んで指導がなされる。また、特別支援学校、知的障害児通園施設、保育所等において、栄養士・管理栄養士は、栄養さらにはリハビリテーションの視点から給食の献立作成及び給食指導を行い、保育士、児童指導員、教員に対しても食の専門家としての立場から給食や栄養の説明などを行うことが求められている。

4．栄養教諭の制度化

　現在、小中学校には学校栄養職員が配置されているが、子どもたちの食生活の乱れが深刻化しているため、食に関する指導を充実すべく、「栄養教諭」の創設が進められた。2004（平成16）年1月9日には中央教育審議会により「栄養教諭の養成・免許制度のあり方について」の報告がなされ、2005（同17）年度より制度化された。

　栄養教諭は、食に関する指導と学校給食の管理を一体的に担う職員として、教育に関する資質と栄養に関する専門性を併せ有し、学校給食を生きた教材として活用した効果的な指導を行うことが期待されている。具体的に栄養教諭は食に関する指導として、児童生徒への偏食、肥満、食物アレルギー等の個別的な相談指導、教科・特別活動等における集団指導、食に関する教育指導の連携・調整を行うとともに、学校給食における栄養管理や衛生管理、物資管理等が行われる。こうした食のカウンセラーとしての役割が期待される。

　なお、同様に学校で給食管理を行う者として学校栄養士が挙げられる。学校栄養士は給食の管理が主な役割であり、こちらも児童に対し食育を行うことがあるが、あくまで他の教員の補佐としての役割にとどまり、一教員として「授業」を行える栄養教諭とは業務範囲が異なる。

5．食育基本法

　食は、豊かな人間性と生きる力のある子どもを育てるために重要な要素である。また、食は、心身の成長及び人格の形成に大きな影響を及ぼし、生涯にわたって健全な心と身体を培い、豊かな人間性を育む基礎でもある。それゆえに、食育を知育、徳育、体育の基礎と位置付け、いろいろな経験を通して、健全な食生活を送れるよう子どもの教育をしていく必要があるため、食育基本法が2005（平成17）年6月に公布、7月に施行された。

　この法の目的は、豊かな人間性を育むための食育を推進することで、健康で文化的な国民の生活と、豊かで活力ある社会の実現に寄与することにある（第1条）。また、国民の心身の健康増進と豊かな人間形成に資することを旨として行うとともに（第2条）、食に関する感謝の念と理解が深まるよう配慮されなければならないことが示された（第3条）。さらに、子どもの食育の推進に関する活動には、保護者、教育関係者が食育の重要性を十分自覚し、積極的に子どもの食育の推進活動に取り組むとともに（第5条）、国・地方公共団体には施策の策定と実施の責務が明示され（第9、10条）、国民には食育の推進に寄与するよう努める責務が示された（第13条）。

〈引用文献〉
1）「ニッポン一億総活躍プラン」（平成28年6月2日閣議決定）
　　https://www.kantei.go.jp/jp/singi/ichiokusoukatsuyaku/pdf/plan1.pdf

〈参考文献〉
厚生労働統計協会編『国民の福祉の動向2019／2020』厚生労働統計協会　2019年
厚生労働省編『平成30年版厚生労働白書』
保育福祉小六法編集委員会編『保育福祉小六法2019年版』みらい
神戸賢次・喜多一憲編『新選・児童家庭福祉［第2版]』みらい　2014年
後藤卓郎編『新選・社会福祉［第2版]』みらい　2013年

第　7　章

障害者の福祉

－地域でみんなとともに暮らすために－

1　障害者の福祉とは

*1
　「障害」や「障害者」の表記については、さまざまな見解があり「障碍」「障がい」、また「障害のある人」などを用いる場合があるが、本章ではそうした見解を踏まえた上で、「障害者基本法」の表記に基づき、特段の事情がない限り、「障害」「障害者」の表記を用いる。

　わが国において、「障害者」*1の基本的人権の尊重を社会的課題とした福祉制度や施策が本格的に体系化されはじめたのは、戦後の日本国憲法制定以降のことである。それ以前の障害者に関する施策といえば、傷痍軍人など限られた人々にのみ保護施策が行われ、その他の人々に対しては恤救規則や救護法に基づく救貧対策が施されたに過ぎなかった。

　他方、日本国憲法制定以降のわが国においては、国内外における、人権思想の高まりや、それを受け入れ成長してきた社会情勢を背景として、さまざまな障害者にかかわる施策や取り組みが、展開されるようになった。

　こうした中で、今日の障害者の福祉施策は、ただ単に障害者を支援するだけでなく、一般社会に向けた障害への理解促進や啓発、バリアフリー化、参加の権利の確保、共生社会の実現、など実に幅広い課題に取り組むことが求められている。本章では、こうした諸課題を理解し、障害の有無にかかわらず「地域でみんなとともに暮らす」ことができる社会を実現するために、障害者福祉の基礎を学んでほしい。

キーワード

■身体障害者
■WHO

2　障害者福祉の概念・理念

1．障害とは何か（障害の概念）

　日常生活で障害を感じる場面は、人それぞれで「個人差」があることや、地域ごとに「障害を支える社会環境」の違いがあることなど、さまざまな条件が影響するため、個人が一概に「障害とは何であるか」を定義するのは非常に難しいことである。ここでは、「障害とは何か（障害の概念）」を理解するための足掛かりとして、世界保健機関（以下「WHO」）による「国際障害分類」と「国際生活機能分類」を取り上げておきたい。

(1)　国際障害分類

　WHOが1980年に作成した「国際障害分類」（以下「ICIDH」＊²）は障害について、「疾病または変調（disease or disorder）」により、「機能障害（impairment）」が発生し、それが「能力障害（disability）」を引き起こし、さらには、「社会的不利（handicap）」をもたらすという、階層的な構造でとらえる考え方を示している（図7－1）。

　このように障害を階層的にとらえることは、「機能障害」を「能力低下」や「社会的不利」に結び付けないための技術や方法、支援のあり方を考える上で画期的なものであった。

＊2　ICIDH
International Classification of Impairments, Disabilities, and Handicapsの略。

図7－1　国際障害分類（ICIDH）

疾病または変調　　→　　機能障害　　→　　能力障害　　→　　社会的不利

出典：厚生省『WHO国際障害分類試案：仮訳』厚生省大臣官房統計情報部　1984年を一部改変

(2)　国際生活機能分類

　ICIDHは、構成要素である「機能障害」「能力障害」「社会的不利」のすべてに最初からマイナス要素が組み込まれている考え方であること、また、環境的要因の考慮が十分ではないことなどの批判を受けることとなった。こうしたことを受けて、WHOは2001年に新たに「国際生活機能分類」（以下「ICF」＊³）を発表することになる（図7－2）。

　新たに作成されたICFでは、ICIDHにおける「機能障害」「能力障害」「社会的不利」を「心身機能・身体構造（body function and structure）」「活動（activity）」「参加（participation）」という中立的表現の分類の構成要素に置き換えるとともに、これらに何らかの問題が生じた状態が、それぞれ、「機能障害」「活動制限」「参加制約」であるとした。

　つまり、ICFでは中立的表現の分類状況（心身機能・構造、活動、参加）とそこに生じるマイナス的な状況の付加（機能障害、活動制限、参加制約）とを明確に区別して定義しているのである。

　ICFでは、さらに「環境因子（Environmental factors）」と「個人因子（Personal factors）」の要素を導入し、上記の構成要素も含めて双方向の矢印で結ぶことにより各構成要素間に相互作用があることを示している。

　このようなことから、ICFは障害者の障害の構造を理解するためだけでなく、すべての人間を対象とした分類を可能とするものとして、今日、広く普及し活用されているのである。

＊3　ICF
International Classification of Functioning, Disability and Healthの略。

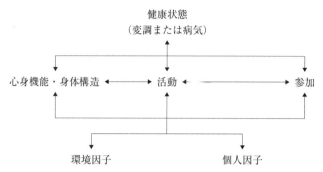

図7－2　国際生活機能分類（ICF）

出典：世界保健機関（WHO）・厚生労働省社会・援護局障害保健福祉部「ICF
国際生活機能分類―国際障害分類改定版―」2002年を一部改変

2．障害者福祉の理念

　障害者福祉を学ぶ上で、その基本となる理念の理解は重要である。障害者福祉の代表的な理念として、①リハビリテーション、②自立生活の理念、③ノーマライゼーションという3つの理念体系が挙げられる。「自立」「ノーマライゼーション」については社会福祉全体の理念として、すでに第2章で学んだため[*4]、ここでは「リハビリテーション」についておさえておきたい。

リハビリテーション

　社会福祉の分野における「リハビリテーション」の考え方は一般に、第一次世界大戦により心身に障害を負った人々の職業復帰や機能回復訓練のためにアメリカで発達した医療や福祉活動の取り組みに起源があるとされている。

　これらの取り組みは、「医学モデル」の「リハビリテーション」として全世界に波及していくことになる。わが国では第二次世界大戦後に、はじめての障害者関連法規として制定された「身体障害者福祉法」において、このリハビリテーションの概念が「更生」[*5]という訳で法の目的に取り入れられ、身体障害者の職業的な自立や機能回復のための諸施策が展開された。

　その後、労働、教育、福祉など障害者の生活のさまざまな領域においてリハビリテーションの言葉を用いた活動の展開が広がりをみせるようになる。そして、国連の「障害者に関する世界行動計画」（1982年）において「リハビリテーションとは、身体的、精神的、かつまた社会的に最も適した機能水準の達成を可能とすることによって、各個人が自らの人生を変革していくための手段を提供していくことをめざし、かつ、時間を限定したプロセスである」という定義がなされたことにより、障害者の社会生活力を高めるための訓練・指導・援助・支援に重点が置かれた「生活モデル」としてのリハビリ

*4
第2章36頁～参照。

*5
　「更生」という言葉は「元の状態に戻す」「良い状態に改まる」ことを意味する言葉である。このため、当初の身体障害者福祉法は回復の見込みのない重度の身体障害者を法律の対象としないという問題があった。

124

テーションの理念が広がりをみせることとなった。

　このようなことから、今日の障害者福祉の分野においてリハビリテーションの理念を考える上で大切なことは、リハビリテーションが「障害があるために制限されてきた障害者の権利を回復するための取り組みであるということ」、そして、「障害者の自己決定を尊重した支援の取り組みであること」を十分に理解することにあるといえるだろう。

3　障害者福祉の法体系と施策

キーワード🖊
■障害者総合支援法
■身体障害者
■精神障害者

　わが国における障害者福祉に関する法体系は、障害者基本法を上位法として、各障害の種別に応じて、「身体障害者福祉法」「知的障害者福祉法」「精神保健及び精神障害者福祉に関する法律」（以下「精神保健福祉法」）、「発達障害者支援法」が、また、障害種別を超えて福祉サービスを一元的かつ総合的に提供するための「障害者の日常生活及び社会生活を総合的に支援するための法律」（以下「障害者総合支援法」）、さらに、その他医療、福祉、教育、雇用などの関連諸法律及び施策により成り立っている（表7－1）。

1．障害者福祉に関する基本的な法律と施策

(1)　障害者基本法

　わが国における障害者に関する法制度は、戦後の1949（昭和24）年に制定された身体障害者福祉法を皮切りとして、1960年代後半までに、医療、福祉、教育、雇用などの各分野別に一通りの内容が整えられることとなった。

　これら分野別に整備された法制度や施策の連携の不十分さに対応するために1970（昭和45）年に制定された「心身障害者対策基本法」が1993（平成5）年に改正・改称され成立したのが「障害者基本法」である。

　成立当時における「障害者基本法」では、法律の目的に「障害者の自立と社会、経済、文化その他あらゆる分野への参加の促進」（第1条）を規定し、国際障害者年のスローガンでもある「完全参加と平等」をめざすことが明らかにされた。また、障害者の定義について、「身体障害者」「知的障害者」に加えて、「精神障害者」を障害者施策の対象として明確に位置付けている。

　2004（平成16）年の改正では、「何人も、障害者に対して、障害を理由として、差別することその他の権利利益を侵害する行為をしてはならない」（第3条第3項[*6]）こと、「国民は、社会連帯の理念に基づき、障害者の人権が

＊6
　現在は第4条第1項に規定。

表7－1　わが国における障害者福祉の法律及び関連施策の動向

年	動向
1947（昭和22）	日本国憲法施行 児童福祉法成立
1949（昭和24）	身体障害者福祉法成立
1950（昭和25）	精神衛生法成立
1951（昭和26）	社会福祉事業法成立
1960（昭和35）	精神薄弱者福祉法成立 身体障害者雇用促進法成立
1970（昭和45）	心身障害者対策基本法成立
1981（昭和56）	国際障害者年
1986（昭和61）	障害基礎年金制度の導入
1987（昭和62）	障害者の雇用の促進等に関する法律成立（「身体障害者雇用促進法」の改正・改称による）
1988（昭和63）	精神保健法成立（「精神衛生法」の改正・改称による）
1993（平成5）	障害者基本法成立（「心身障害者対策基本法」の改正・改称による）
1995（平成7）	障害者プラン～ノーマライゼーション7か年戦略（障害者基本計画（第1次）） 精神保健及び精神障害者福祉に関する法律成立（「精神保健法」の改正・改称による）
1997（平成9） ～ 2000（平成12）	社会福祉基礎構造改革
1999（平成11）	知的障害者福祉法成立（「精神薄弱者福祉法」の改正・改称による）
2000（平成12）	成年後見制度開始 社会福祉法成立（「社会福祉事業法」の改正・改称による） 　（障害者相談支援事業、第三者評価事業などはじまる）
2002（平成14）	身体障害者補助犬法成立
2003（平成15）	支援費制度開始
2004（平成16）	障害者基本法改正
2005（平成17）	発達障害者支援法成立 障害者自立支援法成立
2011（平成23）	障害者基本法改正 障害者虐待の防止、障害者の養護者に対する支援等に関する法律成立
2013（平成25）	障害者総合支援法成立（障害者自立支援法の改正・改称による）
2015（平成27）	障害を理由とする差別の解消の推進に関する法律成立

尊重され、障害者が差別されることなく、社会、経済、文化、その他あらゆる分野の活動に参加することができる社会の実現に寄与するよう努めなければならない」（第6条第2項*7）ことが規定され、障害者への差別の禁止や、障害者がさまざまな活動に参加することができる社会の実現のための努力義務が規定されることとなった。

　2011（平成23）年には、障害者の定義を「身体障害、知的障害、精神障害（発達障害を含む。）その他の心身の機能の障害（中略）がある者であつて、障害及び社会的障壁により継続的に日常生活又は社会生活に相当な制限を受ける状態にあるもの」（第2条）とする改正が行われた。本改正により、新たに「発達障害」を精神障害に含まれる障害として取り扱うこと、また、身

*7
　現在、文言は異なるが第8条に「国民の責務」として同様の内容が規定されている。

体障害、知的障害、精神障害の有無にかかわらず「その他の心身の機能の障害がある者」を障害者の要件として規定したことにより、障害者の定義の幅は大きく広がることとなった。さらに、障害者のもう一つの要件である「継続的に日常生活又は社会生活に相当な制限を受ける状態」となる背景について、「障害及び社会的障壁により」として「社会的障壁」*8 という文言を新たに追記することにより、「社会モデル」の考え方を強調することとなった。

　なお、障害者基本法では「障害者の自立及び社会参加の支援等のための施策の総合的かつ計画的な推進を図る」ために、国に対し障害者基本計画の策定を義務付けている。また、都道府県には、この障害者基本計画を踏まえて「都道府県障害者計画」を、市町村には、障害者基本計画と都道府県障害者計画を踏まえて「市町村障害者計画」を策定することが義務付けられている。

(2)　身体障害者福祉法

　身体障害者福祉法は1949（昭和24）年に制定された法律である。当初は、終戦後の混乱の中、生活に困窮する身体障害者の職業的自立をめざす「更生法」的な位置付けの法律であった。

　しかし、その後、障害者に関する人権思想の高まりや、さまざまな権利擁護に関する要請に応じた法改正が実施され、現在は障害者総合支援法と「相まつて、身体障害者の自立と社会経済活動への参加を促進するため、身体障害者を援助し、及び必要に応じて保護し、もつて身体障害者の福祉の増進を図ることを目的とする」（第1条）に示されるように、身体障害者の「自立と社会経済活動への参加の促進」だけでなく、「必要に応じて保護」し、福祉の増進を図ることを法の目的としている。

　なお、わが国では、障害者と認められる者に対して、身体障害・知的障害・精神障害の各障害種別に手帳を交付し、それら手帳の保有者を障害者施策の対象としており、身体障害者については「この法律において、「身体障害者」とは、別表に掲げる身体上の障害がある18歳以上の者であつて、都道府県知事から身体障害者手帳の交付を受けたものをいう」（第4条）と規定されるように、申請*9により都道府県知事（もしくは政令指定都市長等*10）から身体障害者手帳*11が交付される。

(3)　知的障害者福祉法

　「知的障害者福祉法」は、知的障害者に対する、児童から成人までの一貫した施策を実現*12するために1960（昭和35）年に「精神薄弱者福祉法」の名称で制定されたが、「精神薄弱」という呼称への批判等を受けて、1999（平成11）年に、現在の法律名に改正・改称された経緯がある。

　知的障害者福祉法は、障害者総合支援法と「相まつて、知的障害者の自立

*8　社会的障壁
　「障害がある者にとって日常生活又は社会生活を営む上で障壁となるような社会における事物、制度、慣行、観念その他一切のもの」（第2条第2項）と定義されている。

*9
　障害者施策をはじめとしてわが国の社会福祉施策の多くは申請主義をとっている。このため、実際に身体障害があっても、手帳を申請せずに取得しない人は、法的に「身体障害者」として扱われない。

*10
　都道府県知事・政令指定都市長以外に、都道府県から権限を委譲された中核市や市町村も交付を行うことができる。後述の療育手帳、精神障害者保健福祉手帳についても同様である。

*11
　身体障害者手帳の等級は身体障害者福祉法施行規則別表5号に定められる「身体障害者障害程度等級表」の基準により決定される。なお、「身体障害者障害程度等級表」には1〜7級の等級が記載されているが、障害の程度が7級の場合、手帳は交付されない（7級の障害が2つ以上重複する場合には6級の手帳が交付される）。

*12
　知的障害児に対して
は後述する児童福祉法
（1947年）により、保
護施策が実施されてい
たが、18歳以上の知的
障害者に対する施策は
本法律の施行を待たな
ければならなかった。

*14
　法律と異なり通知に
は法的拘束力がない。
このため療育手帳の等
級は、一般的には、障
害の程度が重度なら
「A」、軽度なら「B」
と表記されるが、全国
で統一されておらず地
方自治体の裁量により
中程度の障害区分が設
けられている場合や、
区分の表記に用いる文
字がアルファベット表
記でない場合などがあ
る。

と社会経済活動への参加を促進するため、知的障害者を援助するとともに必
要な保護を行い、もつて知的障害者の福祉を図ること」（第1条）を法の目
的としている。

　知的障害者には、手帳制度として申請により都道府県知事（もしくは政令
指定都市長等*10）から「療育手帳」を交付されるが、知的障害者福祉法では、
知的障害者や療育手帳に関する定義や規定がなされていない。このため、知
的障害者の定義には、1990（平成2）年に実施された「精神薄弱児（者）福
祉対策基礎調査」（現：知的障害児（者）基礎調査）における「知的機能の
障害が発達期（おおむね18歳まで）にあらわれ、日常生活に支障が生じて
いるため、何らかの特別な援助を必要とする状態にあるもの」という記載*13な
どが参考的に用いられている。

　また、療育手帳については、「療育手帳制度について（療育手帳制度要綱）」
及び「療育手帳制度の実施について」という2つの厚生労働省通知に基づく
運用*14がなされている。

(4)　精神保健福祉法

　「精神保健福祉法」は、「精神障害者の医療及び保護を行い」、障害者総合
支援法と「相まつてその社会復帰の促進及びその自立と社会経済活動への参
加の促進のために必要な援助を行い、並びにその発生の予防その他国民の精
神的健康の保持及び増進に努めることによつて、精神障害者の福祉の増進及
び国民の精神保健の向上を図ること」（第1条）を法の目的としている。

　本法律において、精神障害者とは「統合失調症、精神作用物質による急性
中毒又はその依存症、知的障害、精神病質その他の精神疾患を有する者」（第
5条）と定義されており、該当者は、申請により第45条に規定される「精神
障害者保健福祉手帳」*15が都道府県知事（もしくは政令指定都市等*10）から
交付される。なお、精神障害は治療による回復が見込まれる場合があるため、
精神障害者保健福祉手帳は、他の手帳と異なり有効期限（2年）があり、2
年ごとに医師の診断書を添えて更新の手続きをする必要がある。

(5)　発達障害者支援法

　「発達障害者支援法」は、「発達障害者の自立及び社会参加のためのその生
活全般にわたる支援を図り、もって全ての国民が、障害の有無によって分け
隔てられることなく、相互に人格と個性を尊重し合いながら共生する社会の
実現に資すること」（第1条）を法の目的としている。

　本法律では発達障害を「自閉症、アスペルガー症候群その他の広汎性発達
障害、学習障害、注意欠陥多動性障害その他これに類する脳機能の障害であっ
てその症状が通常低年齢において発現するものとして政令で定めるもの」（第

２条）*16と定義している。

　発達障害には、第三者が一見しただけでは気づきにくいという特性があり、そのことが発達障害のある人の生活上の困難に対する無理解を生む原因となっている場合がある。このため、本法律の第４条では「国民は、個々の発達障害の特性その他発達障害に関する理解を深めるとともに、基本理念にのっとり、発達障害者の自立及び社会参加に協力するように努めなければならない」として、広く国民に発達障害に関する理解と、発達障害のある人を支える社会づくりへの協力を求めている。

２．障害者総合支援法

(1)　障害者総合支援法成立の背景

　かつて、わが国の障害者に対する福祉サービスは、行政がサービスの内容と施設や事業者を決定する「措置制度」に基づき実施されていたが、社会福祉基礎構造改革を受けて、2003（平成15）年からは、障害者自身が施設や事業者と直接契約しサービスを利用し、その費用を市町村が支給する「支援費制度」が導入された。

　しかし、この支援費制度には、①精神障害者が制度の対象とならないことなど障害種別間の格差や手続きの相違があったこと、②全国共通のルールがないため自治体間におけるサービス水準に格差が生まれたこと、③利用者の急増による財源不足など、さまざまな課題が提起されることとなった。

　このため、これら支援費制度の課題を解決し、障害種別にとらわれない全国共通の福祉サービスの提供と財源の義務的経費*17化などを実現するため、「障害者自立支援法」が2006（平成18）年４月に施行された。

　「障害者自立支援法」における施策は、①障害種別に分かれていたサービスの一元化、②障害種別ごとのサービス施設体系を利用者本位のサービス体系に再編、③就労支援サービスの強化、④サービス支給決定の透明化・明確化を図るための「障害程度区分」の導入、⑤サービスの利用に係る「応益負担」*18方式の導入などを特徴としていた。しかし、特に⑤に関連して、サービスの利用にあたり原則１割の「応益負担」を求めたことが障害者の生活に大きな負担を与えたことについて、2008（平成20）年10月に障害当事者団体から「障害者自立支援法違憲訴訟」が一斉に提起されることとなった。この違憲訴訟は、2010（同22）年４月に和解が成立するが、和解の前提条件となった「基本合意文書」の記載に従い、「障害者自立支援法」を改正・改称した「障害者総合支援法」が2013（同25）年に成立することになった。

*16
　これら発達障害について、アメリカ精神医学会のDSM-5による定義では「自閉スペクトラム症（ASD）」という概念を用いて各種の自閉性障害、アスペルガー症候群、広汎性発達障害などを統合し再定義している。

*17　義務的経費
　国や地方公共団体の歳出のうち、支出が法令などで義務付けられ、任意に縮減できない性質の経費のこと。

*18　応益負担
　受けたサービス（利益）の内容に応じて費用を支払うこと。

このような経緯で、新たに成立した「障害者総合支援法」では、障害者自立支援法のサービス体系を踏襲しつつ、上述のサービス利用に関する「応益負担」方式を「応能負担」[19]方式に変更した他、主に以下の点について改正が実施されている。

*19　応能負担
　利用者の能力に応じて費用（一般には所得に応じて可能と判断される費用）を負担すること。

*20　障害支援区分
　障害の特性や心身の状態に応じて必要とされる支援の度合いを1〜6の区分で示すものであり、区分6が支援の必要度が最も高い。

①障害者の範囲について、身体障害、知的障害、発達障害、精神障害に加えて難病等を追加
②障害者自立支援法における「障害程度区分」の名称を「障害支援区分」[20]に改める
③地域生活支援事業に新たな事業を追加
④重度訪問介護の対象範囲の拡大
⑤共同生活介護（ケアホーム）の共同生活援助（グループホーム）への一元化

図7－3　障害者総合支援法によるサービスの体系

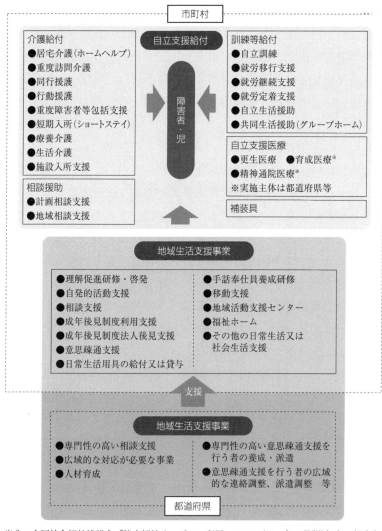

出典：全国社会福祉協議会『障害福祉サービスの利用について（2018年4月版）』を一部改変

(2)　サービスの体系

　障害者総合支援法のサービス体系は、義務的経費によるサービスに位置付けられる「自立支援給付」と、裁量的経費*21によるサービスに位置付けられる「地域生活支援事業」の2つに大別される（図7－3）。

　このうち、「自立支援給付」とは、市町村が実施主体となり利用者に「個別給付」されるサービスのことであり、介護給付、訓練等給付、相談支援、自立支援医療、補装具などがある（詳細は表7－2を参照）。

　また、「地域生活支援事業」には「市町村地域生活支援事業」と「都道府県地域生活支援事業」の2つがあり、それぞれ必須事業と任意事業を展開している（詳細は表7－3、7－4を参照）。

(3)　所得保障・就業に関する支援

　所得保証や就業に関する支援は、障害者が地域で自立した生活を送るために重要であるため、特に理解をしておかなければならない。

　障害者総合支援法における所得保障や就業に関する支援としては、一般就労をめざす障害者へのサポートを行う「就労移行支援」や、一般の就職が困難である障害者に働く機会を提供する「就労継続支援」*22が定められているほか、2018（平成30）年度からは「就労移行支援等を利用し、一般就労に移行した障害者の就労に伴う生活上の支援ニーズに対応できるよう、事業所・家族との連絡調整等の支援を一定の期間にわたり行うサービス」として新たに「就労定着支援」が創設されている。

　なお、障害者総合支援法附則第3条第3項では「政府は、障害者等の福祉に関する施策の実施の状況、障害者等の経済的な状況等を踏まえ、就労の支援を含めた障害者等の所得の確保に係る施策の在り方について検討を加え、その結果に基づいて必要な措置を講ずるものとする」として、政府（国）が障害者等の就労支援や所得保障に関して施策について検討を行い必要な措置をとらなければならないことを規定している。

(4)　サービス支給の手続き

　障害者総合支援法による福祉サービスを利用する場合には、図7－4に示す支給決定プロセスにより手続きが進められることになる。

　なお、障害者総合支援法では支給手続きに際して、障害者の状態を総合的にとらえ適切な支援を実施するために、①移動や動作等に関連する項目（12項目）、②身の回りの世話や日常生活等に関連する項目（16項目）、③意思疎通等に関連する項目（6項目）、④行動障害に関連する項目（34項目）、⑤特別な医療に関連する項目（12項目）の合計80項目（表7－5：134頁）からなる「認定調査」により「障害支援区分」の判定が行われる。

*21　裁量的経費
　国や地方公共団体の歳出のうち、政策によって柔軟に縮減できる裁量性の高い性質の経費のこと。

*22　就労継続支援
　A型（雇用型）とB型（非雇用型）がある。

給付の種類		概要
介護給付	居宅介護（ホームヘルプ）	自宅で、入浴、排せつ、食事の介護等を行う。
	重度訪問介護	重度の肢体不自由者又は重度の知的障害若しくは精神障害により、行動上著しい困難を有する人で常に介護を必要とする人に、自宅で、入浴、排せつ、食事の介護、外出時における移動支援などを総合的に行う。 ※2018（平成30）年４月より、入院時も一定の支援が可能となった。
	同行援護	視覚障害により、移動に著しい困難を有する人に、移動に必要な情報の提供（代筆・代読を含む）、移動の援護等の外出支援を行う。
	行動援護	自己判断能力が制限されている人が行動するときに、危険を回避するために必要な支援や外出支援を行う。
	重度障害者等包括支援	介護の必要性がとても高い人に、居宅介護等複数のサービスを包括的に行う。
	短期入所（ショートステイ）	自宅で介護する人が病気の場合などに、短期間、夜間も含め施設で、入浴、排せつ、食事の介護等を行う。
	療養介護	医療と常時介護を必要とする人に、医療機関で機能訓練、療養上の管理、看護、介護及び日常生活の支援を行う。
	生活介護	常に介護を必要とする人に、昼間、入浴、排せつ、食事の介護等を行うとともに、創作的活動又は生産活動の機会を提供する。
	施設入所支援（障害者支援施設での夜間ケア等）	施設に入所する人に、夜間や休日、入浴、排せつ、食事の介護等を行う。
訓練等給付	自立訓練	自立した日常生活又は社会生活ができるよう、一定期間、身体機能又は生活能力の向上のために必要な訓練を行う。 ※機能訓練と生活訓練がある。
	就労移行支援	一般企業等への就労を希望する人に、一定期間、就労に必要な知識及び能力の向上のために必要な訓練を行う。
	就労継続支援	一般企業等での就労が困難な人に、働く場を提供するとともに、知識及び能力の向上のために必要な訓練を行う。 ※雇用契約を結ぶＡ型と、雇用契約を結ばないＢ型がある。
	就労定着支援	一般就労に移行した人に、就労に伴う生活面の課題に対応するための支援を行う。
	自立生活援助	一人暮らしに必要な理解力・生活力等を補うため、定期的な居宅訪問や随時の対応により日常生活における課題を把握し、必要な支援を行う。
	共同生活援助（グループホーム）	共同生活を行う住居で、相談や日常生活上の援助を行う、また、入浴、排せつ、食事の介護等の必要性が認定されている方には介護サービスの提供を行う。 さらに、グループホームを退居し、一般住宅等への移行をめざす人のためにサテライト型住居がある。
相談支援	計画相談支援	サービス利用支援
		継続サービス利用支援
	地域相談支援	地域移行支援
		地域定着支援
	障害児相談支援（児童福祉法に規定）	障害児支援利用援助
		継続障害児支援利用援助
自立支援医療費	心身の障害を除去・軽減するための医療について、医療費の自己負担額を軽減する公費負担医療制度。更生医療、育成医療、精神通院医療の３つに大別される。	更生医療
		育成医療
		精神通院医療
補装具費	障害者等の身体機能を補完し、又は代替し、かつ、長期間にわたり継続して使用されるもの等。義肢、装具、車いす等	・利用者負担については所得等に配慮した負担（応能負担）。 ・支給決定は、障害者または障害児の保護者からの申請に基づき、市町村が行う。 ・2018（平成30）年度の法改正により、補装具費の支給基準に「借受け」が追加。「購入」を基本とする原則を維持したうえで、成長に伴って短期間での交換が必要であると認められる場合などは、「借受け」が補装具費の支給の対象となる。

（補足：相談支援・自立支援医療費欄の第３列の内容）

- サービス利用支援：障害福祉サービス等の申請に係る支給決定前に、サービス等利用計画案を作成し、支給決定後に、サービス事業者等との連絡調整等を行うとともに、サービス等利用計画の作成を行う。継続サービス利用支援支給決定されたサービス等の利用状況の検証（モニタリング）を行い、サービス事業者等との連絡調整などを行う。
- 継続サービス利用支援：支給決定されたサービス等の利用状況の検証（モニタリング）を行い、サービス事業者等との連絡調整などを行う。
- 地域移行支援：障害者支援施設、精神科病院、保護施設、矯正施設等を退所する障害者、児童福祉施設を利用する18歳以上の者等を対象として、地域移行支援計画の作成、相談による不安解消、外出への同行支援、住居確保、関係機関との調整等を行う。
- 地域定着支援：居宅において単身で生活している障害者等を対象に常時の連絡体制を確保し、緊急時には必要な支援を行う。
- 障害児支援利用援助：障害児通所支援の申請に係る支給決定前に、障害児支援利用計画案を作成し、支給決定後に、サービス事業者等との連絡調整等を行うとともに、障害児支援利用計画の作成を行う。
- 継続障害児支援利用援助：支給決定されたサービス等の利用状況の検証（モニタリング）を行い、サービス事業者等との連絡調整などを行う。
- 更生医療：身体障害者福祉法に基づき身体障害者手帳の交付を受けた者で、その障害を除去・軽減する手術等の治療により確実に効果が期待できる者（18歳以上）。
- 育成医療：身体に障害を有する児童で、その障害を除去・軽減する手術等の治療により確実に効果が期待できる者（18歳未満）。
- 精神通院医療：精神保健福祉法第５条に規定する統合失調症などの精神疾患を有する者で、通院による精神医療を継続的に要する者。

出典：全国社会福祉協議会「障害者福祉サービスの利用について（2018年４月版）」2018年をもとに筆者作成

表7－3　地域生活支援事業（市町村事業）

事業の種類		内容
必須事業	理解促進研修・啓発	障害者に対する理解を深めるための研修や啓発事業を行う。
	自発的活動支援	障害者やその家族、地域住民等が自発的に行う活動を支援する。
	相談支援	● 相談支援 障害のある人、その保護者、介護者などからの相談に応じ、必要な情報提供等の支援を行うとともに、虐待の防止や権利擁護のために必要な援助を行う。また、（自立支援）協議会を設置し、地域の相談支援体制やネットワークの構築を行う。 ● 基幹相談支援センター等の機能強化 地域における相談支援の中核的役割を担う機関として、総合的な相談業務の実施や地域の相談体制の強化の取り組み等を行う。
	成年後見制度利用支援	補助を受けなければ成年後見制度の利用が困難である人を対象に、費用を助成する。
	成年後見制度法人後見支援	市民後見人を活用した法人後見を支援するための研修等を行う。
	意思疎通支援	聴覚、言語機能、音声機能、視覚等の障害のため、意思疎通を図ることに支障がある人とその他の人の意思疎通を仲介するために、手話通訳や要約筆記、点訳等を行う者の派遣などを行う。
	日常生活用具給付等	障害のある人等に対し、自立生活支援用具等日常生活用具の給付又は貸与を行う。
	手話奉仕員養成研修	手話で意思疎通支援を行う者を養成する。
	移動支援	屋外での移動が困難な障害のある人について、外出のための支援を行う。
	地域活動支援センター	障害のある人が通い、創作的活動又は生産活動の提供、社会との交流の促進等の便宜を図る。
任意事業	その他	市町村の判断により、基本的人権を享有する個人としての尊厳にふさわしい日常生活又は社会生活を営むために必要な事業を行う。 たとえば、福祉ホームの運営、訪問入浴サービス、日中一時支援など。

出典：全国社会福祉協議会「障害者福祉サービスの利用について（2018年4月版）」2018年を一部改変

表7－4　地域生活支援事業（都道府県事業）

事業の種類		内容
必須事業	専門性の高い相談支援	発達障害、高次脳機能障害など専門性の高い相談について、必要な情報提供等を行う。
	広域的な支援	都道府県相談支援体制整備事業や精神障害者地域生活支援広域調整等事業など、市町村域を超える広域的な支援が必要な事業を行う。
	専門性の高い意思疎通支援を行う者の養成・派遣	意思疎通支援を行う者のうち、特に専門性の高い者の養成、又は派遣する事業を行う。（手話通訳者、要約筆記者、触手話及び指点字を行う者等の養成又は派遣を想定）
	意思疎通支援を行う者の派遣に係る連絡調整	手話通訳者、要約筆記者、触手話及び指点字を行う者の派遣に係る市町村相互間の連絡調整を行う。
任意事業	その他（研修事業を含む）	都道府県の判断により、基本的人権を享有する個人としての尊厳にふさわしい日常生活又は社会生活を営むために必要な事業を行う。 たとえば、オストメイト社会適応訓練、音声機能障害者発声訓練、発達障害者支援体制整備などがある。 また、サービス・相談支援者、指導者などへの研修事業等を行う。

出典：全国社会福祉協議会「障害者福祉サービスの利用について（2018年4月版）」2018年を一部改変

図7－4　障害福祉サービスの支給決定プロセス

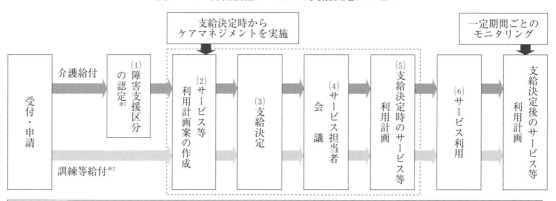

①サービスの利用を希望する者は、市町村の窓口に申請し障害支援区分の認定を受ける（訓練等給付の申請の場合、障害支援区分の認定は不要）。
②市町村は、サービスの利用の申請をした者（利用者）に、「指定特定相談支援事業者」が作成する「サービス等利用計画案」の提出を求める。利用者は「サービス等利用計画案」を「指定特定相談支援事業者」で作成し、市町村に提出する。
③市町村は、提出された計画案や勘案すべき事項を踏まえ、支給決定する。
④「指定特定相談支援事業者」は、支給決定された後にサービス担当者会議を開催する。
⑤サービス事業者等との連絡調整を行い、実際に利用する「サービス等利用計画」を作成する。
⑥サービス利用が開始される。

※１：同行援護の利用申請の場合、障害支援区分の認定は必要ないが、同行援護アセスメント調査票の基準を満たす必要がある。
※２：共同生活援助の利用申請のうち、一定の場合は障害支援区分の認定が必要。
出典：全国社会福祉協議会「障害者福祉サービスの利用について（2018年4月版）」2018年を一部改変

表7－5　障害支援区分の調査項目（全80項目）

①移動や動作等に関連する項目【12項目】	②身の回りの世話や日常生活等に関連する項目【16項目】		③意思疎通等に関する項目【6項目】
1　寝返り	1　食事	13　掃除	1　視力
2　起き上がり	2　口腔清潔	14　洗濯	2　聴力
3　座位保持	3　入浴	15　買い物	3　コミュニケーション
4　移乗	4　排尿	16　交通手段の利用	4　説明の理解
5　立ち上がり	5　排便		5　読み書き
6　両足での立位保持	6　健康・栄養管理		6　感覚過敏・感覚鈍麻
7　片足での立位保持	7　薬の管理		
8　歩行	8　金銭の管理		
9　移動	9　電話等の利用		
10　衣服の着脱	10　日常の意思決定		
11　褥瘡	11　危険の認識		
12　嚥下	12　調理		

④行動障害に関連する項目【31項目】			⑤特別な医療に関連する項目【12項目】
1　被害的・拒否的	13　収集癖	25　過食・反すう等	1　点滴の管理
2　作話	14　物や衣類を壊す	26　そううつ状態	2　中心静脈栄養
3　感情が不安定	15　不潔行為	27　反復的行動	3　透析
4　昼夜逆転	16　異食行動	28　対人面の不安緊張	4　ストーマの処置
5　暴言暴行	17　ひどい物忘れ	29　意欲が乏しい	5　酸素療法
6　同じ話をする	18　こだわり	30　話がまとまらない	6　レスピレーター
7　大声・奇声を出す	19　多動・行動停止	31　集中力が続かない	7　気管切開の処置
8　支援の拒否	20　不安定な行動	32　自己の過大評価	8　疼痛の看護
9　徘徊	21　自らを傷つける行為	33　集団への不適応	9　経管栄養
10　落ち着きがない	22　他人を傷つける行為	34　多飲水・過飲水	10　モニター測定
11　外出して戻れない	23　不適切な行為		11　じょくそうの処置
12　1人で出たがる	24　突発的な行動		12　カテーテル

出典：全国社会福祉協議会「障害者福祉サービスの利用について（2018年4月版）」2018年

　また、実際の支援は、さまざまなサービスを組み合わせたり、必要に応じて計画的に利用したりするなど複雑な手続きが求められるため、支給決定時からケアマネジメントが実施されるほか、サービス支給決定後のサービス利用計画に対しても一定期間ごとのモニタリングが行われることになっている。

⑸　サービス利用にあたっての費用負担

　前述の通り、障害者総合支援法の成立の背景には、サービスの利用のために原則１割の「応益負担」を課した「障害者自立支援法」の費用負担方式への反省がある。

　このため、「障害者総合支援法」のサービス利用に関する費用は、原則として負担上限額が決められた「応能負担」方式の仕組みがとられている。

３．児童福祉法による障害児を対象としたサービス

　障害児を対象とする福祉サービスの体系は2012（平成24）年４月から「児童福祉法」に根拠規定が一本化されている*23。

　児童福祉法における障害児を対象とするサービスには、都道府県における「障害児入所支援」、市町村における「障害児通所支援」がある（詳細は表７−６、７−７参照）。これらのうち、障害児通所支援を利用する保護者は、サービス等利用計画を経て支給決定を受けた後、利用する施設と契約を結ぶことになる。また、障害児入所支援を利用する場合は、児童相談所に申請を行う必要がある。

*23
　居宅介護（ホームヘルプ）、同行援護などの障害者・障害児双方を対象とするサービスについては障害者総合支援法に根拠規定がおかれている。

４．その他、障害者施策に関連する法律と施策

⑴　障害者の所得保障・就業支援に関する法律と施策

　障害者の所得保障・就業支援については、前述の障害者総合支援法における施策の他、以下のような取り組みが行われている。

①障害年金と各種手当

　障害者に対する年金としては国民年金法に定められる「障害基礎年金」、及び、厚生年金保険法に定められる「障害厚生年金」の制度と、障害による特別の負担に着目し、その負担の軽減を図るために支給される「特別児童扶養手当」「特別障害者手当」「障害児福祉手当」などの各種手当制度がある。

②障害者の雇用について

　障害者の雇用については、「障害者の雇用の促進等に関する法律」（以下「障害者雇用促進法」）において、「法定雇用率制度」と「雇用納付金制度」、及

表7－6　都道府県における障害児を対象としたサービス

サービスの種類		内容
障害児入所支援	福祉型障害児入所施設	施設に入所している障害児に対して、保護、日常生活の指導及び知識技能の付与を行う。
	医療型障害児入所施設	施設に入所又は指定医療機関に入院している障害児に対して、保護、日常生活の指導及び知識技能の付与並びに治療を行う。

出典：全国社会福祉協議会「障害者福祉サービスの利用について（2018年4月版）」2018年を一部改変

表7－7　市町村における障害児を対象としたサービス

サービスの種類		内容
障害児通所支援	児童発達支援	児童福祉施設として位置づけられる児童発達支援センターと児童発達支援事業の2類型に大別される。 ①児童発達支援センター／医療型児童発達支援センター 　通所支援のほか、身近な地域の障害児支援の拠点として、「地域で生活する障害児や家族への支援」、「地域の障害児を預かる施設に対する支援」を実施するなどの地域支援を実施する。
	医療型児童発達支援	医療の提供の有無によって、「児童発達支援センター」と「医療型児童発達支援センター」に分かれる。 ②児童発達支援事業 　通所利用の未就学の障害児に対する支援を行う身近な療育の場である。
	放課後等デイサービス	学校就学中の障害児に対して、放課後や夏休み等の長期休暇中において、生活能力向上のための訓練等を継続的に提供する。学校教育と相まって障害児の自立を促進するとともに、放課後等の居場所づくりを推進する。
	居宅訪問型児童発達支援	重度の障害等により外出が著しく困難な障害児の居宅を訪問して発達支援を行う。
	保育所等訪問支援	保育所等（※）を現在利用中の障害児、今後利用する予定の障害児に対して、訪問により、保育所等における集団生活の適応のための専門的な支援を提供し、保育所等の安定した利用を促進する。 2018（平成30）年4月の改正により、乳児院・児童養護施設に入所している障害児も対象として追加された。 （※）保育所、幼稚園、小学校、放課後児童クラブ、乳児院、児童養護施設等

出典：全国社会福祉協議会「障害者福祉サービスの利用について（2018年4月版）」2018年を一部改変

び「職業リハビリテーション」などが規定されている。

　また、「国等による障害者就労施設等からの物品等の調達の推進等に関する法律」（障害者優先調達推進法）による施策も実施されている。

法定雇用率制度

　法定雇用率（障害者雇用率）制度とは、障害者雇用促進法に基づき、法定雇用率（表7－8）に相当する数以上の障害者を雇用しなければならないというものである。

障害者雇用納付金制度

　雇用納付金制度とは、常用労働者が100人超の事業所に対して、法定雇用

表7－8　法定雇用率

事業主区分	法定雇用率
民間企業（職員数45.5人以上規模の企業）	2.2%
特殊法人等（職員数40人以上規模の法人）	2.5%
国、地方公共団体（職員数40人以上の機関）	2.5%
都道府県等の教育委員会（職員数42以上の機関）	2.4%

注：2021（令和3）年までに、法定雇用率は更に0.1%引き上げとなる。この場合、制度の対象となる民間企業の職員数の規定は43.5人以上となる

図7－5　障害者雇用「納付金」と「調整金」の関係性

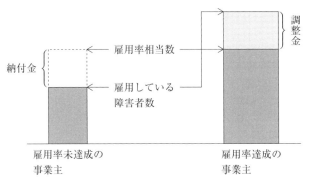

出典：厚生労働省ウェブサイト「障害者雇用納付金制度の概要」より抜粋

https://www.mhlw.go.jp/file/06-Seisakujouhou-11600000-Shokugyouanteikyoku/0000065519.pdf

率を遵守できていない場合の「納付金」と、法定雇用率を達成した事業所に対する「調整金」を定めたものである（納付金を原資に調整金を支払うことにより法定雇用率達成事業所と未達成事業所間の経済的負担の調整がなされる（図7－5））。

　なお、その他にも障害者雇用納付金を原資として、障害者雇用納付金の対象とならない規模の企業が一定の雇用割合を超えて障害者を雇用した場合の支給金や、障害者を雇用するための職場環境の改善、教育訓練等について各種の助成金の支給が実施されている。

職業リハビリテーション

　障害者に対する職業リハビリテーションについては、公共職業安定所（ハローワーク）における職業紹介、就業・生活両面にわたるサポート、地域障害者職業センターでの専門的な職業リハビリテーションサービス（職業能力等の評価、職業準備訓練など）が実施される。また、障害者職業・生活支援センターによる指導・助言、関係機関との連絡調整などの就業支援も行われている。

障害者優先調達推進法による施策

　障害者の雇用を支援するための仕組みとして、従来から、民間企業や国、地方公共団体等がさまざまな形で障害者就労施設等に仕事の発注を行う取り組みが実施されてきた。

　2013（平成25）年4月に施行された「国等による障害者就労施設等からの物品等の調達の推進等に関する法律」（障害者優先調達推進法）は、こうした取り組みが、障害者の経済的な基盤を確立するための支援として重要であるため、改めて、国や地方公共単体等が率先して障害者就労施設等からの物品の調達を推進するよう必要な措置を講じることを規定したものである。

　本法律において、国や地方公共団体等は、以下の取り組みを行うこととされている。

・国は、障害者就労施設等からの物品等の基本方針を定める。
・各省各庁の長及び独立行政法人等の長は、毎年度、国の基本方針に即して、障害者就労施設等からの物品等の調達方針を作成するとともに、当該年度の終了後、実績を公表する。
・地方公共団体（都道府県、市町村）及び地方独立行政法人は、毎年度、障害者就労施設等からの物品等の調達方針を作成するとともに、当該年度の終了後、調達の実績を公表する。
・国及び独立行政法人等は、公契約について、競争参加資格を定めるに当たって、法定障害者雇用率を満たしている事業者に配慮するなど、障害者の就業を促進するために必要な措置を講ずるよう努める。また、地方公共団体及び地方独立行政法人は、国及び独立行政法人等の措置に準じて必要な措置を講ずるよう努める。

⑵　障害者差別解消法
①障害を理由とする差別の解消の推進に関する法律

　「障害を理由とする差別の解消の推進に関する法律」（以下「障害者差別解消法」）は、国連の「障害者の権利に関する条約」への批准に向けた国内における法整備の一環として2013（平成25）年に制定、2016（同28）年4月に施行された法律である。

　同法は、障害者基本法第4条の「差別の禁止」の規定を具体化するものとして位置付けられており、「差別を解消するための措置」として、①障害を理由として障害者でない者と不当な差別的取扱いをすることにより、障害者の権利利益を侵害してはならないこと（「不当な差別的取り扱いの禁止」）、②障害者から社会的障壁の除去を必要としている旨の意思の表明があったときには、その実施に伴う負担が過重でないときは、社会的障壁の除去の実施について必要かつ合理的な配慮をしなければならないこと（「合理的配慮の提供」）、を規定している（なお、国及び地方公共団体等には①・②に関して法的義務を、民間事業者には①に関する法的義務と②に関する努力義務を課

図7－6　障害者差別解消法の概要

Ⅰ．差別を解消するための措置

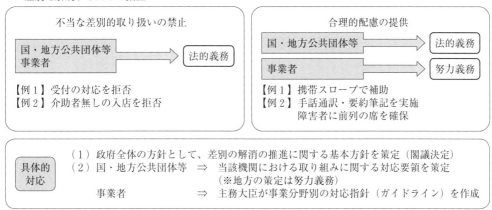

出典：内閣府「平成30年度版　障害者白書」2019年　p.43を一部改変

している）。また、「差別を解消するための支援措置」として「相談・紛争解決」「地域における連携」「啓発活動」「情報収集等」に関する規定が設けられている（図7－6）。

②障害者虐待防止法

　障害の有無にかかわらず虐待の多くは密室で行われる行為であるため、発見が遅れる傾向にある。特に障害者虐待の問題は、障害者自身が虐待を受けていることを外部に伝えることが困難である場合が多く、虐待の被害が表面化しにくいという特徴がある。

　虐待という問題に対して、このような背景にある障害者の権利と利益を守るため、また、養護者の支援のために、2012（平成24）年「障害者虐待の防止、障害者の養護者に対する支援等に関する法律」（以下「障害者虐待防止法」）が施行された。

　本法律では障害者虐待を、①養護者による障害者虐待、②障害者福祉施設

従事者等による障害者虐待、③使用者による障害者虐待とするとともに、障害者虐待の行為については、①身体的虐待、②ネグレクト、③心理的虐待、④性的虐待、⑤経済的虐待の5つの類型で規定している。

　また、①市町村・都道府県の部局または施設に、障害者虐待対応の窓口となる「市町村障害者虐待防止センター」「都道府県障害者権利センター」としての機能を果たさせること、②政府は、障害者虐待の防止等に関する制度について、この法律の施行後3年を目途に検討を加え、必要な措置を講ずるものとするよう規定している。

③成年後見制度利用促進法

　民法による成年後見制度は、認知症、知的障害、精神障害などにより意思能力・判断能力が不十分となった人の財産管理や日常生活を支援するために2000（平成12）年に施行されたものであるが、十分に活用されていない実態があった。このため、2016（同28）年に「成年後見制度の利用の促進に関する法律」（成年後見制度利用促進法）が施行されることとなった。

　本法律は、①成年被後見人等が、成年被後見人等でない者と等しく、基本的人権を享有する個人としてその尊厳が重んぜられ、その尊厳にふさわしい生活を保障されるべきこと、②成年被後見人等の意思決定の支援が適切に行われるとともに、成年被後見人等の自発的意思が尊重されるべきこと、③成年被後見人等の財産の管理のみならず身上の保護が適切に行われるべきことなどを基本理念としている。

　なお、本法律では政府に対して、「成年後見制度の利用の促進に関する施策の総合的かつ計画的な推進を図るために「成年後見制度利用促進基本計画」を定める」こと、関係行政機関相互の調整を行い「成年後見制度の利用の促進に関する施策の総合的かつ計画的な推進を図るため、成年後見制度利用促進会議を設ける」ことなどを求めている。

④バリアフリー新法

　「高齢者、障害者等の移動等の円滑化の促進に関する法律」（以下「バリアフリー新法」）は、交通車両や交通施設のバリアフリー対策（交通バリアフリー法）と建物のバリアフリー対策（ハードビル法）を統合して2006（平成18）年に施行された法律である。

　バリアフリー新法では、物理的なバリアフリーの他、制度的なバリア（障害を理由とした資格・免許などの付与の制限など）や文化・情報面でのバリア（音声案内、点字、手話通訳、字幕放送、分かりやすい表示の欠如など）、意識上のバリア（心ない言葉や視線、障害者を庇護されるべき存在としてとらえることなど）についても撤廃に向けた取り組みを進めるよう求めている。

　なお、2018（平成30）年には一部改正が行われ、共生社会の実現、一億総活躍社会の実現をめざすために、高齢者、障害者だけでなく、子育て世代など全ての人々が安心して生活、移動できる環境の実現を目的とする理念規定が設けられることとなった。

4　障害者の福祉と専門職としての栄養士・管理栄養士

　冒頭でも述べたが、今日の障害者の福祉施策は、実に多様で幅広い課題がある。こうした課題に栄養士・管理栄養士は専門職としてどのように取り組むべきなのであろうか。

　まず、特に専門的な業務として、障害者施設における「栄養ケア・マネジメント」[24]の実施を上げることができる。栄養ケア・マネジメントとは「個々人に最適な栄養ケアを行い、その業務遂行上の機能や方法、さらに手順を効率的に行うためのシステム」のことであり、管理栄養士が中心となり実施される社会福祉の専門的支援[25]に位置付けられている。

　また、栄養士・管理栄養士は、人間の生活から切り離すことができない食と栄養に関する専門職であることから、「生活状況や身体の状況に応じた食事の提供や栄養管理」「摂食機能に応じた食形態への配慮」「地域生活支援と

*24　栄養ケア・マネジメント
　サービス利用者に最適な栄養ケアを提供することを目標として、多職種から得た情報をもとに「栄養スクリーニング」→「栄養アセスメント」→「栄養ケア計画の作成」→「栄養ケアの実施・チェック」→「モニタリング」→「評価」し、結果を「栄養アセスメント」の段階にフィードバックするという一連の流れで実施される。

*25
　栄養ケア・マネジメントは障害福祉サービス等報酬の加算対象となっている。

図7-7　栄養ケア・マネジメントの基本的構造

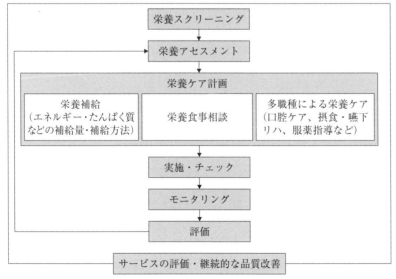

出典：厚生省老人保健事業推進等補助金研究「高齢者の栄養管理サービスに関する研究報告書」1997年

栄養指導」などさまざまな場面で障害者の支援にかかわる存在である。

　こうした場面で、食と栄養に関する知識だけでなく、障害者福祉の専門的知識も兼ね備える社会福祉専門職（ソーシャルワーカー）としての栄養士・管理栄養士が求められていることは言うまでもないことである。

〈引用・参考文献〉
厚生労働省老人保健事業推進等補助金研究「高齢者の栄養管理サービスに関する研究報告書」1997年
厚生労働省『平成30年版　厚生労働白書』2019年
『社会福祉学習双書』編集委員会編『障害者福祉論―障害者に対する支援と障害者自立支援制度―［改訂第10版］』全国社会福祉協議会　2019年
社会福祉士養成講座編集委員会編『新・社会福祉士養成講座　障害者に対する支援と障害者自立支援制度［第6版］』中央法規出版　2019年
全国社会福祉協議会「障害福祉サービスの利用について（2018年4月版）」2018年
内閣府『令和元年版　障害者白書』2019年
花村春樹訳・著『「ノーマリゼーションの父」N・E・バンク-ミケルセン―その生涯と思想―［増補改訂版］』ミネルヴァ書房　1998年

第　8　章

地域福祉

－地域で安心して暮らし続けるために－

1　安心できる地域の創造

1．福祉マップをつくろう

　みなさんは自分が暮らす地域に愛着があるだろうか。ここでいう愛着とは「大切に思う気持ち」や「お気に入り」くらいの意味で考えてもらえばよい。「ここは大切だ」「好きだ」と感じる場所が自分の住む地域にあるだろうか。

　地域福祉を考える本章では、みなさんが暮らす地域の「福祉マップ」を描くことから始めてみたい。そうすることで地域を「福祉の視点」から見てみよう。とはいえ、すぐに福祉マップをつくるのは難しい。だから、まずは自分が暮らす地域の「愛着」がある場所を思い起こそうというわけだ。もっと具体的に愛着のある場所を「3つ選ぼう」といわれると、どんな場所を挙げるだろうか。それらをできるだけ固有名詞で書き出そう。つい寄道してしまうコンビニ、おいしいパン屋さん、公園の並木道。どんな場所でも構わない。

　さて、3つを挙げることができただろうか。では、次にその3つの場所を自分が暮らす地域の地図の上に位置付けてみよう。まず、①白い紙の上に地域の地図を描く。正確である必要はなくて、記憶の中にある地図で構わない（地図の範囲は、だいたい小学校区の範囲がよいと思う）。また、②目印になる場所があればそれらも描き入れていく。そして、③地図の上に3つの「愛着のある場所」を描こう。さらに④「愛着のある場所」と自分の家のルートを線で結んでみよう。そのルートの途中にあるお店や住宅、学校、会社、工場等も詳しく描き入れよう。それから、⑤この道でいつも出会う〇〇さん、このお店でよく見かける△△さん等、具体的な人物を登場させてもよい[*1]。

　するとどうだろう。自分が暮らす地域の表情が輪郭をもって立ち現れてこないだろうか。自分はこんなふうに地域を見ているのだということもわかってくるのではないか。その見方が地域を見る「視点」ということになる。

　こうして地図に描き入れた「愛着のある場所」は、自分が親しみを感じる場所であり、自分の居場所だと考えることもできるだろう。そこには、なじ

[*1]
　住民が街歩きをして作成した「手書き地図」として千葉市稲毛区の「稲毛人お助けMAP」が参考になる（図8－1）。

図 8－1　福祉マップ作成例①

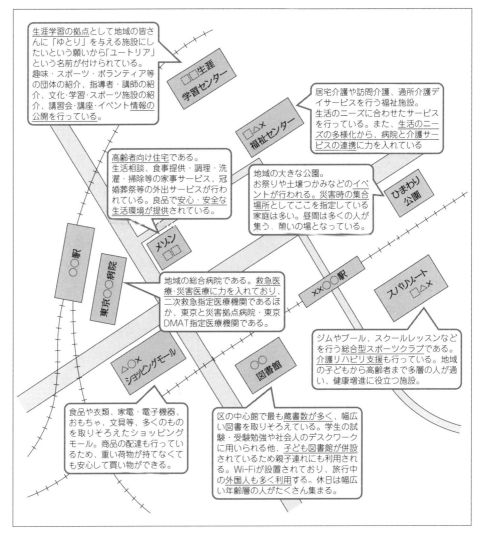

生涯学習の拠点として地域の皆さんに「ゆとり」を与える施設にしたいという願いから「ユートリア」という名前が付けられている。
趣味・スポーツ・ボランティア等の団体の紹介、指導者・講師の紹介、文化・学習・スポーツ施設の紹介、講習会・講座・イベント情報の公開を行っている。

□□生涯学習センター

居宅介護や訪問介護、通所介護デイサービスを行う福祉施設。
生活のニーズに合わせたサービスを行っている。また、生活のニーズの多様化から、病院と介護サービスの連携に力を入れている

□△×福祉センター

高齢者向け住宅である。
生活相談、食事提供・調理・洗濯・掃除等の家事サービス、冠婚葬祭等の外出サービスが行われている。良品で安心・安全な生活環境が提供されている。

地域の大きな公園。
お祭りや土壌つかみなどのイベントが行われる。災害時の集合場所としてここを指定している家庭は多い。昼間は多くの人が集う、憩いの場となっている。

ひまわり公園

メゾン□□

○○駅

東京○○病院

地域の総合病院である。救急医療・災害医療に力を入れており、二次救急指定医療機関であるほか、東京と災害拠点病院・東京DMAT指定医療機関である。

××○○駅

スパリゾート□△×

ジムやプール、スクールレッスンなどを行う総合型スポーツクラブである。介護リハビリ支援も行っている。地域の子どもから高齢者まで多層の人が通い、健康増進に役立つ施設。

△○×ショッピングモール

○○図書館

食品や衣類、家電・電子機器、おもちゃ、文具等、多くのものを取りそろえたショッピングモール。商品の配達も行っているため、重い荷物が持てなくても安心して買い物ができる。

区の中心館で最も蔵書数が多く、幅広い図書を取りそろえている。学生の試験・受験勉強や社会人のデスクワークに用いられる他、子ども図書館が併設されているため親子連れにも利用される。Wi-Fiが設置されており、旅行中の外国人も多く利用する。休日は幅広い年齢層の人がたくさん集まる。

出典：学生作成の作品をもとに加工

みの深いモノや風景があって、私たちは心の落ち着きを得るのだと思う。この心の落ち着きを「安心」と呼ぶならば、私たちは自分が暮らす地域の中に「安心できる場所」をもっている。何気なく暮らす地域も、ある視点をもって描いてみると、固有の意味をもった場所として浮かび上がってくる。

2．福祉の視点からの地域づくり

　地域福祉とは、平たくいえば、私たちが暮らす地域の中に、安心できる場所やかかわりを自分たち自身の力によって創り出していく営みである。それ

はカフェやレストラン、商店やコンビニ、駅や交番、学校や保育所、お寺や神社等、さまざまな場所が舞台となる。いわゆる「福祉サービス」の充実が地域福祉というわけでなく、広い意味でとらえれば、自分たちが安心して快適に暮らすことのできる「地域づくり」すべてが地域福祉なのだ。

　そう考えれば、地域福祉の担い手は、第1に地域に暮らす私たち一人ひとりだといえるだろう。私たちは誰もが地域福祉を創造する当事者であり、誰もが誰かの「安心」づくりの一翼を担っている。その原点には、自分の暮らす地域に愛着があること、だからこそ誰もが暮らしやすい地域を創造したいという願いがある。こうした「福祉の視点からの地域づくり」が地域福祉である。

　第2に、そうした住民の安心を守るために、その相談に応じたり、地域の個人や集団を結び付け、ネットワーク化したりする専門職や組織がある。それが本章でみていく、地域福祉コーディネーターや社会福祉協議会である。地域福祉は、こうした住民と専門職との協働によって展開されている。

　さらに本章では、食と福祉のかかわりに着目することで、管理栄養士・栄養士にとって福祉がどのような意味をもつ営みであるかを考える。具体的な実践例を参照しながら、それにヒントを得て、地域福祉の理念と方法、地域福祉の推進主体等を確認しよう。そして、本章を終えるころに、もう一度、福祉マップを振り返り、学んだことを描き入れて、マップを完成させよう。

2　地域福祉の実践例

1．子ども食堂の実践

　地域福祉がどのような営みであるかを知るために、はじめに、「子ども食堂」の実践を取り上げよう。思想や理論に裏打ちされた行動を「実践」というが、子ども食堂も、思想に支えられた地域福祉の「実践」である。特に管理栄養士・栄養士は、栄養面はもちろんのこと、衛生面・食アレルギーへの対応、地元食材の提供という観点から、子ども食堂においても大切な役割を果たす。

　子ども食堂は、安価な料金あるいは無料で、子どもやその親子に食事を提供する場所として2012（平成24）年頃に始まったといわれる。2019（令和元）年現在、その数は全国で3,700か所を超えており[2]、わずか数年のうちに急速に広がった。この広がりの背景には2000年代後半から浮き彫りになった貧困問題の深刻化があった[3]。2012（平成24）年には、子どもの貧困率が

*2
　NPO法人全国こども食堂支援センター・むすびえが行った調査によると、2019（令和元）年6月時点で、子ども食堂は3,718箇所が確認されている。

*3
　厚生労働省が2009（平成21）年に初めて公表した日本の貧困率を示すデータによれば、日本の相対的貧困率（収入から税金等を差し引いた全世帯の可処分所得を1人当たりに換算して低い順に並べ、中央の額の半分に満たない人の割合）は15.7％であり、子どもの相対的貧困率は14.6％だった。

16.3％と過去最悪となり、6人に1人の子どもが貧困線以下の暮らしを送っていることが示された。

「子ども食堂」が生まれたのはまさにこの時代である。これまでも無料・低額で食事を提供する試みはあったが、「子ども食堂」と銘打って地域の子どもやおとなに食事を提供する活動はこの頃が最初である。その第1号は東京都大田区で「気まぐれ八百屋だんだん」を営んでいた、近藤博子さんが2012（平成24）年に始めた「だんだんこども食堂」だといわれる。翌年の2013（同25）年には、東京都豊島区でプレーパーク*4を主宰していた、栗林知絵子さんが地元・豊島区で子ども食堂を始める。その後、子ども食堂はまたたくまに日本中に広がっていった。

近藤さんも栗林さんも、この活動を始めたきっかけは、自分の地域で「子どもの貧困」を目の当たりにした経験があった。近藤さんは、ある小学校の副校長から子どもたちの食生活の実態を聞いた。それは、母親がうつ病のために食事を作れない家庭や、シングルマザーで仕事が忙しく給食以外はバナナ1本で過ごす子どもの実態であった。その学校では先生がおにぎりをつくり保健室で食べさせていたという。それを聞いた近藤さんは「食の問題は地域で支えなければ」と思い立ち、子どもが一人でも安心して食べに来ることができる場所を作ろうと決意する。それが子ども食堂のはじまりである。

栗林さんの場合も同様だ。ある日、主宰するプレーパークに遊びにきていた中学3年のT君が、学校の先生から「都立高校への進学は無理」と言われ落ち込んでいた。それを聞いた栗林さんはT君のために自宅で勉強会を始める。最初は小学生用の小数点の足し算・掛け算や勉強のやり方を伝えたが、次第に勉強以外の課題がみえてきた。T君は決まった時間に来ることができず、6時の約束なのに9時に来たり、連絡が取れずに迎えに行ったりすることがあった。ごはんを一緒に食べても、「クリばあの家は、家族みんなでご飯食べるの？　気持ちワル〜」と言った。T君との会話が増えるにつれて次第にその理由がわかってきた。彼の家は母子家庭で母親は昼も夜も働き、2人の子どもには毎日500円で弁当を買わせ各々一人で食べていたのである。こうした経験の積み重ねから、栗林さんは仲間とともに子ども食堂を始めることにしたという。

ところで、近藤さんも栗林さんも、子ども食堂を開いて感じることは、こうした場所を必要としているのは、子どもだけでなくおとなも同様だということだ。というのは、子育て中の親の中にも、ひとり親で子育てをしていたり、近親者の援助を受けることができない親は少なくない。しかし、そうした親ほど、なんとか自力でがんばろうとしてしまう。踏ん張って子育てをす

*4
「自分の責任で自由に遊ぶ」をモットーにした遊び場。子どもたちの好奇心を大切にし、自由にやりたいことができる遊び場をつくろうという発想のもと運営されている。

る家庭ほど、子どもへの支援が行き届きにくくなる。だからこそ、子ども食堂のような、親とその子どもを地域がともに支えるという視点が重要になる。そのため、子ども食堂といっても、困窮家庭の子どものみを対象にしているところは少なく、あらゆる子ども・大人を受け入れているところが多い。

栗林さんは子育てや貧困等の地域の課題の解決は「当事者ががんばる」のではなく、地域住民の理解が欠かせないと話す。住民の理解を広げるためには、地域の課題を住民がわかちあう「地域づくり」が大切である。子ども食堂は、そうした住民同士の「地域づくり」の拠点となっている[5]。

2．子ども食堂による「地域づくり」

実際に子ども食堂は地域のさまざまな個人・組織の連携によって実践されている。ここで少し、農林水産省が2018（平成30）年に発表したアンケート調査[6]を参照しよう。この調査から、子ども食堂の舞台裏にさまざまな人々の活躍があることがみえてくる。

たとえば、運営の主体・担い手をみてみよう。子ども食堂の多くは「独立した法人等による運営」であり（80.7％）、そのうち、任意団体が42.5％、NPO法人が23.1％、一個人は14.9％だった。つまり、自治体の直営や委託は少なく、運営スタッフは、地域に居住する無償のボランティアがほとんどだということだ。

子ども食堂の開催場所は、団体が所有する施設が27.7％、公共施設（公民館、児童館等）が39.1％、他団体・個人等所有の施設で有償の施設が21.9％、無償の施設が22.6％だった。「他団体」の種類には、宗教法人が16.9％、飲食店が15.3％、高齢者福祉施設が11.0％となっていた。開催場所は、自宅の一部を開放して数人の子どもたちを対象にしているところもあれば、地域の公民館で1回に数百人近くが集まって、にぎやかに開催しているところもある。また、お寺や教会といった宗教施設、街の飲食店や高齢者福祉施設も会場に利用されていることがわかる。

運営の経費をみると、年間30万円未満というところが70％以上だった。運営資金の確保に助成制度を利用しているところは68.6％にのぼった。助成制度の内訳をみると、社会福祉協議会からの助成が29.6％と多く、民間の財団等からの助成が24.8％、市区町村の助成が21.5％だった。民間の助成には、赤い羽根共同募金や、生活協同組合の市民活動助成金等がみられた。

地域における連携先は、80％以上の子ども食堂が地域住民（個人）を挙げている。地域住民の中でも自治会・町内会・商店会等の団体との連携は

*5
以上の近藤さん、栗林さんの語りは、NPO法人豊島子どもWAKUWAKUネットワーク編『子どもの食堂をつくろう！一人がつながる地域の居場所づくり―』（明石書店2016年）を参照した。

*6
農林水産省「子供食堂と連携した地域における食育の推進活動委員会」が、全国の子ども食堂を対象に実施したアンケート調査である。2017（平成29）年10月17日～11月15日に行われた。274の子ども食堂から回答を得ている。

表8－1　子ども食堂と地域の連携先ごとの連携内容

	連携している（件数）	連携内容の内訳（％）										
		食材・食材費の提供	運営スタッフとして参加	会場使用費・家賃の補助	研修受講補助	衛生管理面での助言・コンサルティング	保険加入についての助言・コンサルティング	参加者募集への協力	スタッフ募集への協力	支援者・寄付募集への協力	食育に関する協力	その他
自治体	157	14.6	9.6	24.2	7.6	8.9	3.2	33.8	14.6	16.6	4.5	28.7
社会福祉協議会	191	36.1	15.7	12.6	5.2	7.3	34.0	34.0	29.8	23.6	4.7	24.6
児童館	63	3.2	15.9	4.8	1.6	1.6	0.0	73.0	11.1	4.8	1.6	15.9
学童クラブ	64	0.0	7.8	1.6	0.0	0.0	0.0	81.3	6.3	3.1	1.6	17.2
公民館	76	1.3	9.2	44.7	0.0	1.3	1.3	52.6	18.4	9.2	1.3	11.8
保育所・幼稚園	82	4.9	12.2	3.7	0.0	1.2	1.2	84.1	11.0	2.4	2.4	9.8
小中学校・高校	137	2.9	6.6	1.5	0.0	0.0	0.0	78.1	10.2	2.9	2.2	24.8
PTA等の学校関係団体	59	6.8	13.6	0.0	0.0	0.0	0.0	64.4	15.3	3.4	3.4	20.3
大学（大学が組織したボランティアを含む）	97	2.1	52.6	0.0	0.0	3.1	2.1	9.3	51.5	5.2	10.3	14.4
宗教法人（お寺・協会等）	77	68.8	18.2	28.6	0.0	0.0	0.0	9.1	11.7	20.8	1.3	10.4
高齢者福祉施設	46	19.6	32.6	28.3	0.0	4.3	2.2	41.3	32.6	15.2	4.3	17.4
障害者福祉施設	32	28.1	15.6	9.4	0.0	0.0	0.0	37.5	6.3	6.3	6.3	25.0
農林・水産・畜産関係者（農協、漁協等団体）	36	80.6	2.8	5.6	0.0	0.0	0.0	2.8	5.6	0.0	16.7	11.1
農林・水産・畜産関係者（個人）	87	97.7	4.6	1.1	0.0	0.0	0.0	1.1	2.3	4.6	2.3	3.4
フードバンク	107	92.5	1.9	0.0	0.0	0.9	0.0	0.9	2.8	2.8	0.0	6.5
食品メーカー	71	97.2	2.8	4.2	0.0	0.0	0.0	1.4	2.8	1.4	2.8	1.4
飲食店	62	66.1	22.6	17.7	3.2	4.8	1.6	12.9	8.1	11.3	9.7	12.9
商店・スーパー	73	78.1	6.8	1.4	0.0	0.0	0.0	12.3	0.0	8.2	1.4	11.0
民生委員	146	6.2	49.3	0.7	0.0	0.0	0.0	56.2	29.5	15.8	4.1	16.4
NPO団体（教育、子ども支援、子育て支援等）	108	20.4	33.3	5.6	1.9	4.6	3.7	44.4	28.7	13.9	1.9	25.0
ボランティアセンター・市民活動センター	96	11.5	14.6	5.2	0.0	1.0	13.5	33.3	40.6	13.5	2.1	26.0
地域住民（自治会・町内会・商店会等団体）	139	30.2	28.8	12.9	0.0	0.0	0.0	52.5	28.8	24.5	3.6	21.6
地域住民（個人）	222	60.4	63.5	2.3	0.5	0.0	0.9	40.5	34.7	25.2	7.2	6.8
その他	27	51.9	25.9	11.1	0.0	0.0	0.0	48.1	29.6	29.6	11.1	33.3

出典：農林水産省『子供食堂と地域が連携して進める食育活動事例集』2018年　15頁　一部改変

50.7％だった。また、半数以上の子ども食堂が公的な団体・機関と連携しており、その内訳は社会福祉協議会が69.7％、自治体が57.3％、小中学校・高校が50％を占めた。民生委員との連携は53.3％であり、教育・子育て支援関係のNPOとの連携が39.4％だった。食材関係の連携先では、フードバンクが39.1％、商店・スーパーは26.6％、食品メーカーは25.9％だった。個人の生産者（農林・漁業・畜産関係者）の割合は31.8％、農協等の生産者団体は13.1％だった。あわせて、連携先ごとの連携内容という興味深い結果もある

ので、表 8 - 1 も参照してほしい。

　こうしてみてくると、子ども食堂は実に多くの個人・組織との連携によって運営されていることがわかる。他方、月 1 回の開催のところが多く、その財政規模やボランティア中心の活動といった形態からわかることは、子ども食堂は深刻な貧困や虐待を直接、解決する実践となるわけではないということである。

　しかし、運営する人たちは、自分たちができる範囲のことを多様な地域住民の手を借りながら実践している。そして、その実践が地域の人々のつながりを生み、地域の生活課題を解決する糸口をつくっている。直接の解決策ではなくとも、人々の関係性を育む「地域づくり」の意義はとても大きい。

　たとえば、子ども食堂を訪れた子どもの中には、ごはんを食べることで安心感を得て自分の居場所だと実感することがある。子どもの素直な感情表現から、何らかの生活課題を読みとることもできる。事情を詳しく聞き、行政や専門家の支援につなげることも可能である。その積み重ねが問題の深刻化を防ぐことにもなる。こうした活動こそが地域福祉の実践だといえる。

　以上のように、子ども食堂は地域の貧困対策というだけでなく、子どもの見守りの場、人々の居場所や交流拠点として機能している。この実践例からは、地域福祉の担い手や連携のあり方がみえてきたと思う。では、それを踏まえて、地域福祉の理念や方法について、一つひとつを確認していこう。

3　地域福祉の理念と方法

1．地域福祉の理念

(1) 地域の生活課題

　地域福祉は、その土地に暮らす住民が地域の課題を認識し、何らかの働きかけを行うことから始まる。子ども食堂をスタートさせた近藤さんや栗林さんも、地域の子どもたちが十分に食事をとっていないことや、その背景に親の経済的困窮や精神的疾病があることを知って、自らアクションを起こした。このように、地域に暮らす住民が住民の困難な状況を知り、地域の「生活課題」として把握することから、地域福祉は始まる。

　日本において、こうした考え方を示している法律は社会福祉法である。社会福祉法は、第 1 条で「地域福祉」を「地域における社会福祉」と定義し、その推進を図ることをうたっている。また、第 4 条には、地域住民が抱える

介護や保健医療、住まい、就労、教育、孤立等のさまざまな課題を「地域生活課題」としてとらえ、そうした生活課題を、本人の申し出からだけでなく、地域で「把握」することの重要性が明記されている。

(2) 住民主体の原則

　社会福祉法の考え方によれば、地域福祉の担い手は、地域のすべての住民である。子ども食堂も、地域の住民が主体的に創りだしていったように、「住民主体の原則」が地域福祉の最も重要な理念である[*7]。地域福祉においては、誰もが地域の課題との接点を有しているという点で、地域福祉の当事者である生活。そして、地域福祉を推進するために、住民の活動に、専門的な職種の人々、専門的な組織・機関がかかわっていく。そうした多職種・多機関の協働によって、誰もが安心して暮らすことのできる地域を創造することが地域福祉の原則である。また、住民自らが地域づくりに「参加」する点で住民の「自治」の取り組みとして理解することができる。

　たとえば、子ども食堂だけでなく、かつて障害のある子どもをもつ親たちが中心になって展開した障害者の共同作業所づくりや、高齢者の宅老所づくり等は、地域社会において専門職も含めた地域住民による「支え合い」の活動であり、生活を共同化する取り組みだった。

(3) 組織化・ネットワーク・協働

　地域福祉では、住民の個々の点と点としてある活動を、線で結びつけていくかかわりが求められる。その一つが「組織化」である。子ども食堂がそうだったように、住民一人が個人で活動を続けることは難しくても、任意団体やNPO法人等を組織することで、活動の展開が可能になることがある。新しく自治会を組織することや、住民に組織への参加を促すことも組織化と考えられる。共通の課題を有する当事者同士が経験を共有できるように当事者団体（セルフヘルプグループ）を組織することにも重要な意味がある。

　また、住民と団体を結びつけ、団体と団体の連携を促す「ネットワーク化（ネットワーキング）」も重要である。専門職と非専門職、異なる職種の人々同士による連携は、多職種連携と呼ばれ、そうした横のつながりの構築がネットワーク化である。また、さまざまな立場の住民、団体、機関、専門職が共通の目標に向かって活動をともにするあり方を「協働（パートナーシップ）」という。地域福祉は、地域の住民・団体・機関の協働によって展開される。

　以上の理念は、社会福祉法106条の「包括的な支援体制」という言葉に見られる。それはつまり、①住民に身近な圏域において、地域住民が主体的に地域生活課題を把握し解決を試みることができる環境整備、②住民に身近な圏域において、地域生活課題に関する相談を包括的に受けとめる体制の整備、

*7
1962（昭和37）年に全国社会福祉協議会から示された「社会福祉協議会基本要項」では、「住民主体の原則」を地域福祉の一つの柱としている。

③多機関の協働による市町村レベルでの包括的な相談支援体制の構築である。

2．地域福祉の方法

　地域福祉の理念を実現していくために、これまで積み重ねられてきた地域福祉の「方法」がある。ここでは、そのいくつかを確認しよう。

⑴　ニーズの把握

　ニーズの把握とは、地域に暮らす住民の生活課題を理解し、それを社会的な課題としてつかむということである（ニーズキャッチ）。地域の生活課題とは、それが明確に表れる場合もあるが、多くの場合、目には見えにくく、また、その当該の本人も困難さを自覚しにくかったり、表明することが難しかったりする。そのためにニーズが支援に結びつかないことがある。そうした中で、ニーズを丁寧に把握する試みが行われている。たとえば、総合的な相談窓口（ワンストップサービス）を設置することや、窓口で来談者を待つだけでなく、支援者が地域に積極的に出向いて住民と言葉をかわし行事にともに参加する等して、地域の課題を把握するアウトリーチ活動も重要である。

　また、地域のニーズを最初に気付くのは、同じ地域の住民であることも多い。子ども食堂の実践がそうであるように、ボランティアの活動を通して、住民のちょっとした変化や様子に気付きを得ることがある。そうした住民の「気付き」を共有し対応することができる場を設けることで、ニーズが支援へとつながっていく。こうした「地域づくり」が地域福祉の出発点にある。

⑵　地域特性に応じた実践

　ニーズを把握する際に重要なことは、その地域の特性をよく知っておくことだ。地域の特性は、それぞれの土地の歴史や文化、産業によって異なる。地域特性をよく理解しておくと、地域の生活課題の背景にあるものを考察し、それに対する支援のあり方を深く検討することができる。

　地域の特性を把握する際に、ミクロ・メゾ・マクロという対象の規模の水準に注目するとわかりやすい。ミクロレベルとは個人や家族の水準、メゾレベルとは団体や組織の水準、マクロレベルとはより広域的な地域やシステムの水準を指している。たとえば、ミクロレベルの地域特性を把握するためには、人々の年齢構成、世帯構成、職業分布、居住形態、経済状況等の個々人にみられる特徴を把握することに意味がある。メゾレベルでは、学校の校種や位置、自治会・町内会、商店や会社、工場の種類、行政の規模や位置、病院や福祉施設等の特徴を知ることに意義がある。マクロレベルでは、市町村から都道府県といった広域的な範囲における、行政、政治、産業、文化、歴

史等の特徴を把握することによってみえてくることがある。地域の生活課題は、これらミクロ・メゾ・マクロレベルの特性が相互に作用しあって生じている。こうした地域特性を理解した上で、それぞれのレベルに応じて、どのような実践が適切であるかを検討する必要がある。

(3) 小地域福祉活動

地域福祉を展開する際に、地域の範囲・規模を示す言葉として「圏域」が用いられる。私たちが暮らす圏域には、日常生活のレベルから、地域的・関係的な広がりによって、いくつかのレベルを想定することができる。厚生労働省の研究会が2008（平成20）年にまとめた「これからの地域福祉のあり方に関する研究会報告書」によれば、地域の圏域は次の5つの水準に分けられる。つまり、①自治会・町内会の組・班、②自治会・町内会、③学区・校区、④市町村の支所、⑤市町村全域である。こうしたそれぞれの圏域で適切な規模と内容の地域福祉実践が求められる。

なお、①や②といった日常生活圏域で展開される実践は「小地域福祉活動」といわれる。これは同じ地域に暮らす住民同士だからこそもつことができる共通の情報・資源を用いて、相互に助け合いの仕組みを構築する活動である。地域住民が主体となり、さまざまな専門的な支援者、福祉機関がサポートを行うことで、住民の自治的な力によって「地域づくり」が実践されている。

(4) 地域福祉計画の策定

2000（平成12）年を前後する社会福祉基礎構造改革以降、日本の社会福祉は、多様な主体の協働による実践を社会福祉の中心的な考えに位置付けるようになった。地域福祉の推進にあたっては、自治体が「地域福祉計画」の策定に努めることが求められている。

地域福祉計画は、①福祉の各分野（子ども、高齢者、障害者）を総合的に把握し、共通に取り組むべき指針を示すこと（総合化）、②地域の個人や団体の代表等の住民の参加によって策定されること（住民参加）を特徴としている。地域福祉計画では、地域福祉の共通課題、福祉サービスの利用の促進、福祉事業の発達、住民参加の促進、包括的な支援体制のあり方等の内容に関する計画が立てられる。

住民の最も身近な圏域において、市町村が策定する計画が「市町村地域福祉計画」である。また、市町村を横断して広域的な支援体制を策定する計画が「都道府県地域福祉計画」である。都道府県地域福祉計画は、市町村地域福祉計画には規程がない、福祉人材の確保や質の向上、都道府県が設置主体となっている支援相談機関の体制整備等が検討され、策定されている。

4 地域福祉の主体

キーワード
■NPO
■住民参加

1. 地域福祉を推進する人々

　では、次に地域福祉を担うさまざまな主体に焦点を当てよう。ここでいう主体とは、個人や団体・組織を含めた担い手のことである。子ども食堂においても、多様な主体が数多く登場していたことがわかるように、地域福祉においては立場の異なる主体が、共通の目標に向かって連携している。たとえば、地域住民を中心に、ボランティア、民生委員、コミュニティ・ソーシャルワーカー、社会福祉協議会、町内会・自治会、行政等である。まずは、地域福祉を担う人々に注目しよう。

⑴　地域住民とボランティア

　子ども食堂を実践する、近藤さんや栗林さんも、個人として地域の課題に目を向け、子ども食堂による地域づくりの担い手となった人たちだ。彼女たちも最初は地域に暮らす一人の住民として地域の活動に参加することから、生活課題に関する気付きを得ていった。地域福祉の主体とは、まずはこうした地域に関心と愛着をもつ地元住民が担い手となる。

　地域福祉の実践に継続的に参加する地域住民はボランティアとして活動にかかわることが多い。ボランティアとは、その言葉通り、ボランタリーな意思（自発的意思・自由意思）によってなされる行為である。そうした意思のもとに実施される活動をボランティア活動といい、またその活動に参加する人々を「ボランティア」と呼ぶことがある。

　ボランティア活動の特徴の第1は、義務や強制ではなく自ら進んで参加する自発性があげられる。また第2に社会的な課題の解決に取り組む、社会性・公共性という特徴がある。第3に報酬がなくとも活動に参加する、無償性もボランティア活動の大きな特徴のひとつである。

　ボランティア活動に参加する人々は、社会福祉の専門職ではないという点で非専門職と位置付けられるが、今日では自分の経験から培った専門的知識や技術を発揮しようとボランティア活動に参加する住民が増えている。

　たとえば、子ども食堂は、多くのボランティアが活躍する場所である。栗林さんによると、子ども食堂は、子どもにとって学校でも家庭でもない場所、親でも友達でもない関係として機能している。毎週1回、ごはんを食べに来る母子家庭のS君は「親と2人でいると、息がつまる」といって学校や家での出来事を話しはじめた。ある児童は、いじめられていることを親にいえず、

＊8
　NPO法人豊島子ど
もWAKUWAKUネッ
トワーク編『子どもの
食堂をつくろう！一人
がつながる地域の居場
所づくり─』明石書店
　2016年　pp.64-65
参照。

ボランティアに打ち明けたこともあった。このように子ども食堂は、市役所の相談窓口でもなく、先生でも親でもない、「地域のおばちゃん、おじちゃん、学生ボランティア」だからこそ、子どもが安心して困りごとをつぶやくことができる場所になっている＊8。

⑵　民生委員・児童委員

　子ども食堂のアンケート調査の中で半分以上が、活動の連携先として民生委員をあげていた。民生委員は地域の「よろず相談窓口」として住民のさまざまな相談に応じている。子ども食堂の運営に際しても、活動の呼びかけや宣伝、ボランティアの募集等で民生委員の協力が欠かせないことがわかる。民生委員は、同じ地域住民の立場から、困難を抱える人々が孤立しないよう、住民と専門機関とをつなぐ役割を担っている。

　民生委員法によれば、民生委員は「社会奉仕の精神をもって、常に住民の立場に立って相談に応じ、必要な援助を行い、もって社会福祉の増進に努める」人々である（第1条）。民生委員は、地域住民の中からふさわしい人が選出され、厚生労働大臣から委嘱される。非常勤の地方公務員という独特の位置づけにある。給与は支給されず、任期は3年で再任は認められる。

　具体的な職務は、担当する区域における住民の生活状態の把握や生活に関する相談に応じ、助言や援助、適切な情報提供を行う。地域の生活課題の把握は、ひとり暮らし世帯の高齢者を定期的に訪問したりする等、日頃から住民と同じ地域に暮らす民生委員だからこそ可能になることがある。また、把握した課題を専門機関や専門職につなぐことも重要な役割の1つである（第14条）。住民のプライバシーに立ち入り、個人的な問題に介入することも多いため、守秘義務が課せられている。なお、民生委員は児童福祉法に基づく児童委員も兼務しており、正式には民生委員・児童委員と呼ばれる。

⑶　地域福祉の専門職

　専門的な知識・技能を有し、職業的に業務にあたる者を専門職というが、地域福祉においても住民の生活課題の解決・支援は専門職が担う。代表的な地域福祉の専門職は、コミュニティワーカーやコミュニティ・ソーシャルワーカー（地域福祉コーディネーター）と呼ばれる職種の人々である。

　コミュニティワーク（地域援助技術）とは専門的援助技術であり、地域の生活課題を把握し、地域の福祉の向上に努める援助の方法である。たとえば、当事者である住民の組織化やネットワーク化の支援を通して、地域づくりの担い手を育てる。また、住民自身が地域の生活課題に気付きを得ることができるように、住民参加型の調査やフィールドワーク、学習会を企画して、生活課題の「見える化」を図っている。日本では、社会福祉協議会における地

域支援を担当する職員をコミュニティワーカーと位置づけることができる。

　また、地域福祉を推進する専門職としてコミュニティ・ソーシャルワーカー（CSW）という職種がある。地域における社会的排除、社会的孤立等、周囲とのつながりを失った人や、制度の谷間の課題であるために支援に結びつかない困窮者等に相談支援を行い、困難を抱える人々のニーズを掘り起こしている。また、小地域単位で住民と協働して地域の社会資源を開発し、地域福祉の推進を担っている。近年、多くの社会福祉協議会が設置しており、CSWは「地域福祉コーディネーター」という呼称でも呼ばれている。

２．地域福祉を推進する組織

　地域福祉を推進する主体には団体・組織・機関もあげられる。地域福祉の中核的な機関は社会福祉協議会であり、地域の生活課題を把握し、さまざまな関係者を結び付ける役割を担っている。他には、町内会・自治会等の地域福祉推進組織、NPOやボランティア団体等の非営利組織、生産者と消費者をつなぐ生活協同組合・農業協同組合、共同募金会等の助成機関がある。地域福祉を担うのは、個人の活動だけでなく、こうした組織、団体との連携・協働によって進められている。

(1)　社会福祉協議会

　子ども食堂の連携機関として挙げられていたように、社会福祉協議会は地域福祉を推進する中心的な機関である（略称を「社協」という）。戦後間もない1951（昭和26）年に民間の社会福祉活動を強化するために誕生し、戦後日本の地域福祉を担ってきた。すべての社会福祉協議会は社会福祉法人であり、民間の組織といえるが、公的な性格が強く、社会福祉法には「地域福祉の推進を図ることを目的とする団体」として規定されている。中央には、全国社会福祉協議会があり、都道府県単位、市町村単位にはそれぞれ都道府県社会福祉協議会、市町村社会福祉協議会が設置されている。その業務は多岐にわたるが、主に以下の7点を挙げることができる。

①住民参加による地域福祉活動の推進

　社会福祉協議会の最も重要な役割は、地域の生活課題を掘り起こし、住民の相互の助け合い活動を組織化し、サポートしていくことである。こうした活動を推進する専門職として、先にみたコミュニティ・ソーシャルワーカーや地域福祉コーディネーターが配置されようになっている。

②ボランティア活動・市民活動の推進

　社会福祉協議会には「ボランティアセンター」を運営してところが多い。

個人や団体のボランティアを募集・組織化して、その活動を推進している。子ども食堂の場合も、企業からの寄付の申し出や、ボランティアの問い合わせは社協が窓口となり、住民や企業をつなぐ役割を担っている場所が多い。

③相談支援活動・権利擁護活動

住民からの生活課題に関する相談支援を行っている。たとえば、生活に困窮する住民に対する「生活困窮者自立支援制度」や、低所得者・高齢者・障害者の生活を経済的に支える「生活福祉資金貸付制度」の相談等である。生活福祉資金は都道府県社協が実施主体であり、市町村社協が窓口となる。

④在宅福祉サービス

国の介護保険サービスや障害福祉サービスだけでなく、独自の在宅福祉サービスを創設し地域の住民の協力を得ながら事業を行っている。

⑤福祉教育

福祉に関する講演や行事、学習会等を企画・開催して、住民の地域福祉への理解・関心、生活課題への気付きを高める活動を行っている。

⑥災害時のボランティア活動・要援護者支援活動

地震や水害による災害が生じた際は被災地支援の活動拠点となり、災害ボランティアの受付・コーディネートを行う。また、災害時の対応だけでなく、地域の防災・減災に向けた取り組みを行っている。

⑦地域福祉活動計画等の推進と地域福祉計画への参画

地域での福祉活動を実践するために、住民や地域の民間事業者等が相互協力して「地域福祉活動計画」を策定する。これは、「地域福祉の推進を目的とした民間の活動・行動計画」[1]であり、主に社会福祉協議会が中心となって策定されている。また、社会福祉協議会は、都道府県、及び市町村が策定する「地域福祉計画」の策定に参画し、官民一体となった地域福祉の推進体制を構築している。

以上のように、社会福祉協議会は地域の生活課題を共有し、幅広い関係者の参加を得て、住民主体の「協議・協働」の場をつくり、必要に応じて活動を組織化・事業化する活動を行っている。

(2)　町内会・自治会

町内会・自治会は、同じ地域に住む住民同士が、地域のネットワーク（地縁）に基づいて自主的に組織している団体である。居住地域の清掃活動や、見守り活動、防災活動等さまざまな行事への参加・協力を通して、安心・安全の地域づくりに取り組んでいる。

近年、地域福祉の文脈では、町内会や自治会は「地域福祉推進基礎組織」と呼ばれ、地域福祉活動の基礎組織として位置付けられている。町内会・自

治会は、社協と連携して、さまざまな活動を行っている。たとえば、地域の公民館等を利用した、学習会や講座、チャリティバザーや高齢者サロン、子育てサロン、食事サービスの実施、小中学校への福祉教育の協力等、住民の日常生活に近い圏域から、地域づくりの取り組みを行っている。

⑶　NPO

　NPOとは、Non Profit Organization（民間非営利組織）の略称で、営利を第一の目的にしない民間組織である。社会的な課題に取り組み、公共の利益のための活動を展開している。行政にみられる画一的な活動ではなく、また、民間の利益優先の活動でもなく、3つ目の「市民」の領域という意味でサードセクター（第3セクター）の活動に位置付けられる。

　NPOはサードセクターの代表的な活動主体であり、日本では、市民活動やボランティア活動の活性化を目的として、1998（平成10）年に「特定非営利活動促進法」が制定された。この法律でNPO法人の活動分野は、保健・医療・福祉、社会教育、まちづくり、観光振興、農山漁村・中山間地域振興等、20種類に分類されており、その中の約6割が「保健・医療・福祉」の分野で活動を行っている（2017（同29）年）。2012（同24）年には、NPOの活動を支援するために「認定特定非営利活動法人」制度が創設され、NPO法人の中でも認定NPO法人格を取得した法人は、税制上の優遇措置が受けられるようになった。NPO法人は、地域福祉を推進する主体として、住民へのサービス・事業を提供するだけでなく、新しい価値観を生み出し、社会変革を促す運動主体の側面もある。

⑷　生活協同組合・農業協同組合

　協同組合は、共通の目的をもった個人・事業者等が組織を設立し、組合員の相互扶助を目的としてさまざまな事業を行う組織である。日本では、消費生活協同組合法にもとづく生活協同組合（生協）と、農業協同組合法に基づく農業協同組合（農協）がよく知られている。生協には、食料品等の購買事業（共同購入・宅配）を中心に介護事業、子育て支援等を行う「地域購買生協」と、病院・診療所の経営、健康づくり活動等を行う「医療福祉生協」がある。

　協同組合は、消費者が組合組織を構成する組合員となり、組合の事業運営に参加し、事業を利用する点に特徴がある。また、生協は地域に班や支部を設置し、地域の特性に応じた活動を展開している。これまで生協は参加する組合員のみの活動と考えられがちだったが、地域福祉の重要な推進主体であり、行政、社協、NPO等との連携・協働が今後の課題となっている。

⑸　共同募金会

　毎年10月 1 日から翌年 3 月31日まで全国一斉に実施されている「赤い羽根共同募金」を運営・実施している団体が「共同募金会」である。1947（昭和22）年、戦争の被害を受けた福祉施設への資金の支援を目的に始まり、1951（昭和26）に法制化された。

　共同募金会は47都道府県に設置されている社会福祉法人であり、民間の地域福祉活動を積極的に財源面で支えて行くことを目的としている。また、都道府県共同募金会や他機関との連絡調整を行う組織として、「中央共同募金会」がある。共同募金は、子ども食堂がそうであったように、NPO法人、ボランティア団体等が実施する、行政の補助が難しい先駆的な取り組みや、社会福祉施設の改修等、地域福祉を財源面で支える重要な活動を行っている。

　以上のように、子ども食堂のアンケート結果に見られた人々や団体・組織を中心に、地域福祉の推進主体をみてきた。また、こうした担い手たちが依拠する地域福祉の理念と方法を参照した。地域福祉はこのような想いをもったさまざまな主体が重層的に支え合い、助け合って展開されているのである。

キーワード
■医療保険
■介護保険

5　地域福祉の実践に向けて

1. 管理栄養士・栄養士の役割と栄養ケア・ステーション

　では、最後に地域福祉における管理栄養士・栄養士の役割を考えよう。人々が病院や施設に入所するのではなく、住み慣れた地域の自宅で生活し続けるために、現在、どのような食・栄養の支援が行われているだろうか。

　日本の地域における食・栄養支援は、在宅医療の推進という観点から、1994（平成 6 ）年より、医療保険の中で「在宅患者訪問栄養食事指導」が実施されてきている。2000（平成12）年の介護保険開始時には「居宅療養管理指導」によって「訪問栄養食事指導」が導入された。また、介護保険法の改正で、栄養ケア・マネジメントの手法も採用されている。栄養ケア・マネジメントとは、通院が困難な在宅の患者・高齢者に、管理栄養士が栄養ケア計画を策定し、計画にもとづく栄養管理や定期的な評価・見直しの実施、家族・ヘルパー等への情報提供、助言の実施といった一連のプロセスである。

　超高齢社会を迎え、厚生労働省は、医療・介護・予防・生活支援が包括的に提供される体制（地域包括ケアシステム）の構築を進めている。患者・高齢者の身体の状況、家族・住居の環境等に応じ、さまざまな地域資源を組み

合わせながら、地域の多職種連携による複合的な支援の充実を目指している。食の分野では、在宅の低栄養傾向の高齢者が約18％存在するとされ、地域の在宅高齢者への食・栄養の支援が求められている。

　こうした食と栄養の地域活動拠点として「栄養ケア・ステーション」が期待されている。栄養ケア・ステーションは、日本栄養士会が地域住民の栄養相談支援の窓口として、2002（平成14）年度に開設したもので、2008（同20）年度には47都道府県すべてに設置されている。2018（同30）年からは、「栄養ケア・ステーション認定制度」を開始し、栄養士会以外の事業者でも、要件を満たしていれば、民間の栄養ケア拠点として、設置が可能である。そのため、医療機関や福祉施設、大学等の研究教育機関、薬局、コンビニ、スーパーマーケット等の事業が設置する場合も増えている。このように住民の日常生活圏で、栄養ケアを提供する地域拠点の活動が、今後ますます重要になっている。今後、こうした地域包括ケアシステムの中で、食と栄養の観点から人々の健康の保持・増進を担う専門職として、管理栄養士・栄養士に求められる役割はとても大きい。

2．福祉マップを通してみる地域福祉

　さて、ここまで地域福祉の理念や方法、推進主体を参照してきて、身近にある地域福祉を実感することができただろうか。では、もう一度、冒頭の福祉マップに戻ろう。自分が暮らす地域には、本章でみたような、子ども食堂、社会福祉協議会、ボランティアセンター、公民館、児童館、高齢者施設、障害者施設、お寺や教会、町内会や自治会、NPO、生協や農協、共同募金会、栄養ケア・ステーション等があるだろうか。また、同じ地域に暮らす住民として、ボランティアさん、民生委員・児童委員さん、社会福祉協議会の職員さん等が活動している場所を見たことがあるだろうか。ぜひもう一度、思い起こして、それらの場所・人を福祉マップに描き入れてみよう。

　その前に、参考になる「福祉マップ」を見ておこう。「福祉マップ」と題された地図ではないが、一つの事例として、大阪市東住吉区の今川地区の地図がある（図8－2）。ここは長年、活発な地域福祉の活動を続けてきた地区として知られる。1979（昭和54）年に大阪市社会福祉協議会から小地域福祉活動の「モデル地区」の指定を受け、以来、ボランティアの有志による、ひとり暮らし高齢者住宅への「友愛訪問」や「食事サービス」を継続してきた。この地図に見られる、今川地域振興センターや今川福祉会館を活動拠点にして、現在も小地域福祉活動が展開されている。たとえば、「ふれあい喫茶」

や小学生と高齢者との交流活動である「今川ワンダーランド」、子育て支援活動の「親子サロン」、高齢者の集いの「サロン今川」等、今川の地域福祉は住民の参加によって今日まで連綿と続けられてきた。

　みなさんが暮らす地域にも、こうした場所があり、小地域福活動が展開されていると思う。それを知るために、まちに出てフィールドワークを実施するのもよい。自分ひとりではなく仲間とともに行うとよりさまざまな視点を共有することができる。みんなで手書きの福祉マップを作るといっそう地域への関心と愛着が深まるだろう。

　そして、まちの社会福祉協議会や小地域福祉活動が行われている場所を知ったなら、そこへ足を運び、実際の活動に参加してみよう。同じ地域に暮らす住民として、また、専門性を発揮する専門職として、立場はさまざまだと思うが、自分なりのかかわりを見つけられるとすばらしい。活動に参加できなくとも、さまざまな主体が重層的に支えあって展開する「地域づくり」

図8－2　福祉マップ作成例②：今川地域

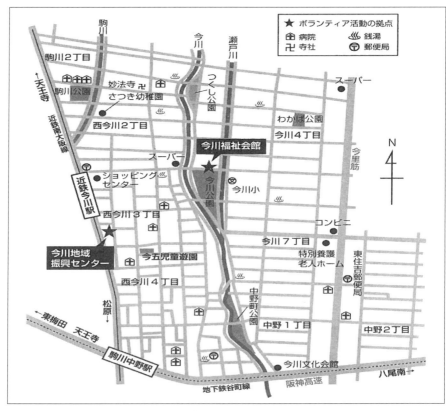

出典：上野谷加代子・竹村安子・岩間伸之編『小地域福祉活動の新時代—大阪市・今川地域からの発信—』
　　　全国コミュニティライフサポートセンター　2014年

が地域福祉であることを振り返れば、日々の暮らしを「福祉の視点」で見つめ直すだけで、地域の「安心づくり」に一役かうこともできると思う。安心して暮らすことのできる地域を創造するために、自分にできることを探してみよう。

〈引用文献〉
1）全国社会福祉協議会「地域福祉活動計画策定指針―地域福祉計画策定推進と地域福祉活動計画―」2003年

〈参考文献〉
公益社団法人日本栄養士会ウェブサイト「栄養ケア・ステーション」
　http://www.dietitian.or.jp/caring/
NPO法人豊島子どもWAKUWAKUネットワーク編『子どもの食堂をつくろう！―人がつながる地域の居場所づくり―』明石書店　2016年
農林水産省「子供食堂と地域が連携して進める食育活動事例集〜地域との連携で食育の環が広がっています〜」2018年
手書き地図推進委員会編『地元を再発見する！　手書き地図のつくり方』学芸出版社　2019年
上野谷加代子・松端克文・永田祐編『新版 よくわかる地域福祉』ミネルヴァ書房　2015年
上野谷加代子・斉藤弥生編『地域福祉の現状と課題』放送大学教育振興会　2018年
上野谷加代子・竹村安子・岩間伸之編『小地域福祉活動の新時代―大阪市・今川地域からの発信―』全国コミュニティライフサポートセンター　2014年

第 9 章

社会福祉基礎構造改革と権利擁護
－利用者本位の社会福祉の構築－

キーワード🖊

■介護保険
■QOL
■身体障害者
■精神障害者

1　社会福祉基礎構造改革

1．行政主導による措置制度

　わが国の今日の社会福祉は、すべての人が誕生から死に至るまで、人として尊重され、人間らしい生活を送ることができるようにすることを目的としている。わが国の社会福祉のあり方を考える上で、日本国憲法第25章の生存権保障の思想は、最も基本的な拠りどころであるが、人間らしい生活の意味するところは社会の変化・発展に伴い変化してきた。

　人間らしい生活を具体的に支える社会福祉制度の変遷を振り返ってみると、第2次世界大戦後間もなくして構築された制度は、戦災孤児、戦傷病者などの生活困窮者の保護・救済を目的として出発し、その後の経済成長と歩調を合わせて発展を遂げてきた。その運営については中央集権的（政府主導）で、社会福祉六法などを中心に、約50年にわたって措置制度をもとに推し進められてきた。

　しかし、少子・高齢化の進展、核家族化や女性の社会進出による家庭機能の変化、障害者の自立と社会参加の進展に伴い、社会福祉は多様な福祉ニーズをもち、最低生活の維持を超えて、生活の質（QOL）の向上を念頭に置いたサービスが求められるようになった。また、多様な福祉資源を公的責任で供給するだけでなく、さまざまな民間団体・事業者の参入が不可欠な状況となった。

　このような社会状況下においては、それまでの措置制度による行政主導の制度では、利用者の主体的な選択が十分に生かされず、利用者が自らの生命、生活に直接かかわる問題についての自己決定*¹を尊重するという観点から見ると、必ずしも適合的なものではなくなったのである。

*1　自己決定
　自己決定の本質は、自己決定の内容が多少不合理であったとしても、他人により介入・干渉されることなく、個人の決定が尊重されることにある。自己決定権の行使が制限されている場合には、代行決定しなければならないが、その際には、本人の人格的尊厳を重視した上で、できる限り本人の意思や意向が反映されるように配慮されなければならない。

2．利用者本位の契約制度

(1)　社会福祉基礎構造改革

　1997（平成 9 ）年の児童福祉法の改正による保育サービス利用における契約制度の導入や介護保険法の制定による高齢者介護サービスの利用契約化を通して、個人の自立支援や利用者による選択の尊重等が推し進められ、措置制度からの脱却の試みがなされた。

　さらに、1998（平成10）年の 6 月には、中央社会福祉審議会社会福祉構造改革分科会から、「社会福祉基礎構造改革について（中間まとめ）」が出され、以下の趣旨の基礎構造改革の方向性が明確に提示された。

①対等な関係の確立

　個人が尊厳をもってその人らしい生活を送れるよう支援するという社会福祉の理念のもと、サービスの利用者と提供者との間に対等な関係を確立する。

②地域での総合的な支援

　利用者本位の考え方に立ち、利用者を一人の人間としてとらえ、その需要を総合的かつ継続的に把握し、その上で必要となる保健・医療・福祉の総合的サービスが、教育、就労、住宅、交通などの生活関連分野とも連携を図りつつ、効率的に提供される体制を利用者の最も身近な地域において構築する。

③多様な主体の参入促進

　利用者の幅広い需要に応えるためにはさまざまなサービスが必要であることから、それぞれの主体の性格、役割等に配慮しつつ、多様なサービス提供主体の参入を促進する。

④質と効率性の向上

　サービスの内容や費用負担について、国民の信頼と納得が得られるよう、政府による規制を強化するのではなく、社会福祉従事者の専門性の向上や、サービスに関する情報の公開などを進めるとともに、利用者の選択を通じた適正な競争を促進するなど、市場原理を活用することにより、サービスの質と効率性の向上を促す。

⑤透明性の確保

　利用者による適切なサービスの選択を可能にするとともに、社会福祉に対する信頼を高めるため、サービスの内容や評価等に関する情報を開示し、事業運営の透明性を確保する。

⑥公平かつ公正な負担

　高齢化の進展等により増大する社会福祉のための費用を、公平かつ公正に負担する。

⑦福祉の文化の創造

　社会福祉に対する住民の積極的かつ主体的な参加を通じて、福祉に対する関心と理解を深めることにより、自助、共助、公助があいまって、地域に根ざしたそれぞれに個性ある福祉の文化を創造する。

(2)　契約制度への移行

　1998（平成10）年の12月には、「社会福祉基礎構造改革を進めるにあたって（追加意見）」が出され、これらをもとに諮問、答申の後、2000（同12）年の「社会福祉の増進のための社会福祉事業法等の一部を改正する等の法律」が制定された。これにより、それまで社会福祉事業全体を規定してきた「社会福祉事業法」は「社会福祉法」と改称され、新たな理念、制度が盛り込まれた。

　改正の際の要綱によれば、この改正の趣旨は、「社会福祉の一層の増進を図るため、福祉サービスに関する情報の提供、利用者の援助及び苦情の解決に関する規定を整備し、福祉サービスの利用者の利益の保護を図るとともに、身体障害者、知的障害者、障害児などに係る福祉サービスに関し市町村などによる措置から利用者の申請に基づき支援費を支給する制度に改めるほか、市町村地域福祉計画等の作成その他の地域福祉の推進を図るための規定を整備する等の所要の措置を講ずること」としている。

　この改正のキーワードの１つとして、利用者本位の社会福祉の構築が挙げられる。具体的には措置制度の改革ということにつながる。

　このように、社会福祉基礎構造改革の理念のもと、高齢者・障害者に関する社会福祉サービスの利用方法が、従来の措置制度から、利用者が施設入所や必要なサービスを選択し、サービス提供者と契約を結び、行政は利用料について助成を行うという契約を基本とする利用方式に変更された。

　このような自己決定権を尊重されたシステムは、措置制度下のサービスで「与えられる」立場におかれてきた障害者や要介護者などを、改めて「人生の主体者」としてとらえ直すことを求めており、その意味において、「対象者観」を変革するものである。これにより、「人生の主体者」として生きようとする障害者、要介護者などをどのように援助するかという観点において、QOL（生活の質）*²の向上が注目を集めるようになった。

＊2　QOL（生活の質）
　生活者の満足感、安定感、幸福感を規定している要因の質のこと。

キーワード🖊
■インフォームド・コンセント
■エンパワメント
■介護保険
■介護保険法

2　契約時代における権利擁護

　自己決定原則に依拠する利用システムの構築を図る場合に、多くの条件が整備されなくてはならない。特に、何らかの理由で福祉サービスを主体的に

選択できずに、自己決定能力が阻害されている人々への対応が必要となる。

　認知症高齢者や知的障害者などが、個人の尊厳と自己決定の尊重された豊かな生活を保障されるために、必要かつ適切な介護・医療サービス、財産管理などの生活支援全般について、各種の社会福祉サービスその他の社会資源を主体的に利用することができるような人権保障のための利用者支援のあり方とその基盤整備の総体を権利擁護というが、利用者に対する万全の「権利擁護のシステム」*³を構築することが不可欠である。すなわち、認知症高齢者や知的障害者に対して、一人ひとりのかけがえのない生命と尊厳を守るとともに、自己決定の主体としていくシステムが求められる。

　判断力不足に対する支援制度といえる成年後見制度と日常生活自立支援事業は、自己決定の尊重、障害のある人も家庭や地域で通常の生活ができるようにする社会づくり（ノーマライゼーション*⁴）等の考え方に対応し、柔軟な利用しやすい権利擁護のシステムである。

1．成年後見制度

　成年後見制度は、本人の判断能力の不十分な点を法的支援者（この場合、家庭裁判所の選任する成年後見人・保佐人・補助人などの法定代理人あるいは任意後見契約に基づく任意後見人）がサポートする形の支援方法である。

　かつて重度の精神障害者等に対しては、民法の禁治産・準禁治産制度が適用されていたが、保護の内容が画一的・硬直的であり、基本的人権の尊重に配慮しているとは言い難いなど、種々の観点から利用しにくい制度となっているとの指摘がされていた。そうした民法のあり方が、今日の社会状況において必ずしも十分に機能していないことなどから、2000（平成12）年4月に「成年後見制度」として改正されたのである。その理念は「自己決定の尊重」と「本人の保護」であり、対象も高齢に伴う認知症、知的障害、精神障害などで軽度の状態の者にも広げられた。

　成年後見制度は、法定後見制度と任意後見制度があり、法定後見制度は、すでに判断能力が低下し、法律行為の代理や取消に関して成年後見人等が必要な場合、申し立てにより家庭裁判所が適任と認める者を成年後見人等として選定し、その者が後見事務を行うものである。本人の判断能力の程度に応じて、「補助」「保佐」「後見」の3つの類型に分かれる。

(1)　補助

　「補助」の類型は、軽度の精神上の障害により判断能力が不十分な者を対象としており、預金の管理、重要な財産の処分、介護サービスとの契約など

＊3　権利擁護のシステム
　権利擁護のシステムは、概ね、①日常生活支援システム（サービスの利用援助、金銭管理・財産保全サービスの提供、高齢者などが地域での自立した生活を可能とさせる）：関連する制度機関として「成年後見制度」「日常生活自立支援事業」など、②苦情解決システム（要介護認定、保険料徴収などの行政処分、福祉サービスの提供などの苦情対応）：関連する制度機関として「運営適正化委員」「第三者委員」など、③人権擁護システム（虐待などの人権侵害への対応）：関連する制度機関として「福祉オンブズマン」などの3つのサブシステムに分類でき、相互に密接不可分に結びついている。

＊4　ノーマライゼーション
　第2章36頁参照。

の「特定の法律行為」についての代理権・同意権・取消権が裁判所に選任した補助人に付与されるものである。

(2) 保佐

「保佐」の類型は、精神上の障害により判断能力が著しく不十分な者を対象として、民法第13条第1項所定の行為について、その者の同意権と取消権、当事者の申し立てによる「特定の法律行為」についての代理権が、家庭裁判所に選任された保佐人に付与されるものである。

(3) 後見

「後見」の類型は、精神上の障害により判断能力を欠く常況にある者を対象としており、広範囲の代理権と取消権を家庭裁判所に選任された成年後見人に付与されるものである。

なお、任意後見人制度は、判断能力が不十分となる前に、将来のため自分の意思で後見人を選んでおくことができる制度である。

成年後見制度は当事者の判断力、自己決定をできる限り尊重しつつ、その権利を擁護するシステムであり、戸籍への記載の禁止、原則非公開の登記制度、配偶者法定後見人制度の廃止、複数成年後見人が明文化されている。

成年後見制度が十分に利用されていない状況を踏まえ、「成年後見制度の利用の促進に関する法律」が2016（平成28）年に制定された。この法律では、成年後見制度の促進の基本理念を定め、国の責務等を明らかにし、基本方針などを定めるとともに、市町村の高ずる措置等を規定している。市町村は、国が定める成年後見制度促進基本計画を勘案して、成年後見制度の利用の促進に関する施策についての基本的な市町村計画の策定に努めることを求めている。2017（平成29）年には、国の成年後見制度促進基本計画が閣議決定された。

また、2019（令和元）年には、「成年被後見人等の権利の制限に係る措置の適正化等を図るための関係法律の整備に関する法律」が制定され、認知症などで成年後見制度を利用する者が、数多くの法律で規定される「欠格事項」によって一律に公務員などの職業に就けなくなっていたそれまでの状況が改められた。すなわち、成年後見制度の利用者に対する欠格条項は原則として削除され、成年後見制度の利用者が不当な差別を受けることのない状況となった。

2．日常生活自立支援事業

　成年後見制度は、財産管理及び身上監護に関する契約等（例えば不動産の処分や財産管理、訴訟行為）といった比較的重大な法律行為を行うものであり、家庭裁判所による法定後見人等の選定などの手続きを必要とする。そのため、この制度を補完するために創設されたのが、地域福祉権利擁護事業である。地域福祉権利擁護事業は1999（平成11）年10月から開始され、2007（同19）年に現在の日常生活自立支援事業へと名称変更された。社会福祉法第81条「都道府県社会福祉協議会の行う福祉サービス利用援助事業等」を根拠とした国庫補助事業であり、第二種社会福祉事業に位置付けられている。

　日常生活自立支援事業の内容は、社会福祉協議会が実施主体となり、契約などの手続きを自己責任において行うことは難しい認知症高齢者や知的障害者など自己決定能力が低下した者に対して、福祉サービスの利用援助（情報提供、助言、利用手続き、利用料支払い、苦情解決制度の利用など）、日常的金銭管理サービス、書類などの保管サービスなど日常生活上の軽微な法律行為を本人の意志に基づいて援助するサービスである。なお、第三者組織である契約締結審査会による審査や運営適正化委員会による援助業務の監督が行われ、運営状況の透明性や公正性が担保されている（図9-1）。

　この制度の実施主体という役割を担う社会福祉協議会では、地域福祉推進の中核として、この日常生活自立支援事業を活動の重要な柱としている。

3．福祉サービス利用者保護のためのシステム

　福祉サービスの利用方式が契約方式であるもとでは、その他にも、サービス利用と選択の権利を実質的に保障する利用者保護のためのシステムが求められる。すなわち、サービス事業者の情報開示の制度、サービスと事業者に対する第三者による評価制度、苦情解決制度、オンブズパーソン制度などの基盤整備も国・地方自治体の重要な役割となってくる。

(1)　サービスの情報開示

　福祉サービス利用者への情報開示・情報提供体制は、サービス利用者の保護や支援を内容としており、サービス利用者が福祉サービスを利用する段階になった際に自己のニーズに基づいて、サービス提供者を選択するうえで必要な情報を得られるよう情報公開を求めたものである。2000（平成12）年6月に施行された社会福祉法における具体的な条文規定は、「情報の提供」（第75条）の内容にあらわれている。また、同法第45条の2において、社会福祉

図9－1　日常生活自立支援事業の実施方法の例
（社会福祉協議会が実施する場合）

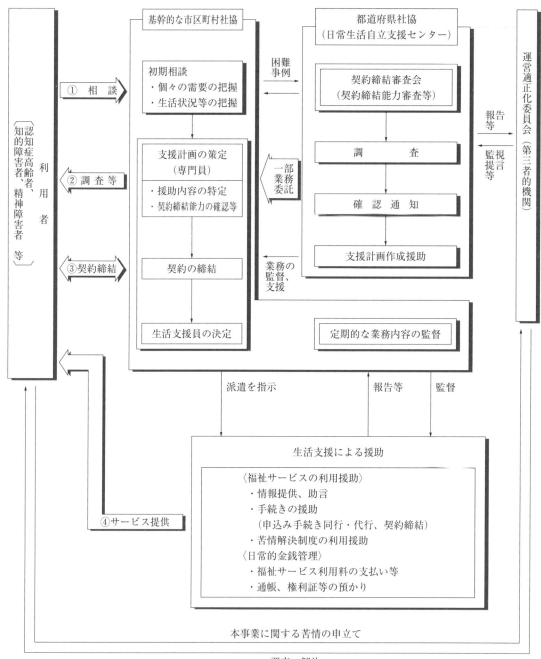

出典：「社会福祉の増進のための社会福祉事業法等の一部を改正する等の法律の概要」（厚生省　2000年6月別紙2）を一部改変。

法人に対し、事業報告書などを閲覧に供しなければならないことを定めている。

　なお、介護保険法に基づき、2006（平成18）年4月から、「介護サービス情報の公表」制度が導入され、すべての事業者に対して、介護サービスの内容や運営状況に関する情報の公表が義務づけられた。この介護サービス情報の公表システムは、2012（同24）年10月に、利用者やその家族等にとってより使いやすいシステムとしてリニューアルされた。

(2)　サービスの質の評価

　福祉サービス提供のゆがみや質の低下への不安を担保するものの1つとして、サービスの質の評価が挙げられる。

　社会福祉法第78条では、「福祉サービスの質の向上のための措置等」として、「社会福祉事業の経営者は、自らその提供する福祉サービスの質の評価を行うことその他の措置を講ずることにより、常に福祉サービスを受ける者の立場に立つて良質かつ適切な福祉サービスを提供するよう努めなければならない」と規定している。これにより、社会福祉事業の経営者が行う福祉サービスの質の向上のための措置の一環として、社会福祉事業の経営者による第三者評価[*5]の受審が位置付けられている。社会福祉事業の経営者は、第三者評価の受審により、事業運営における問題点を把握し、サービスの質の向上に取り組むことができる。また、第三者評価結果の公表は、結果として利用者の適切なサービス選択に資するための情報となる。なお、2004（平成16）年5月の「福祉サービス第三者評価事業に関する指針について（新指針）」（厚生労働省）の通知により、福祉サービス第三者評価事業は都道府県ごとに推進組織を設置し、実施されている（通知・指針はその後改正）。

　第三者評価は、それだけで成果が得られるものではなく、自己評価を行うことを前提としている。すなわち、サービス提供者が、提供されるサービスの質について自己評価を行い、その後、第三者の評価を受け、それらの結果を比較検討することによってさまざまな気づきが生まれるとともに、その差異が生じた点を見直していくことにより、問題点の効率的かつ早急な改善が可能となるのである。

(3)　苦情解決制度

　「措置から契約へ」という流れの中で注目されるようになった仕組みの1つとして、苦情解決制度が挙げられる。苦情解決制度は、一人ひとりの福祉サービス利用者の苦情や悩みに対応し、それをもとにサービス全体を見直すことで、サービス改善を図ることを目的とするものである。社会福祉法第82条では、「社会福祉事業の経営者は、常に、その提供する福祉サービスにつ

＊5　第三者評価
　社会福祉法人等の提供する福祉サービスの質を事業者及び利用者以外の公正・中立な第三者機関が専門的かつ客観的な立場から行う評価である。

いて、利用者等からの苦情の適切な解決に努めなければならない」と規定している。また、同法第65条では、都道府県は社会福祉施設の利用者等からの苦情への対応について、条例で基準を定めなければならないと規定している。

　福祉サービスの苦情は、当事者間の自主的な話し合いによる解決を基本としているが、苦情解決に社会性や客観性を確保して利用者の立場や特性に配慮した適切な対応を行うために、事業者レベル、都道府県レベルそれぞれに苦情解決の仕組みが設けられた。事業者レベルでは、事業者ごとに「苦情受付担当者」と「苦情解決責任者」を設け、さらに「第三者委員」が中立な立場で対応し、関係者と利用者の話し合いによって実際の苦情解決に当たるというシステムである（2000（平成12）年6月7日「社会福祉事業の経営者による福祉サービスに関する苦情解決の仕組みの指針について」）。都道府県レベルでは、都道府県社会福祉協議会に「運営適正化委員会」を設けて、苦情解決の窓口で解決できない困難な事例を苦情解決に当たらせるということになっている（社会福祉法第83〜87条）。

　介護保険制度においては、居宅介護支援事業者や保険者である市区町村や広域連合、あるいは、都道府県の国民健康保険団体連合会へも苦情の申し立てが可能である。

⑷　オンブズパーソン制度

　福祉サービス利用者の苦情を第三者が聴き、それを代弁していくシステムとして福祉オンブズパーソンがある。福祉オンブズパーソンは、公正・中立な立場に立って、福祉サービス利用者の声に耳を傾け、サービスをチェックし、苦情解決を行う第三者であり、福祉サービス利用者の生活権を擁護するための代理人、代弁者である。語源はスウェーデン語であり、従来はオンブズマンといわれていたが、近年ではオンブズパーソンといわれている。

　福祉オンブズパーソンには、主に地域の複数の施設がネットワークをつくり実施する地域ネットワーク型、市民の感覚を重視して苦情の橋渡しを行う市民運動型、自治体による行政型がある。

　地域ネットワーク型オンブズパーソンの活動は、ネットワーク加入施設全体のサービスの質が向上し、良質なサービスが提供されることにも寄与する。

　市民運動型オンブズパーソンは、情報公開を求める市民運動に類似し、活動は完全に行政や施設から独立し、患者や利用者の立場から権利擁護活動を行い、相談活動を通じて情報を収集し、苦情処理機関として施設の改善勧告なども行うのである。そして、行政型オンブズパーソンとは、自治体の行政が条例により福祉オンブズパーソンとして制度化しているものである。

　その他に、当事者が主体的にオンブズパーソン活動にかかわる当事者型福

祉オンブズパーソンもある。これは、生活上の障害や困難に直面している当事者が、自分の利益や欲求、意思、権利を自ら主張し自分たちのために権利擁護活動を行い、さらには、権利侵害に対してそれを救済する法的手段や制度がない場合、機能していない場合に社会や体制を変革して、権利を形成し、擁護し、獲得していくなどの実践も行う。また、入所施設を中心にして、施設独自に設置している施設単独型オンブズパーソンもある。

　福祉オンブズパーソンは、行政あるいは施設などが提供する福祉サービスを監視し、サービス利用者の権利擁護とサービスの品質保証システムを構築していく活動として今後さらに期待されている。

　以上、福祉サービスにおける主な「権利擁護」の取り組みについてみてきたが、福祉サービスの基本は、利用者一人ひとりの意思を最大限に尊重し、利用者のニーズを満たすことである。その際に重要となる概念は、インフォームド・コンセント（説明と同意）、セルフアドボカシー*6とエンパワメント*7である。また、重度の障害をもっている場合において、適切なコミュニケーション技術を模索していく努力もなされなければならない。今後さらに、自己決定の尊重や、障害のある人も家庭や地域で通常の生活ができるようにする社会づくり（ノーマライゼーション）等の考え方に対応する、利用しやすい権利擁護システムの整備をさらに模索していく必要があるであろう。

●サーラ法

　サーラ法：1999年、スウェーデンの社会サービス法に「高齢者介護または機能障害のある人たちの介護に携わる人は、各自が、要介護者が優れた介護を受け安心できる状態のもとで生活できるよう注視しなければならない。個人に対しての深刻な不当行為があることに自分自身で気づいたり、知らされた人は直ちに政治的委員会に報告しなければならない」という条項（第71条A）が規定された。すなわち施設職員に人権侵害や劣悪な介護を見て見ぬふりをすることを禁じ、利用者の権利擁護に徹することを求め、報告義務を課した法律なのである。この条項が規定された発端は、ソルナ市からの民間委託を受けているナーシングホームにおいて、ケアサービスが劣悪で多くの利用者に褥瘡ができ、さらに人権侵害なども見られる状態を当該施設の職員であるサーラ・ヴェグナートが憂い、マスコミへ訴えたことにある。したがって、この条項は通称サーラ法といわれている。

〈参考文献〉
権利擁護研究会編『ソーシャルワークと権利擁護－"契約"時代の利用者支援を考える』
　中央法規出版　2001年

---

*6　セルフアドボカシー

　生活上の困難を抱えている当事者が、その人が本来もっている力や可能性を確信し、自分の利益や欲求、意思、権利を自ら主張し、自分自身や他人のために権利擁護活動を行うこと。

*7　エンパワメント

　困難な状況に追い込まれ、落ち込み、自分自身に自信がなく、自己実現へ否定的な感情しかもつことができないときに、当事者が潜在的に内在させている自己実現へ向かう力を当事者の内部から引き出していく実践方法である。

社会福祉の動向編集委員会編『社会福祉の動向2019』中央法規出版　2019年

宮本薫『きちんと苦情対応―介護施設における苦情対応マニュアル―』全国社会福祉協
　議会　2014年

髙山直樹他編『福祉キーワードシリーズ　権利擁護』中央法規出版　2002年

福祉オンブズマン研究会編『福祉オンブズマン　新しい時代の権利擁護』中央法規出版
　2000年

三浦文夫編『社会福祉概論』建帛社　2002年

大曽根寛『社会福祉と権利擁護』放送大学教育振興会　2012年

田中耕太郎編『ソーシャルワークと権利擁護―福祉を学ぶ人へ―』ふくろう出版　2008
　年

社会福祉士養成講座編集委員会編『新・社会福祉士養成講座　権利擁護と成年後見制度〔第
　4版〕』中央法規出版　2014年

奥村芳孝『新スウェーデンの高齢者福祉最前線』筒井書房　2000年

島田肇『福祉オンブズパーソンの研究―新しい社会福祉の実現に向けて』福村出版
　2011年

平田厚『権利擁護と福祉実践活動―概念と制度を問い直す―』明石書店　2012年

社会福祉における援助の方法

－専門的援助の実践体系であるソーシャルワーク－

1　社会福祉援助の方法

1．社会福祉援助活動の体系化

　人間が他者を「援助」することは、まさに人間の生活の原点ともいえ、人類の発展とともにあったと考えられる。いわば、「援助」の歴史とは、人間の歴史とともに歩んできたといっても過言ではない。しかし、社会情勢やその時代の人間の生活によって、「援助」も変化してきた歴史がある。

　社会福祉の援助においても、相互扶助から慈善事業の時代を経て、現在の援助活動の基本となる体系がつくられるまでに、20世紀まで待たねばならなかった。そして、現代社会においては、その構造が複雑化するにしたがって、生活問題も複雑になり、社会福祉の援助も従来の方法では追いつかなくなってきた。そこで、社会的な責任のもとで科学的な援助の方法を導入することにより、援助活動の体系化を進めてきたのである。

2．　社会福祉援助の方法の分類

　社会福祉援助の方法を給付の方法で分類すると、貨幣的方法と非貨幣的方法に分類することができる。貨幣的方法には現金給付が含まれ、非貨幣的方法にはソーシャルワーク*¹実践や介護実践などが含まれる。日本ではアメリカの影響を強く受けて、「社会福祉援助の方法」という場合、援助の専門的方法の体系であるソーシャルワーク（social work）を意味する場合が多い。

　また、社会福祉の専門的方法としては、直接援助技術、間接援助技術、関連援助技術の大きく3つに分けられる（表10－1）。

　しかし、アメリカでは、社会福祉援助技術のそれぞれの方法が専門分化して発展していたのが、1950年代以降、ソーシャルワークとして統合化されていった。日本においても、2007（平成19）年の「社会福祉士及び介護福祉士法等の一部を改正する法律」により、社会福祉士における資質の向上をめざ

*1　ソーシャルワーク

　イギリスで生まれ、アメリカで発展した社会福祉の専門職の価値、知識、技術の実践体系。

表10-1　社会福祉援助技術の体系

(1)**直接援助技術**
　①個別援助技術（ケースワーク）
　②集団援助技術（グループワーク）

(2)**間接援助技術**
　①地域援助技術
　（コミュニティワーク、コミュニティ・オーガニゼーション）
　②社会福祉調査法（ソーシャルワーク・リサーチ）
　③社会福祉運営管理
　（ソーシャル・ウェルフェア・アドミニストレーション）
　④社会活動法（ソーシャルアクション）
　⑤社会福祉計画法（ソーシャル・ウェルフェア・プランニング）

(3)**関連援助技術**
　①ケアマネジメント
　②ネットワーク
　③カウンセリング
　④スーパービジョン
　⑤コンサルテーション

して、相談援助の業務が拡大することとなった。

　次に、社会福祉援助技術を直接援助技術から順に説明していきたい。

3.　直接援助技術

　直接援助技術には、個別援助技術と集団援助技術の2つがあり、この2つ以外の5つの方法を間接援助技術と分類することが多い（表10-1）。しかし、他の分類方法もあり、個別援助技術、集団援助技術、地域援助技術を主要な3方法とし、社会福祉調査法、社会福祉運営管理、社会活動法を副次的な3方法とすることもある。

(1)　個別援助技術

　個別援助技術は、ソーシャル・ケースワークまたは略してケースワークとも呼ばれ、他の援助の方法と比較して早期に発展し、社会福祉援助技術の中でも中心的な援助の方法であった。

　個別援助技術は、もともとソーシャル・ケースワークと呼ばれていたことでわかるように、社会的な（ソーシャル）援助の方法であるといえる。すなわち、利用者に対して、社会的な視点をもって援助する方法である。また、「ケース」は「事例」「状況」「場合」などの意味があるが、特に個別的に援助することを重視していることも理解できる。それでは、代表的な個別援

技術（ソーシャル・ケースワーク）の定義を見てみよう。

　「ケースワークの母」と呼ばれるリッチモンド（M. Richmond）の定義では、「ソーシャル・ケースワークは人間と社会環境との間を個別に、意識的に調整することを通してパーソナリティを発達させる諸過程から成り立っている」[1]と、社会環境を重視しているが、パーソナリティの発達を目的としているところに特徴がある。

　また、バワーズ（S. Bowers）は、「ソーシャル・ケースワークは、クライエントの彼の環境の総体のすべてまたは一部との、よりよい適応のためにふさわしいコミュニティ資源と個人の能力とを活動させるため、人間関係の科学についての知識と、関係における技能とが、使用されるひとつの技術（アート）である」[2]と定義している。つまり、個人の内的な適応力と社会資源[*2]に着目し、方法または過程ではなく、芸術という意味をもつアート（art）であるとしているところに特徴がある。

　次に、個別援助技術の構成要素に関しては、パールマン（H. Perlman）がケースワークを構成する要素として「4つのP」を挙げ、頭文字がすべてPである人間（person）・問題（problem）・場所（place）・過程（process）が相互に関連して、ケースワークの構成要素としている。さらに、パールマンは後の論文で、専門職ワーカー（professional）、制度・施策（provision）を加え、「6つのP」としている。

　個別援助技術の原則として、バイステック（F. Biestek）の『ケースワークの原則』が1965（昭和40）年に日本でも訳が紹介されており、援助の方法を学ぶために長年広く読まれている。ここには7つの原則が挙げられており、以下にそれらを列挙する。

①個別化

　クライエント[*3]を他の人と違う特定の人間として理解する。

②意図的な感情の表出

　クライエントが自由に感情を表出できるように耳を傾ける。

③統御された情緒関与

　ケースワーカーはクライエントの感情に対して、自分の感情をコントロールし、意図的に反応する。

④受容

　クライエントを尊重し、クライエントの態度、行動、感情をあるがままに受けとめる。

⑤非審判的態度

　クライエントを非難したり、批判をしない。

*2　社会資源
　人間の生活において、ニーズを充足するのに必要な物質、資金、マンパワー、情報などのハードウェア及びソフトウェアの総称。フォーマルまたはインフォーマルな社会資源に分類できる。

*3　クライエント
　社会福祉援助等におけるサービス利用者、対象者を指す。

⑥クライエントの自己決定

　クライエントの自己決定及び選択を尊重し、クライエントの権利を認める。

⑦秘密保持

　援助過程で知り得たクライエントの秘密の情報を保持する。

(2)　集団援助技術

　集団援助技術は、英語のsocial groupworkから、そのままカタカナでソーシャル・グループワーク、または略してグループワークとも呼ばれ、その特徴は、文字通りグループを活用するところにある。このグループは小集団で、メンバー間の相互作用を活用するため、お互いが名前などを確認できる程度のメンバーで構成される。

　集団援助技術の定義について、トレッカー（H. Trecker）は「ソーシャル・グループワークは、社会事業の1つの方法であり、それを通して、地域社会の各種の団体の場にある多くのグループに属する各人が、プログラム活動の中で、彼らの相互作用を導くワーカーによって助けられ、彼らのニードと能力に応じて、他の人々と結びつき、成長の機会を経験するのであり、そのめざすところは、各人、グループ、及び地域社会の成長と発達にある」[3]としている。また、コノプカ（G. Konopka）は、「ソーシャル・グループワークとは社会事業の1つの方法であり、意図的なグループ経験を通じて、個人の社会的に機能する力を高め、また、個人、集団、地域社会の諸問題に、より効果的に対処しうるよう、人々を援助するものである」[4]と定義している。

　集団援助技術特有の援助媒体として、グループメンバーの相互作用とプログラム活動がある。個別援助技術に比べると、援助者と利用者の信頼関係は少し弱い点があるが、グループメンバー間の協力し合う力を活用することができる。しかし、この大きな力になり得るメンバーの相互作用は破壊的に働くリスクもあるので、常にプラスに働くように援助する必要がある。

　また、プログラム活動については、それ自体が目的ではなく、目標達成の手段であることを認識して援助する必要がある。また、援助者はプログラム活動を中心になって行うのではなく、プログラム活動を助ける役割を担う。

4．間接援助技術

　間接援助技術は、直接援助技術を有効に機能させる体制を整えるための、間接的に働きかける援助の方法である。直接援助技術と異なり、利用者と直接かかわらないとされているが、地域援助技術等は地域住民に直接かかわることもあるため、明確に分けることは困難である。

(1)　地域援助技術

　コミュニティ・オーガニゼーション（community organization：アメリカで発展）の理論を継承して、イギリスではコミュニティワーク（community work）として発展し、日本では地域援助技術と呼ばれるに至っている。

　阿部志郎によると、コミュニティワークは、「コミュニティの自己決定を促し、その実態に即した自治の達成を援助するため、コミュニティ・ワーカーの専門的参加を得て、ニーズ*4 と諸資源の調整を図るとともに、行政への住民参加を強め、コミュニティの民主化を組織する方法」[5] であるとしている。

　近年、地域福祉が注目される中で、地域援助技術もこれからますます発展していくことが期待される。

*4　ニーズ
　人間の社会生活に必要なもの（こと）が充足されていない状態。

(2)　社会福祉調査法

　社会福祉調査法（ソーシャルワーク・リサーチ）は、一般的に社会調査の1つとされるが、一方で他の社会福祉援助技術に貢献した役割は大きく、社会福祉援助技術の方法の1つとして数えられている。社会福祉調査法は社会福祉の課題を科学的に究明し、実践活動にフィードバックする目的で行われる社会調査といえる。

　古くは1886年から1902年にかけて3度行われた、ブース（C. Booth）の貧困調査が有名である。この調査では、貧困の原因が貧困者自身の資質にあるとされていた従来の貧困論と異なり、貧困の原因が雇用上の問題によることが多いとされ、後の社会福祉政策に大きな影響を与えた。

(3)　社会福祉運営管理

　社会福祉運営管理（ソーシャル・ウェルフェア・アドミニストレーション）は、社会福祉に関与する施設、団体、組織などが社会福祉サービスを合理的、効果的に運営管理する方法である。

　近年、介護保険制度の影響で、市場競争原理が働き、施設の運営も効率性が求められ、ますます社会福祉運営管理が注目されている。

(4)　社会活動法

　社会活動法（ソーシャルアクション）は、住民のニーズを充足するために、社会福祉の制度や施策などの改善、開発をめざして行われる対策活動技術である。しかし、地域援助技術の中の1つのモデルという考え方もある。

　近年の社会活動法の大きな成果としては、社団法人日本医療社会事業協会の活動により、身体障害者福祉において、政令で定める障害に、ヒト免疫不全ウイルスによる免疫の機能の障害が追加されたことがある。

(5)　社会福祉計画法

　社会福祉計画法（ソーシャル・ウェルフェア・プランニング）は、社会計

画の一部分であるが、社会福祉の施策を時代の変化に合わせて計画的に実現するための方法である。

　国家レベルから地方自治体、国際レベルまで幅広い計画があり、個々の利用者に対しての援助計画を含む場合もある。

　国家レベルの計画としては、高齢者保健福祉推進十か年戦略（ゴールドプラン）、障害者基本計画、そして児童福祉分野での子ども・子育て応援プラン、子ども・子育てビジョンなどがある。

5．関連援助技術

　社会福祉に関連した援助の方法として、ケアマネジメント、ネットワーク、カウンセリング、スーパービジョン、コンサルテーションがある。ここでは、近年注目されているケアマネジメントについて説明する。

ケアマネジメント

　ケアマネジメントとは、利用者のニーズにあわせて、適切な社会資源が提供されるように計画し、具体的にニーズが充足されるように調整と監視を行う方法である。また、ケアマネジメントの実践者をケアマネジャーと呼んでいる。

　ケアマネジメントの過程は、①スクリーニングとインテーク、②アセスメント、③ケア計画の作成、④ケア計画の実施、⑤モニタリング（監視）を経て、⑥再アセスメントと続き、③から⑥までが繰り返されるが、状況に応じて終結する。

2　社会福祉援助の展開過程

社会福祉援助の共通展開過程

　第1節で述べた社会福祉援助のどの方法をとっても、共通の展開過程がある。すなわち、①スクリーニングとインテーク、②アセスメント、③援助計画の作成、④介入、⑤モニタリング、⑥事後評価という展開過程である。しかし、⑥事後評価の後に終結になる場合と、続いて再アセスメント、③援助計画の作成と④〜⑥が繰り返される場合がある（図10−1）。以下、各展開過程を説明する。

図10－1　社会福祉援助の方法の展開過程

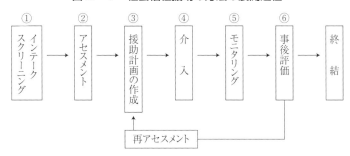

(1)　スクリーニングとインテーク

　スクリーニングとインテーク（受理）は展開過程の最初の過程であり、援助の導入部分である。スクリーニングでは、ソーシャルワーカーは最初に得た情報から、所属機関で援助するのが適切かどうかを判断する。また、緊急に援助が必要なケースかどうかを見きわめる。

　インテークでは、基本的な情報収集を行い、状況を把握する。また、所属機関の機能と、どのような援助ができるのかを説明し、利用者の援助を受ける意志を確認し、契約を行う。

(2)　アセスメント

　アセスメント（事前評価）の目標は利用者のニーズを導き出すことにあり、多方面から必要な情報を収集し、その情報から利用者の状況を分析する。

(3)　援助計画の作成

　アセスメントの後に、まず援助の目標を利用者と協同で設定し、その目標達成のために適切な援助計画を考え作成する。

(4)　介入（インターベンション）

　作成された援助計画を、ソーシャルワーカーが具体的に実施する過程である。ソーシャルワーカーの援助技術を援助目標の達成のために活用する。

(5)　モニタリング

　介入しながら監視を行う過程である。ソーシャルワーカーの介入が適切であるかどうかを点検し、必要に応じて改善できるようにする。

(6)　事後評価（エヴァリュエーション）

　事後評価は介入後に行われる過程である。利用者の状況の変化によりニーズが変化していないか、援助計画が妥当であったかなどの評価が行われる。援助について価値があったかどうかが評価されるが、利用者側の評価とソーシャルワーカーによる評価の両方が必要である。

　また、事後評価の結果、援助を終結するかどうかを決定する。援助の継続が必要な場合は、再アセスメントのうえ、援助計画の作成の過程に進む。

3　社会福祉援助活動の基本的要素と専門性

1．社会福祉援助活動の専門性を構成するもの

　社会福祉援助活動の専門性を構成する3つの要素は、①専門職の価値と倫理、②専門的知識、③専門的方法である。

　専門職の価値とは、ソーシャルワーカーとしての理想的な人間観、社会観である。

　次に、専門的知識とは何であろうか。ミクロからマクロに向けて考えると、人間および対象者理解の知識、社会資源である家族、機関、地域などに関する知識、社会福祉の制度・政策・理論などの知識というように広がっていく。また、医学その他の隣接科学の知識も必要である。

　専門的方法は専門的価値と専門的知識を背景とする技術による行為ととらえられ、第1節3項で述べた個別援助技術などである。

2．ソーシャルワーカーの価値と倫理

　「専門職の価値と倫理の関係はいかなるものであろうか…」。

　専門職倫理は専門職の価値を基盤にして、専門職として何をするべきで、何をしてはいけないかを明らかにした行動指針及び規範といえる。

　専門職の条件ともいえる倫理綱領には、専門職の価値と倫理が明文化されている。ソーシャルワーカーの国家資格の1つである社会福祉士の倫理綱領（社団法人日本社会福祉士会）の前文に「われわれ社会福祉士は、すべての人が人間としての尊厳を有し、価値ある存在であり、平等であることを深く認識する」と書かれており、「人間の尊厳」として、「社会福祉士は、すべての人間を、出自、人種、性別、年齢、身体的精神的状況、宗教的文化的背景、社会的地位、経済状況等の違いにかかわらず、かけがえのない存在として尊重する」という価値と原則が書かれている（表10-2）。

　なお、この倫理綱領のなかで「ソーシャルワークの定義」について述べられている。これは、2000（平成12）年に国際ソーシャルワーク連盟（IFSW）が定めたものであるが、2014（平成26）年7月、IFSW、及び国際ソーシャルワーク学校連盟により、これを改定する形で「ソーシャルワーク専門職のグローバル定義」が採択された。定義は、以下の通りである。

ソーシャルワークは、社会変革と社会開発、社会的結束、および人々のエンパワメントと解放を促進する、実践に基づいた専門職であり学問である。社会正義、人権、集団的責任、および多様性尊重の諸原理は、ソーシャルワークの中核をなす。ソーシャルワークの理論、社会科学、人文学、および地域・民族固有の知を基盤として、ソーシャルワークは、生活課題に取り組みウェルビーイングを高めるよう、人々やさまざまな構造に働きかける。

表10－2　社会福祉士の倫理綱領

社団法人日本社会福祉士会（2005年6月3日採択）

前文

　われわれ社会福祉士は、すべての人が人間としての尊厳を有し、価値ある存在であり、平等であることを深く認識する。われわれは平和を擁護し、人権と社会正義の原理に則り、サービス利用者本位の質の高い福祉サービスの開発と提供に努めることによって、社会福祉の推進とサービス利用者の自己実現をめざす専門職であることを言明する。

　われわれは、社会の進展に伴う社会変動が、ともすれば環境破壊及び人間疎外をもたらすことに着目する時、この専門職がこれからの福祉社会にとって不可欠の制度であることを自覚するとともに、専門職社会福祉士の職責についての一般社会及び市民の理解を深め、その啓発に努める。

　（中略）

　われわれは、ソーシャルワークの知識、技術の専門性と倫理性の維持、向上が専門職の職責であるだけでなく、サービス利用者は勿論、社会全体の利益に密接に関連していることを認識し、本綱領を制定してこれを遵守することを誓約する者により、専門職団体を組織する。

価値と原則

1　**（人間の尊厳）**　社会福祉士は、すべての人間を、出自、人種、性別、年齢、身体的精神的状況、宗教的文化的背景、社会的地位、経済状況等の違いにかかわらず、かけがえのない存在として尊重する。
2　**（社会正義）**　差別、貧困、抑圧、排除、暴力、環境破壊などの無い、自由、平等、共生に基づく社会正義の実現を目指す。
3　**（貢献）**　社会福祉士は、人間の尊厳の尊重と社会正義の実現に貢献する。
4　**（誠実）**　社会福祉士は、本倫理綱領に対して常に誠実である。
5　**（専門的力量）**　社会福祉士は、専門的力量を発揮し、その専門性を高める。

倫理基準

1）利用者に対する倫理責任

1　**（利用者との関係）**　社会福祉士は、利用者との専門的援助関係を最も大切にし、それを自己の利益のために利用しない。
2　**（利用者の利益の最優先）**　社会福祉士は、業務の遂行に際して、利用者の利益を最優先に考える。
3　**（受容）**　社会福祉士は、自らの先入観や偏見を排し、利用者をあるがままに受容する。
4　**（説明責任）**　社会福祉士は、利用者に必要な情報を適切な方法・わかりやすい表現を用いて提供し、利用者の意思を確認する。
5　**（利用者の自己決定の尊重）**　社会福祉士は、利用者の自己決定を尊重し、利用者がその権利を十分に理解し、活用していけるように援助する。

6（利用者の意思決定能力への対応）　社会福祉士は、意思決定能力の不十分な利用者に対して、常に最善の方法を用いて利益と権利を擁護する。

7（プライバシーの尊重）　社会福祉士は、利用者のプライバシーを最大限に尊重し、関係者から情報を得る場合、その利用者から同意を得る。

8（秘密の保持）　社会福祉士は、利用者や関係者から情報を得る場合、業務上必要な範囲にとどめ、その秘密を保持する。秘密の保持は、業務を退いた後も同様とする。

9（記録の開示）　社会福祉士は、利用者から記録の開示の要求があった場合、本人に記録を開示する。

10（情報の共有）　社会福祉士は、利用者の援助のために利用者に関する情報を関係機関・関係職員と共有する場合、その秘密を保持するよう最善の方策を用いる。

11（性的差別、虐待の禁止）　社会福祉士は、利用者に対して、性別、性的指向等の違いから派生する差別やセクシュアル・ハラスメント、虐待をしない。

12（権利侵害の防止）　社会福祉士は、利用者を擁護し、あらゆる権利侵害の発生を防止する。

２）実践現場における倫理責任

1（最良の実践を行う責務）　社会福祉士は、実践現場において、最良の業務を遂行するために、自らの専門的知識・技術を惜しみなく発揮する。

2（他の専門職等との連携・協働）　社会福祉士は、相互の専門性を尊重し、他の専門職等と連携・協働する。

3（実践現場と綱領の遵守）　社会福祉士は、実践現場との間で倫理上のジレンマが生じるような場合、実践現場が本綱領の原則を尊重し、その基本精神を遵守するよう働きかける。

4（業務改善の推進）　社会福祉士は、常に業務を点検し評価を行い、業務改善を推進する。

３）社会に対する倫理責任

1（ソーシャル・インクルージョン）　社会福祉士は、人々をあらゆる差別、貧困、抑圧、排除、暴力、環境破壊などから守り、包含的な社会を目指すよう努める。

2（社会への働きかけ）　社会福祉士は、社会に見られる不正義の改善と利用者の問題解決のため、利用者や他の専門職等と連帯し、効果的な方法により社会に働きかける。

3（国際社会への働きかけ）　社会福祉士は、人権と社会正義に関する国際的問題を解決するため、全世界のソーシャルワーカーと連帯し、国際社会に働きかける。

４）専門職としての倫理責任

1（専門職の啓発）　社会福祉士は、利用者・他の専門職・市民に専門職としての実践を伝え社会的信用を高める。

2（信用失墜行為の禁止）　社会福祉士は、その立場を利用した信用失墜行為を行わない。

3（社会的信用の保持）　社会福祉士は、他の社会福祉士が専門職業の社会的信用を損なうような場合、本人にその事実を知らせ、必要な対応を促す。

4（専門職の擁護）　社会福祉士は、不当な批判を受けることがあれば、専門職として連帯し、その立場を擁護する。

5（専門性の向上）　社会福祉士は、最良の実践を行うために、スーパービジョン、教育・研修に参加し、援助方法の改善と専門性の向上を図る。

6（教育・訓練・管理における責務）　社会福祉士は教育・訓練・管理に携わる場合、相手の人権を尊重し、専門職としてのよりよい成長を促す。

7（調査・研究）　社会福祉士は、すべての調査・研究過程で利用者の人権を尊重し、倫理性を確保する。

出典：社団法人日本社会福祉士会ホームページ
　　　http://www.jacsw.or.jp/01_csw/05_rinrikoryo/

●ソーシャルワーカーの実践についての一言

　筆者が大学に入学した当時は、ちょうど社会福祉士の資格ができる直前であった。大学在学中に学んだ援助の方法は、主に面接技術であり、カウンセリングの技術を学ぶ機会が多かった。また、筆者の勉強不足で、在学中には本当の意味での社会福祉援助技術を理解することができなかった。

　しかし、就職は念願がかなって、病院のソーシャルワーカーになることができた。ところが、病院の中で上司の指導を受けていると、大学時代に考えていた仕事と違うような気がしてきた。カウンセリングのように、じっくりと面接することによって利用者の心の問題の解決を援助することが、その病院のソーシャルワーカーには求められていないように感じた。利用者に対して提供するものは、むしろ具体的な生活上の問題の解決方法であり、利用者のために、経済的な援助などを受けることができる制度を調べ、説明することが必要だと考えた。心理的な援助に関心があったため、思っていた仕事ができないと思い、正直なところがっかりした。

　上司の面接に同席して業務を学ぶ期間を終えて、いよいよ自分が面接をすることになった。利用者が求めている経済的な援助などを受けることができる制度について、資料を調べながら何とか説明することができた。すると、面接の最後に利用者は非常に喜んで、感謝の言葉をいただいたのを、今も記憶している。

　その後、利用者が活用できる制度を調べ、必要と思われる制度の紹介をもれなくできるように努力した。多くの利用者にとって、それらの制度を活用することにより、援助の効果があったように感じていた。

　ところが、あるとき、制度の説明を無表情で聞いている利用者に気がついた。これではいけないと思い、試行錯誤の末、やっとわかったことがあった。

　それは、一言でいうと、「共感することを忘れていた」ということであった。

　ソーシャルワーカーとして、利用者の具体的に役立つことばかりに目が向き過ぎていたために、利用者の心を理解することを忘れていたのであった。

　むしろ、病気を抱え生活上の課題をもつ利用者の立場に立って、その気持ちを理解し共感することによって初めて信頼関係ができ、ソーシャルワーカーと利用者が一緒に協力して、これからの生活を考えていくことができるのだと気づいたのである。

　ソーシャルワーカーは、筆者が大学で学んだ心理的な援助と同時に、具体的な制度などの活用を行うことにより、効果的な援助ができるものだと実感している。

〈引用文献〉
1）M. E. リッチモンド（小松源助訳）『ソーシャル・ケース・ワークとは何か』中央法規出版　1991年　57頁
2）S. バワーズ（松本武子訳）「ソーシャルワークの本質と定義」松本武子編訳『ケースワークの基礎』誠信書房　1967年　57頁
3）H. トレッカー（永井三郎訳）『ソーシャル・グループワーク―原理と実際―』（改訂版）

　日本YMCA同盟　1978年　8頁

4）G. コノプカ（前田ケイ訳）『ソーシャル・グループ・ワーク―援助の過程―』全国社
　会福祉協議会　1967年　27頁

5）仲村優一他編『現代社会福祉事典［改訂新版］』全国社会福祉協議会　1988年　185
　頁

〈参考文献〉

阿部志郎・京極高宣・古川孝順・宮田和明編『社会福祉原論［第2版］』中央法規出版
　2003年

一番ヶ瀬康子・岡本民夫・小林良二・三浦文夫編『社会福祉概論』中央法規出版　2003
　年

太田義弘・岡本民夫・中村永司編『社会福祉援助技術論Ⅰ［第2版］』中央法規出版
　2003年

岡本民夫・小林良二・高田眞治編『社会福祉原論』ミネルヴァ書房　2002年

鈴木幸雄・佐藤秀紀・岡村順一編『新版社会福祉概論―変動期の社会福祉のなかで』中
　央法規出版　2001年

保田井進・鬼崎信好編『三訂社会福祉の理論と実際―21世紀福祉社会の構築にむけて』
　中央法規出版　2002年

F. P. バイステック（田代不二男・村越芳男訳）『ケースワークの原則』誠信書房　1965
　年

第　11　章

社会福祉実践の場

－社会福祉の実施機関・施設－

1　社会福祉の実施機関

1．社会福祉の公的機関

(1)　国及び地方公共団体の行政機関

①国の行政機関

　わが国の社会福祉は、日本国憲法第25条の生存権の規定に基づき、その実現が国の義務とされているため、国は必要な法律を制定している。さらに、各種通知等による行政指導や各種福祉計画を策定し、社会福祉の推進に努め、国及び地方を通じて必要な実施体制を確保している（図11－1）。

　社会福祉に関する国の行政機関の中心は、厚生労働省である。厚生労働大臣を長とし、雇用環境・均等局や子ども家庭局をはじめとする関係組織をもち、各種施策を推進しているが、国が直接に事業主体あるいは実施主体として行うことはまれで、多くは地方公共団体、またはその長が事業主体ないし実施主体となっている。国の社会福祉に関する付属機関として、厚生労働大臣の諮問機関の社会保障審議会[*1]などがある。

②地方公共団体の行政機関

　地方公共団体のうち、都道府県は長の下に福祉担当組織を設け、広域的な団体として市町村（特別区を含む。以下同じ）の福祉行政を指導する。また、各法に定める福祉の専門機関（身体障害者福祉法に定める身体障害者更生相談所など）を設置して住民に対する福祉サービスを行うとともに、市町村に対して専門的な技術援助を行っている。

　市町村は、基礎的な団体として長のもとに福祉担当組織を設け、住民の福祉サービスに直接あたっている。老人福祉等、各種福祉サービスについては、施設福祉も在宅福祉もその実施が市町村の業務となっており、市町村には「老人福祉計画」等各種の福祉計画[*2]の策定が義務付けられている。

キーワード

■介護保険
■市町村保健センター
■児童福祉施設
■身体障害者
■生活保護
■精神保健福祉センター
■地域保健
■地域保健法
■福祉事務所
■保健所

*1　社会保障審議会
　社会保障制度全般に関する基本事項や、各種の社会保障制度のあり方について審議・調整し、意見を答申する。

*2　福祉計画
　第8章152頁参照

図11-1　わが国の社会福祉の実施体制

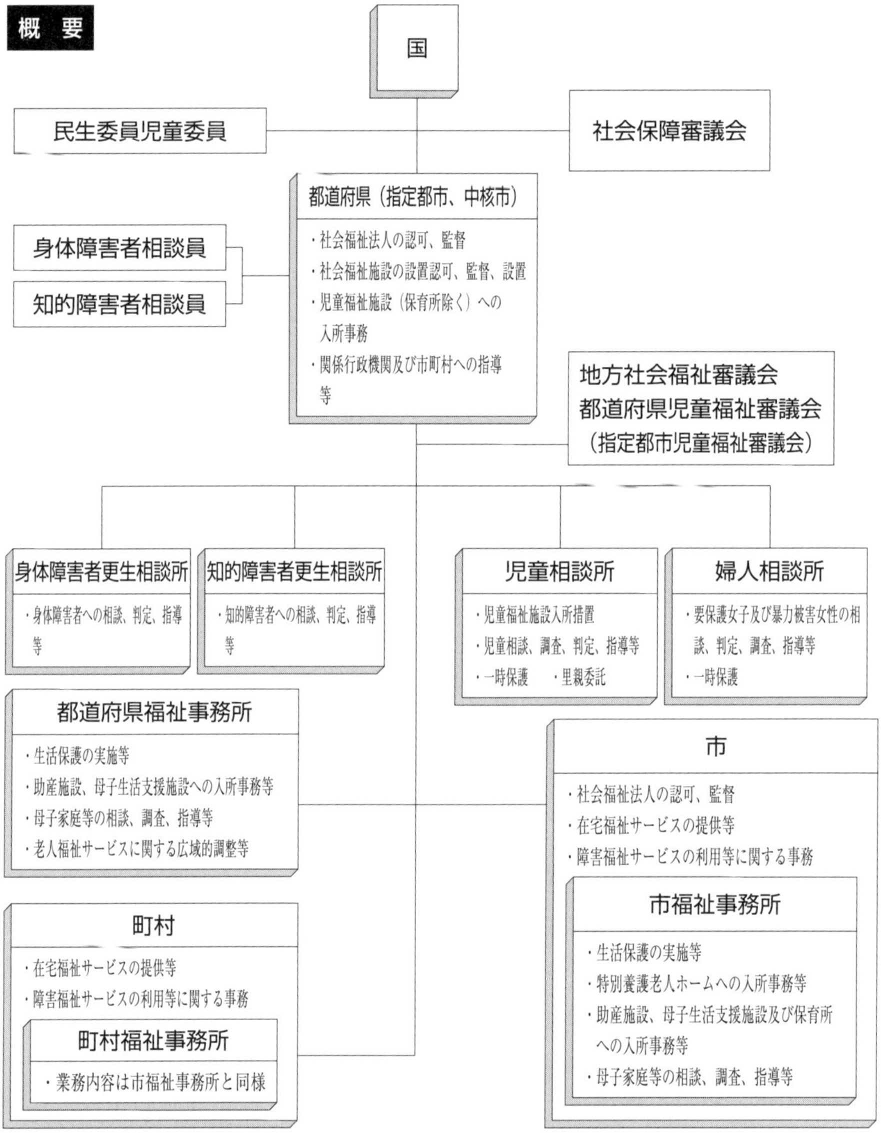

概　要

```
                                    ┌──────┐
                                    │  国  │
                                    └──────┘
┌──────────────┐                        │                ┌──────────────┐
│ 民生委員児童委員 │────────────────────────────────────│  社会保障審議会  │
└──────────────┘                        │                └──────────────┘
                            ┌────────────────────────┐
                            │ 都道府県 (指定都市、中核市) │
┌──────────────┐            │ ・社会福祉法人の認可、監督   │
│ 身体障害者相談員 │─────────│ ・社会福祉施設の設置認可、監督、設置│
└──────────────┘            │ ・児童福祉施設 (保育所除く) への│
┌──────────────┐            │   入所事務                │
│ 知的障害者相談員 │─────────│ ・関係行政機関及び市町村への指導│
└──────────────┘            │   等                     │
                            └────────────────────────┘
                                                    ┌──────────────────┐
                                                    │ 地方社会福祉審議会      │
                                                    │ 都道府県児童福祉審議会   │
                                                    │ (指定都市児童福祉審議会) │
                                                    └──────────────────┘
```

身体障害者更生相談所	知的障害者更生相談所	児童相談所	婦人相談所
・身体障害者への相談、判定、指導等	・知的障害者への相談、判定、指導等	・児童福祉施設入所措置 ・児童相談、調査、判定、指導等 ・一時保護　・里親委託	・要保護女子及び暴力被害女性の相談、判定、調査、指導等 ・一時保護

都道府県福祉事務所
・生活保護の実施等
・助産施設、母子生活支援施設への入所事務等
・母子家庭等の相談、調査、指導等
・老人福祉サービスに関する広域的調整等

市
・社会福祉法人の認可、監督
・在宅福祉サービスの提供等
・障害福祉サービスの利用等に関する事務

　市福祉事務所
　・生活保護の実施等
　・特別養護老人ホームへの入所事務等
　・助産施設、母子生活支援施設及び保育所への入所事務等
　・母子家庭等の相談、調査、指導等

町村
・在宅福祉サービスの提供等
・障害福祉サービスの利用等に関する事務

　町村福祉事務所
　・業務内容は市福祉事務所と同様

出典：厚生労働省編『平成30年版　厚生労働白書（資料編）』191頁を一部改変

(2)　専門行政機関

①福祉事務所

　福祉事務所は「福祉に関する事務所」（社会福祉法第14条）であり、社会福祉法に基づく社会福祉行政の第一線機関である[1]。いわゆる福祉六法といわれる生活保護法、児童福祉法、母子及び父子並びに寡婦福祉法、老人福祉法、身体障害者福祉法、知的障害者福祉法をはじめとする関係法に基づき援

護、育成または更生の措置に関する事務を行っている。設置は都道府県、指定都市、特別区、市については義務付けられているが、町村は任意である。

専門職員として、指導監督を行う所員及び現業を行う所員は、社会福祉主事[*3]でなければならない。他に、老人福祉指導主事、身体障害者福祉司、知的障害者福祉司などが配置されている。また、福祉事務所内には家庭児童相談室が設置されており、家庭相談員等が配置されている。

＊3　社会福祉主事の
　　資格
　第12章206頁参照。

②保健所・市町村保健センター

保健所は地域保健法に基づき設置され、地域における公衆衛生の向上及び増進を目的とした行政機関であるが、その業務分野は幅広く、母子保健、児童家庭福祉、身体障害者福祉、高齢者福祉など多岐にわたっている。専門職員として、医師、保健師、管理栄養士・栄養士などがいる。

市町村保健センターは、地域保健法に基づき市町村によって設置されており、住民に身近な健康相談・保健指導など地域保健対策を実施する[2]。

③児童相談所

児童相談所[*4]は、児童福祉法に基づき設置され、児童についての障害、育成、養護、非行などの相談に応じ、診断・治療・援助などを行い、必要に応じ児童福祉施設へ入所させるなどの業務を行う。都道府県及び指定都市には設置義務がある。専門職員として、児童福祉司、児童心理司などがいる。

＊4　児童相談所
　相談援助活動を効果的に行うために、「子ども家庭センター」「子ども相談センター」などの名称をつける場合もある。

④身体障害者更生相談所

身体障害者更生相談所は、身体障害者福祉法に基づき設置され、身体障害者の更生援護を目的とした相談・判定機関である。都道府県には設置義務があり、指定都市は任意設置となっている。専門職員として、医師、理学療法士（PT）、作業療法士（OT）、身体障害者福祉司、心理判定員などがいる。

⑤知的障害者更生相談所

知的障害者更生相談所は、知的障害者福祉法に基づき設置され、知的障害者に対する相談、医学的・心理学・職能的判定・指導を行う機関である。都道府県には設置義務があり、指定都市は任意設置となっている。

専門職員として、知的障害者福祉司、心理判定員などがいる。

⑥精神保健福祉センター

精神保健福祉センターは、精神保健福祉法に基づき設置され、精神保健福祉に関する知識の普及、保健所・市町村等関係機関に対する指導・援助、精神保健相談等の業務を行う機関である。都道府県及び指定都市に設置義務がある。専門職員として、精神科医、精神保健福祉士などがいる。

⑦婦人相談所

婦人相談所は、売春防止法に基づき設置され、都道府県に設置義務がある。

要保護女子に対する保護更生を目的とした相談・判定、必要に応じて一時保護を行う機関であるが、DV防止法*5上の配偶者暴力相談支援センターとしての役割も担う。一般女性の相談も受け付けている。

＊5　DV防止法
　正式名「配偶者からの暴力の防止及び被害者の保護等に関する法律」。

(3)　補助機関

民生委員・児童委員

　民生委員*6は、民生委員法に基づき、厚生労働大臣から委嘱される地域における福祉のボランティアである。その任務は、「社会奉仕の精神をもつて、常に住民の立場に立つて相談に応じ、及び必要な援助を行い、もつて社会福祉の増進に努めるものとする」（同法第1条）となっている。また、福祉事務所その他の関係行政機関の業務に対する協力機関と位置付けられている。

　また、民生委員は、児童福祉法に基づく児童委員を兼ねていることから、「民生委員・児童委員」と呼ばれることが多い。

＊6　民生委員
　第8章154頁参照。

2．社会福祉の民間団体

　わが国の社会福祉は、行政とともに民間団体の努力によって発展してきた。公的、そして民間の社会福祉は、社会福祉実践の場における車の両輪である。

(1)　社会福祉協議会

　社会福祉協議会*7は、社会福祉法に基づいて市町村など地方公共団体の区域に1団体設立され（2以上の市町村が合同で設立してもよい）、地域内の個人あるいは団体が会員となって、地域福祉の推進を行う公共的性格の強い民間団体である。社会福祉協議会は行政組織に対応して、全国、都道府県、市区町村それぞれの段階で組織されている。

　社会福祉協議会は、福祉の事業主体としても位置付けられ、地域の実情に応じてボランティアセンター、食事サービスなどの事業や、介護保険制度における訪問介護などを行う指定居宅サービス事業者となっているところも多い（事業型社協）。

＊7　社会福祉協議会
　第8章155頁参照。

(2)　社会福祉法人

　社会福祉法人は、社会福祉法に基づき、社会福祉事業を行うことを目的に設立された法人である。社会福祉事業のうち、第1種社会福祉事業*8は、国・地方公共団体または社会福祉法人が経営することを原則としており、例えば特別養護老人ホームなどの入所施設サービスが主な事業である。

　この他、第2種社会福祉事業*9は、社会福祉法人やNPO法人などの他、株式会社などすべての主体が届出をすることにより、事業経営が可能である。

＊8　第1種社会福祉事業
　利用者への影響が大きいため、経営安定を通じた利用者の保護の必要性が高い事業（主に入所施設サービス）である。都道府県への届出と許可が必要である。

＊9　第2種社会福祉事業
　比較的利用者への影響が小さいため、公的規制の必要性が低い事業（主に在宅サービス）である。

(3)　非営利の民間社会福祉団体

　非営利の民間社会福祉団体は、国民のボランティア活動への関心や地域福祉への関心の高まりとともにその数も増え、多くの優れた実践活動を展開し、住民参加型在宅福祉サービスをはじめ、各分野で大きく貢献している。1998（平成10）年の特定非営利活動促進法（NPO法）の成立以来、同法による法人格（特定非営利法人）の取得団体も増え、運営の安定化が図られている。

(4)　営利企業

　営利企業は、株式会社や有限会社などが高齢社会の到来とともに、高齢者向け民間サービスの提供者として市場参入している。老人福祉法では、有料老人ホームについての規定が見られる。また、介護保険法の施行により、居宅サービス事業、居宅介護支援事業分野で活動している。

(5)　当事者団体

　当事者団体は、本人またはその家族などの集まりである。障害者の団体や親の会、難病患者の団体、アルコール依存症者等のグループ、認知症高齢者の家族会など数多くある。一般社会へ向けての活動とともにグループダイナミックス*10の効果も得られるセルフヘルプグループ*11としても機能する[3]。

2　社会福祉施設

1．社会福祉施設の役割と種類

(1)　役割

　社会福祉サービスは、その提供される場所によって、大きく施設福祉サービスと在宅福祉サービスとに分類される。

　施設福祉サービスは、社会福祉施設の人的・物的資源を活用して行われる。

　社会福祉施設の役割は、高齢者、障害者、児童、生活困窮者など社会生活を営む上で種々のハンディキャップを負っている人に対して、援護、育成、または更生のための各種治療・訓練や日常生活支援等を行い、これら支援を必要とする人々の福祉の増進を図ることである。

(2)　種類

　社会福祉サービスの提供は、社会福祉法に基づいて実施されており、社会福祉施設は、福祉サービスの対象者を特定した社会福祉六法*12、精神保健福祉法などを根拠にして施設種別が定められ、体系化されている。これによる分類では、保護施設、老人福祉施設、障害者支援施設等、婦人保護施設、児

＊10　グループダイナミックス
　集団力学。人は集団のなかで、集団ゆえに生まれる能力に従って行動する。個人と集団が影響を受け、与えること。

＊11　セルフヘルプグループ
　自助集団。同じ傷病や障害のある人々などを対象とした集団。

キーワード 🖊
▨介護医療院
▨介護保険
▨介護保険法
▨介護老人保健施設
▨子育て支援
▨栄養士配置規定

＊12　（社会）福祉六法
　第2章33頁参照。

表11－1　社会福祉施設の種類

施設の種類	種別	入（通）所利用別	施設の種類	種別	入（通）所利用別
保護施設			児童福祉施設		
救護施設	第1種	入所	助産施設	第2種	入所
更生施設	第1種	入所	乳児院	第1種	入所
医療保護施設	第2種	利用	母子生活支援施設	第1種	入所
授産施設	第1種	通所	保育所	第2種	通所
宿泊提供施設	第1種	利用	幼保連携型認定こども園	第2種	通所
			児童館	第2種	利用
老人福祉施設			児童遊園	第2種	利用
養護老人ホーム	第1種	入所	児童養護施設	第1種	入所
特別養護老人ホーム	第1種	入所	障害児入所施設	第1種	入所
軽費老人ホーム	第1種	入所	児童発達支援センター	第2種	通所
老人福祉センター	第2種	利用	児童心理治療施設	第1種	入・通所
			児童自立支援施設	第1種	入・通所
障害者支援施設等			児童家庭支援センター	第2種	利用
障害者支援施設	第1種	入・通所			
地域活動支援センター	第2種	利用	母子・父子福祉施設		
福祉ホーム	第2種	利用	母子・父子福祉センター	第2種	利用
			母子・父子休養ホーム	第2種	利用
身体障害者社会参加支援施設					
身体障害者福祉センター	第2種	利用	その他の社会福祉施設等		
補装具製作施設	第2種	利用	授産施設	第1種	通所
盲導犬訓練施設	第2種	利用	宿所提供施設	第2種	利用
点字図書館	第2種	利用	盲人ホーム		利用
点字出版施設	第2種	利用	無料低額診療施設	第2種	利用
聴覚障害者情報提供施設	第2種	利用	隣保館	第2種	利用
			へき地保健福祉館		利用
婦人保護施設	第1種	入所	へき地保育所	第2種	通所
			地域福祉センター		利用
			老人憩の家		利用
			老人休養ホーム		利用
			有料老人ホーム	公益事業	入所

資料：厚生労働統計協会『国民の福祉と介護の動向2019／2020』厚生労働統計協会　2019年　321～323頁より作成

童福祉施設、母子・父子福祉施設、その他の社会福祉施設等がある。

　社会福祉施設を具体的に見ると、①老人福祉法や児童福祉法等の社会福祉各法に規定されている施設、②社会福祉法によって社会福祉事業と定義されている事業を行うための施設が中心であるが、厚生労働省の「社会福祉施設調査」によると、この他、③国の補助制度がある施設、④有料老人ホームのように厳密な意味では社会福祉施設に該当しないものも含んでおり、その種類は、極めて多様である（表11－1）。

　社会福祉施設は、利用者の利用形態により、入所施設、通所施設及び利用施設の3種類に分類され、福祉サービスの重要な社会資源になっている。また、施設利用にあたっての行政機関の関与によって、措置施設とそれ以外の施設に分類することもできる。

(3)　社会福祉施設と栄養士の配置

　高齢者福祉法の高齢者施設や介護保険法による介護保険施設及び児童福祉

表11－2　主な社会福祉施設と栄養士配置規定

施設の種類	配置規定法令	配置基準・条件
特別養護老人ホーム （介護老人福祉施設）	老人福祉法 介護保険法	必置１名以上 定員が40名を超えない施設で他の福祉施設等との連携により、入所者の処遇に支障がない場合は置かないことができる 栄養ケア・マネジメント加算を実施する場合は管理栄養士１名以上を配置する
養護老人ホーム	老人福祉法	必置１名以上 特別養護老人ホームに併設する定員が50名未満の場合、特別養護老人ホームの栄養士との連携により入所者の処遇に支障がない場合は置かないことができる
経費老人ホーム	老人福祉法	必置１名以上 定員が40名を超えない施設で他の福祉施設等との連携により、入所者の処遇に支障がない場合は置かないことができる
乳児院	児童福祉法	入所人員10名以上で必置
児童養護施設	児童福祉法	入所定員41人以上で必置
障害児入所施設	児童福祉法	入所定員41人以上で必置
障害者支援施設	障害者の日常生活及び社会生活を総合的に支援するための法律	必置ではないが、栄養士または管理栄養士による利用者の年齢や障害の特性に応じた適切な栄養管理を必要とし、管理栄養士または栄養士を配置した場合、栄養士配置加算の対象となる。

法による児童福祉施設等では、利用者（入所・通所）の栄養管理や給食管理に管理栄養士や栄養士の配置基準が規定されている（表11－2）。

2．社会福祉施設の設置

(1)　設置主体

　厚生労働省「平成29年社会福祉施設等調査」によると、2017（平成29）年10月１日現在、社会福祉施設数は７万2,887か所である。主な施設の種類をみると、児童福祉施設が４万137か所（うち、保育所２万7,137か所）、障害者支援施設等は5,734か所となっている。また、老人福祉施設の一部（特別養護老人ホーム（介護老人福祉施設）等）は、「介護サービス施設・事業所調査」にて集計されており、介護老人福祉施設が7,892か所となっている。

　社会福祉施設の設置は、国及び地方公共団体による設置の他、社会福祉法人をはじめとする各種団体等による設立が施設種別ごとに定められている。

(2)　財源

　社会福祉施設設立の財源は、社会福祉法人等が設置する場合、設置者の自己負担金の他、公的補助や融資制度などがある。

(3) 国及び地方公共団体の整備計画

　国は、増大し多様化する福祉需要に対応するため、1989（平成元）年「高齢者保健福祉推進十か年戦略（ゴールドプラン）」をはじめ、各種の長期計画を定め、在宅福祉サービスと施設福祉サービスの充実に努めてきた。施設福祉サービスにおいて、これらの計画では、一定期間内に達成すべき具体的な数値目標を掲げ、運営内容の改善と増設を図ってきたのが特徴である。この手法は、老人福祉施設をはじめ、障害者施設や保育所の整備にも用いられた。

*13　障害者基本計画（第4次）
　2017（平成29）年度に最終年度を迎えた障害者基本計画(第3次)に代わり、新たに策定された同計画。

*14　次世代育成支援行動計画
　第6章113頁参照。

　主な計画として、障害者分野の「障害者基本計画（第4次）」*13（2018～2022年度）、児童分野の「次世代育成支援行動計画」*14（2005～2024年度）、高齢者分野の「認知症施策推進総合戦略（新オレンジプラン）」（2015～2025年度）などがある。これら計画の実施を担う地方公共団体は、各種法律の改正により、市町村老人福祉計画などの福祉計画策定が義務付けられ、社会福祉施設等の福祉サービス基盤の充実に努めている。

3．社会福祉施設の運営

(1) 運営主体

　社会福祉施設を経営主体で見ると、公営1万6,509か所、私営5万6,378か所となっており（2017（平成29）年10月1日現在）、公営（国・都道府県・市町村）より私営の「社会福祉法人」の割合が多いことがわかる。

(2) 運営

　社会福祉施設の運営は非営利で、関係法規のもと、施設設立の目的である福祉の実現に向かって運営されている。福祉施設には施設運営に必要な職員や運営に要する物件費をはじめとし、およそ施設運営に必要な条件の確保が義務付けられるが、利用者の福祉のためには施設の安定した経営が必要なため、公的な財政支援のもとに施設は運営されている。このため、利用者は公営施設も私営施設も基準職員の人数や利用者にかかる経費は原則として同じで、同一のサービスを受けることができる。

(3) 財源

　社会福祉施設を運営するための財源は、施設によって異なり、概ね次のような制度や方法のいずれかによっている。これらの制度や方法の区分は、利用者から見れば利用方法の仕方による区分である。それぞれ行政機関の関与方法に違いがあり、利用者負担のあり方に差がある。

①措置制度

　措置制度は、社会福祉施設の利用にあたって、利用者が選択するのではな

く、行政（措置の実施機関）が、利用者の社会福祉施設利用を行政処分として決定するものである。この結果、社会福祉施設の運営のための費用を、施設へ利用委託の措置をとった者（措置の実施機関）が、施設の運営費を公費（税金）で負担する制度で、利用者は、各自の負担能力に応じて決められた自己負担金を実施機関に納入するものである。

②介護保険制度

介護保険制度[*15]は、高齢者の介護サービスを社会保険方式で実施するものであり、特別養護老人ホーム（介護老人福祉施設）などの運営費は、介護保険の介護給付費と利用者の自己負担により運営されている。

2000（平成12）年から導入された介護保険制度は、社会福祉サービスの仕組みに、措置から契約による利用へという流れをもたらした。また同時に社会福祉施設の運営費が、租税方式一辺倒から、社会保険方式への途を開いたことをも示している。

③障害者総合支援法による支援費制度[*16]

障害者福祉サービスは、障害者及び障害児の福祉の増進を図るため、国と地方公共団体が義務的に費用を負担する自立支援給付となっている（支援費制度）。介護給付、訓練等給付、地域生活支援事業の3つのサービスのいずれかを選択する。原則、サービスの量と所得等に応じ、サービスに係る費用について、利用者が自己負担する（応能負担）。

④行政との契約方式

母子生活支援施設及び助産施設については、2001（平成13）年より措置から契約による利用となった。利用者が施設を選択し、市町村は、実施運営費を施設に支払う。

⑤子ども・子育て支援法による支援方式

子ども・子育て支援法の成立により、就学前の教育・保育施設[*17]について2015（平成27）年度より開始される方式。利用者による「保育の必要性の認定」申請を受け、市町村は認定証を交付、利用者は希望申し込みを行う。市町村は各施設の利用状況等に基づき調整・斡旋や要請を行い、利用者は施設選択の上、事業者と契約を結ぶ。保育料は市町村から事業者に施設型給付、または地域型保育給付として支払われる（法定代理受領）。利用者負担は応能負担を基本として定められている。

*15　介護保険制度
　第5章参照。

*16　支援費制度
　第7章129頁参照。

*17　就学前の教育・保育施設
　施設給付型の認定こども園・公立保育所・幼稚園、地域型保育の小規模保育・家庭的保育・居宅訪問型保育・事業所内保育がある。なお、私立保育所を利用する場合は、保護者と市町村との契約方式をとる。

4．社会福祉関連施設

(1) 介護保険施設

　高齢者を介護する施設について、介護保険法での介護保険施設は、介護老人福祉施設（特別養護老人ホーム）、介護老人保健施設、介護療養型医療施設（2023（令和5）年度末までに廃止予定）の他、今後の慢性期医療と介護ニーズに対応するため、2018（平成30）年、介護療養型医療施設に代わる新たな施設として介護医療院が創設された*18。

*18
　　詳細は第5章参照。

(2) その他の関連施設

　地域支援事業としての認知症高齢者グループホーム、地域生活支援事業の知的障害者グループホーム、自立支援を目的とした精神障害者グループホームのように援助する職員とともに地域において集団生活をして、福祉増進を図っていく事業もある。

●ユニットケア

　介護保険施設の1つである特別養護老人ホーム（特養）では、1ユニットおおむね10人以下のグループを1つの生活単位とし、従来型の特養に多い多床室から、原則個室化とした。

　施設サービスは家庭的な環境で提供し、利用者のニーズに対応している。例えば、食事の面では、家庭と同じように可能な限りユニットごとに炊飯や盛付けを行い、食後の食器の洗浄もユニットで行うことが望まれている。

　また、介護保険施設として、管理栄養士と多職種の協働で栄養ケア・マネジメントを行い、生活の場であることを踏まえて一人ひとりに対応した栄養管理を実施する。例えば、朝食はパン食にしたい、晩酌をしたいなどの希望に応えられるようにしている。

●認知症対応型共同生活介護（グループホーム）

　認知症対応型共同生活介護、いわゆるグループホームは、認知症の高齢者が住み慣れた地域で生活を継続できるように、家庭に近い状態で5人以上9人以下を1グループとして共同生活を送る「ホーム」である。介護保険が適用され、地域密着型サービスのひとつに位置づけられている。

　施設サービスではないため管理栄養士による栄養ケア・マネジメントは実施されていない。自立支援の目的もあり、利用者と職員が買い物から食事づくり、後片付けまでを行う。2010（平成22）年の「東京都内認知症高齢者グループホーム実態調査」によると、利用者が参加している家事は、献立づくり56.3％、食事づくり87.4％、食器の後片付け94.8％、買い物90.4％であった。対して介護

職員の業務内容は、食事（炊事）、掃除、洗濯が94.8％であり、利用者と一緒に行う家事が主であった。このことから、認知症グループホームは家庭の延長での生活の場であることがわかる。

〈引用文献〉
1）福祉臨床シリーズ編集委員会編、秋山博介責任編集『社会福祉原論福祉臨床シリーズ1 臨床に必要な社会福祉』弘文堂　2006年　176頁
2）特定非営利活動法人日本栄養改善学会監、徳留裕子・伊達ちぐさ編『管理栄養士養成課程におけるモデルコアカリキュラム準拠第8巻　公衆栄養学―地域・国・地球レベルでの栄養マネジメント―』医歯薬出版　2019年　37頁
3）関口紀子・蕨迫栄美子編『栄養教育論―栄養の指導―（第21版)』学建書院　2016年　71・73頁

〈参考文献〉
厚生労働省編『平成30年版厚生労働白書』　2019年
内閣府『令和元年版高齢社会白書』
内閣府『令和元年版障害者白書』
厚生労働統計協会編『国民の福祉と介護の動向2019／2020』厚生労働統計協会
小笠原祐次・福島一雄・小國英夫編『社会福祉施設―新しい社会福祉の理論と実践のパラダイム―』有斐閣　1999年
千葉茂明・宮田信朗編『四訂 新・社会福祉概論』みらい　2008年
社会福祉法人東京都社会福祉協議会編『東京 認知症高齢者グループホーム白書―東京都内認知症高齢者グループホーム実態調査報告と提言―』　2010年

第 12 章

社会福祉の専門職

－社会福祉の専門資格と専門職種－

キーワード

■福祉事務所

1　社会福祉従事者

1．社会福祉従事者の概要

社会福祉の担い手

　「福祉は人なり」といわれるが、施設や在宅、地域福祉に至るまで、それ
ぞれ支援にかかわる社会福祉の担い手としての果たす役割は大きく、これら
担い手にはさまざまな職種が存在する。

　社会福祉の担い手には、活動分野、資格、職業、規定される制度など、そ
の性格と種類によって2つに大別される。

　1つの担い手は、社会福祉の利用者と日常的に直接かかわり、支援するこ
とを職業とするマンパワー[*1]で、総称して社会福祉従事者といわれている。

　もう1つの担い手は、民生委員・児童委員[*2]などのように、無給で行政サー
ビスの提供に協力する非専門的マンパワーと自主的・自発的に福祉活動に参
加する任意のボランティア[*3]がある[1)]。

　社会福祉の働きは、社会福祉従事者や非専門的マンパワー、この2つの担
い手による支援や連携・協力とともに、家族や地域住民の支援や協力が不可
欠である。

2．社会福祉従事者の現状

　少子高齢社会の進展に対応した社会福祉制度・施策の拡充が行われ、それ
に伴い社会福祉従事者の数も年々増加しており、2009（平成21）年10月で約
368万人に及んでいる。特に、福祉・介護サービスの従業者数の増加は顕著で、
2012（同24）年度の介護職員は約149万人という調査結果もある。なお、
2025（同37）年には、約237～249万人の介護職員が必要になるとされている。

　また、対象者への支援には高度な専門的技術が要求されるため、従事する
職員の職種も多種多様となっている（表12－1）。

*1　マンパワー
　社会資源のうち、と
くに人材にかかわる資
源。社会福祉のマンパ
ワーには社会福祉士、
精神保健福祉士、介護
福祉士、介護支援専門
員（ケアマネジャー）、
保育士などがある。

*2　民生委員・児童
委員
　第8章154頁参照。

*3　ボランティア
　第8章153頁参照。

表12-1　社会福祉従事職員の職種

社会福祉施設の職員	施設長、生活指導・支援員、生活相談員、児童指導員、児童自立支援専門員、児童生活支援員、保育士、児童の遊びを指導する者、母子支援員、少年指導員、職業指導員、心理判定員、職能判定員、医師、保健師、看護師、助産師、理学療法士、作業療法士、介護職員、栄養士、調理員、事務職員等
訪問入浴事業所の職員 訪問介護事業所の職員	所長（代表者）、看護師、訪問介護員（ホームヘルパー）、事務職員等
福祉事務所の職員	所長、査察指導員、身体障害者福祉司、知的障害者福祉司、老人福祉指導主事、家庭児童福祉主事、現業員、面接相談員、家庭相談員、嘱託医、事務職員等
児童相談所、身体障害者更生相談所、婦人相談所、知的障害者更生相談所の職員	所長、児童福祉司、児童指導員、児童心理司、相談員、心理判定員、職能判定員、保育士、ケースワーカー、医師、保健師、看護師、事務職員等
各種相談員	身体障害者相談員、婦人相談員、知的障害者相談員、母子・父子自立支援員等
社会福祉協議会の職員	企画指導員（全国）、福祉活動指導員（都道府県・指定都市）、福祉活動専門員（市町村）等

2　社会福祉従事者の専門職性

キーワード

■介護医療院

社会福祉専門職の倫理

　専門職として従事する場合、専門的「知識」、専門的「技術」とともに、専門的「価値」「倫理」が求められる。これは福祉専門職に限るものではなく、他の専門職においてもいえることである。「知識」として基礎的知識は、一般知識・関連知識を基盤に、専門知識は各種社会福祉制度や関連分野に関する知識を包括的、体系的にとらえる必要がある。「技術」は個別援助技術、集団援助技術、地域援助技術などの社会福祉援助技術を十分に体得し、活用できなければならない[2]。「価値」「倫理」については、人権擁護及び自立支援の視点、守秘義務などが重要である。特に「価値」とは、その専門職が「何をめざしているのか、何を大切にするのか」という信念の体系であるのに対して、「倫理」は価値を実現するための「現実的な約束事・ルールの体系である」と小山隆は両者の関係を明確にし、「福祉専門職に求められる倫理とその明文化」のなかで、専門職倫理の必要性と価値の大切さを指摘している。

表12-2　日本介護福祉士会倫理綱領

1995年11月17日宣言

前文

　私たち介護福祉士は、介護福祉ニーズを有するすべての人々が、住み慣れた地域において安心して老いることができ、そして暮らし続けていくことのできる社会の実現を願っています。

　そのため、私たち日本介護福祉士会は、一人ひとりの心豊かな暮らしを支える介護福祉の専門職として、ここに倫理綱領を定め、自らの専門的知識・技術及び倫理的自覚をもって最善の介護福祉サービスの提供に努めます。

1．利用者本位、自立支援

　介護福祉士はすべての人々の基本的人権を擁護し、一人ひとりの住民が心豊かな暮らしと老後が送れるよう利用者本位の立場から自己決定を最大限尊重し、自立に向けた介護福祉サービスを提供していきます。

2．専門的サービスの提供

　介護福祉士は、常に専門的知識・技術の研鑽に励むとともに、豊かな感性と的確な判断力を培い、深い洞察力をもって専門的サービスの提供に努めます。

　また、介護福祉士は、介護福祉サービスの質的向上に努め、自己の実施した介護福祉サービスについては、常に専門職としての責任を負います。

3．プライバシーの保護

　介護福祉士は、プライバシーを保護するため、職務上知り得た個人の情報を守ります。

4．総合的サービスの提供と積極的な連携、協力

　介護福祉士は、利用者に最適なサービスを総合的に提供していくため、福祉、医療、保健その他関連する業務に従事する者と積極的な連携を図り、協力して行動します。

5．利用者ニーズの代弁

　介護福祉士は、暮らしを支える視点から利用者の真のニーズを受けとめ、それを代弁していくことも重要な役割であると確認したうえで、考え、行動します。

6．地域福祉の推進

　介護福祉士は、地域において生じる介護問題を解決していくために、専門職として常に積極的な態度で住民と接し、介護問題に対する深い理解が得られるよう努めるとともに、その介護力の強化に協力していきます。

7．後継者の育成

　介護福祉士は、すべての人々が将来にわたり安心して質の高い介護を受ける権利を享受できるよう、介護福祉士に関する教育水準の向上と後継者の育成に力を注ぎます。

出典：公益社団法人日本介護福祉会ウェブサイト「倫理綱領」
　　　http://www.jaccw.or.jp/about/rinri.php

表12－3　全国保育士会倫理綱領

平成15年2月26日　全国保育士会委員総会承認
平成15年3月4日　全国保育協議会協議員総会承認

　すべての子どもは、豊かな愛情のなかで心身ともに健やかに育てられ、自ら伸びていく無限の可能性を持っています。

　私たちは、子どもが現在（いま）を幸せに生活し、未来（あす）を生きる力を育てる保育の仕事に誇りと責任をもって、自らの人間性と専門性の向上に努め、一人ひとりの子どもを心から尊重し、次のことを行います。

　　　　　私たちは、子どもの育ちを支えます。
　　　　　私たちは、保護者の子育てを支えます。
　　　　　私たちは、子どもと子育てにやさしい社会をつくります。

（子どもの最善の利益の尊重）
1．私たちは、一人ひとりの子どもの最善の利益を第一に考え、保育を通してその福祉を積極的に増進するよう努めます。

（子どもの発達保障）
2．私たちは、養護と教育が一体となった保育を通して、一人ひとりの子どもが心身ともに健康、安全で情緒の安定した生活ができる環境を用意し、生きる喜びと力を育むことを基本として、その健やかな育ちを支えます。

（保護者との協力）
3．私たちは、子どもと保護者のおかれた状況や意向を受けとめ、保護者とより良い協力関係を築きながら、子どもの育ちや子育てを支えます。

（プライバシーの保護）
4．私たちは、一人ひとりのプライバシーを保護するため、保育を通して知り得た個人の情報や秘密を守ります。

（チームワークと自己評価）
5．私たちは、職場におけるチームワークや、関係する他の専門機関との連携を大切にします。
　　また、自らの行う保育について、常に子どもの視点に立って自己評価を行い、保育の質の向上を図ります。

（利用者の代弁）
6．私私たちは、日々の保育や子育て支援の活動を通して子どものニーズを受けとめ、子どもの立場に立ってそれを代弁します。
　　また、子育てをしているすべての保護者のニーズを受けとめ、それを代弁していくことも重要な役割と考え、行動します。

（地域の子育て支援）
7．私私たちは、地域の人々や関係機関とともに子育てを支援し、そのネットワークにより、地域で子どもを育てる環境づくりに努めます。

（専門職としての責務）
8．私たちは、研修や自己研鑽を通して、常に自らの人間性と専門性の向上に努め、専門職としての責務を果たします。

　　　　　　　　　　　社会福祉法人　全国社会福祉協議会
　　　　　　　　　　　　　　　　　　全国保育協議会
　　　　　　　　　　　　　　　　　　全国保育士会

出典：全国保育士会ウェブサイト「全国保育士会倫理綱領」
　　　http://www.z-hoikushikai.com/about/siryobox/document/kouryou2016.pdf

表12-4　管理栄養士・栄養士倫理綱領

本倫理綱領は、すべての人びとの「自己実現をめざし、健やかによりよく生きる」とのニーズに応え、管理栄養士・栄養士が、「栄養の指導」を実践する専門職としての使命1）と責務2）を自覚し、その職能3）の発揮に努めることを社会に対して明示するものである。

制定　平成14年4月27日／改訂　平成26年6月23日

1．管理栄養士・栄養士は、保健、医療、福祉及び教育等の分野において、専門職として、この職業の尊厳と責任を自覚し、科学的根拠に裏づけられかつ高度な技術をもって行う「栄養の指導」を実践し、公衆衛生の向上に尽くす。
2．管理栄養士・栄養士は、人びとの人権・人格を尊重し、良心と愛情をもって接するとともに、「栄養の指導」についてよく説明し、信頼を得るように努める。また、互いに尊敬し、同僚及び他の関係者とともに協働してすべての人びとのニーズに応える。
3．管理栄養士・栄養士は、その免許によって「栄養の指導」を実践する権限を与えられた者であり、法規範の遵守及び法秩序の形成に努め、常に自らを律し、職能の発揮に努める。また、生涯にわたり高い知識と技術の水準を維持・向上するよう積極的に研鑽し、人格を高める。

出典：日本栄養士会ウェブサイト「管理栄養士・栄養士倫理」
https://www.dietitian.or.jp/career/guidelines/

　社会福祉従事者に高い倫理性が求められるのは、社会的弱者・社会福祉サービスを必要としている人々の代弁者、仲介者として、時には、問題発生の根源を変革していく変革者としての役割を果たさねばならないためである。これらのことを踏まえて、社会福祉従事者が自らを律し、専門職としての行動の規範を宣言したものを「倫理綱領」といっている。

　日本では、日本ソーシャルワーカー協会が1986（昭和61）年4月26日「ソーシャルワーカーの倫理綱領」を総会で採択し、内外に宣言した。後にこの倫理綱領については、日本社会福祉士会も採択している*4。この他、社会福祉専門職の団体においては、日本介護福祉士会、2003（平成15）年の春には全国保育士会が保育士資格の法定化を契機として倫理綱領を制定・採択した（表12-2、3）。施設関係団体では全国身体障害者施設協議会、日本精神保健福祉協会も新たに採択している3）。なお、日本栄養士会は2002（同14）年に「管理栄養士・栄養士倫理綱領」を制定、2014（同26）年6月に改訂を行った（表12-4）。

*4
第10章180頁参照。

200

3　社会福祉従事者の資格と養成

キーワード✎
■介護保険法
■地域包括支援センター
■介護支援専門員

1．社会福祉の専門職としての資格

　社会福祉の専門資格には、社会福祉士、介護福祉士、保育士、精神保健福祉士等があり、資格取得や業務範囲などが法律などに規定されている「国家資格」の他、社会福祉主事、児童福祉司、児童指導員などのように、一定の要件を満たすことにより任用される「任用資格」*5がある。その他、関連組織・団体が養成講習や試験などを実施することにより、専門知識・技術の一定基準をクリアした者に資格を認定するという「認定資格」に分類される。これに該当するものには、民間認定資格として臨床心理士などがある。

*5　任用資格
　一定の指定科目を履修すれば取得できるものの、関係の職務に任じて採用されてはじめて公認される資格。

2．社会福祉に関する主な資格

(1)　国家資格等

①社会福祉士

　社会福祉士は1987（昭和62）年に制定された「社会福祉士及び介護福祉士法」により規定される、名称独占*6の国家資格である。

　同法第2条の第1項において、社会福祉士とは、社会福祉士登録簿の「登録を受け、社会福祉士の名称を用いて、専門的知識及び技術をもつて、身体

*6　名称独占
　国家資格でその資格の名称を保護することを目的とし、登録による有資格者だけがその名称を用いることができる、法的な規制措置。

図12－1　社会福祉士の養成課程

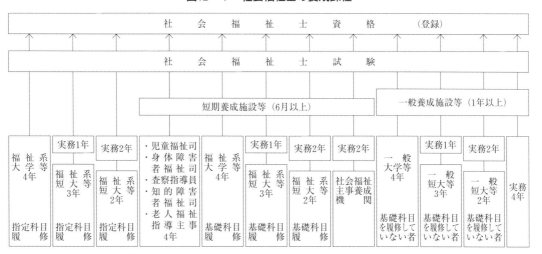

出典：厚生労働統計協会編『国民の福祉と介護の動向2019／2020』厚生労働統計協会　2019年　247頁を一部改変

図12－2　介護福祉士の養成課程

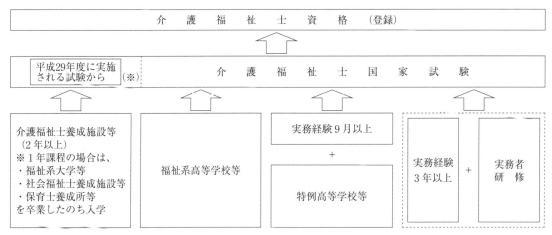

※：2017（平成29）年度から、養成施設卒業者に国家試験の受験資格を付与し、5年間かけて漸進的に導入し、2022（令和4）年度より完全実施される予定である。

出典：厚生労働統計協会編『国民の福祉と介護の動向2019／2020』厚生労働統計協会　2019年　247頁を一部改変

上若しくは精神上の障害があること又は環境上の理由により日常生活を営むのに支障がある者の福祉に関する相談に応じ、助言、指導、福祉サービスを提供する者又は医師その他の保健医療サービスを提供する者その他の関係者との連絡及び調整その他の援助を行うことを業とする者」と定義されている。

社会福祉士が活躍する職場は、社会福祉施設、介護老人保健施設、地域包括支援センター[*7]、病院、社会福祉協議会、福祉事務所、身体障害者更生相談所、児童相談所、その他行政機関など多岐にわたっている。

＊7　地域包括支援センター
第5章88頁参照。

資格取得方法は図12－1のとおりで、国家試験には12の受験資格取得方法がある。

②介護福祉士

介護福祉士は社会福祉士と同じく1987（昭和62）年に制定された「社会福祉士及び介護福祉士法」により規定されている名称独占の国家資格である。

同法第2条の第2項には、介護福祉士とは、介護福祉士登録簿の「登録を受け、介護福祉士の名称を用いて、専門的知識及び技術をもつて、身体上又は精神上の障害があることにより日常生活を営むのに支障がある者につき心身の状況に応じた介護を行い、並びにその者及びその介護者に対して介護に関する指導を行うことを業とする者」と定義されている。

社会福祉士と介護福祉士は同じ法律によって規定されているが、前述の社会福祉士は相談援助業務を主として行い、介護福祉士は日常生活の介護・介助と指導の2つの直接的援助業務を行うものである。

介護福祉士の職種の具体的なものとしては、老人福祉施設・身体障害者関

図12－3　保育士の養成課程

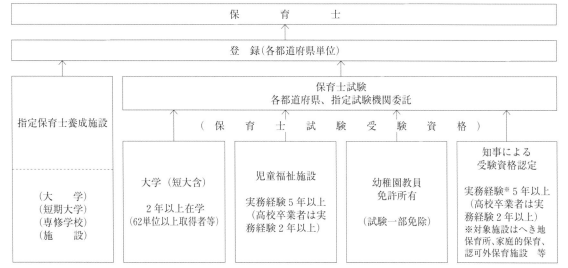

注：2012（平成24）年4月から、知事による受験資格認定の対象に認可外保育施設が追加された。
出典：厚生労働統計協会編『国民の福祉と介護の動向2019／2020』厚生労働統計協会　2019年　251頁

係施設の介護職員、在宅介護支援センターの職員、在宅での訪問介護員（ホームヘルパー）などが挙げられる。

　2016（平成28）年の「社会福祉士及び介護福祉士法」改正により、介護福祉士の資格取得方法が見直された。その要点は以下のとおりである。

養成施設卒業者

　以前は養成校卒業と同時に資格を取得することができたが、2017（平成29）年度からは、資格取得には国家試験の受験が必要となった。ただし、2022（令和4）年度の以降の完全実施に向けて漸進的な導入が図られており、この間に養成校を卒業する者は、①国家試験を受験する、あるいは、②卒業後、5年間継続して介護等の実務に従事することで資格を取得することができる。

介護実務経験者

　2016（平成28）年度の国家試験からは、3年以上の実務経験に加えて、「実務者研修」の受講が必要となる。

③保育士

　保育士資格はもともと児童福祉法施行令に規定されていたが、2001（平成13）年11月30日「児童福祉法の一部を改正する法律」が公布され、保育士が児童福祉法に定める国家資格となった。

　同法第18条の4には、保育士とは、保育士登録簿の「登録を受け、保育士

図12-4　精神保健福祉士の養成課程

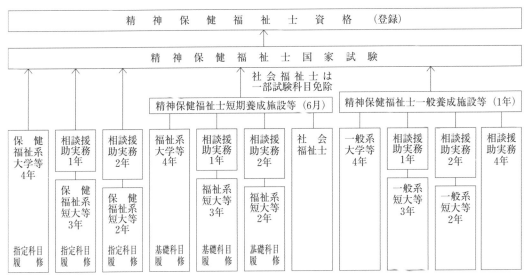

出典：厚生労働統計協会編『国民の福祉と介護の動向2019／2020』厚生労働統計協会　2019年　249頁

　の名称を用いて、専門的知識及び技術をもつて、児童の保育及び児童の保護者に対する保育に関する指導を行うことを業とする者」と定義されている。

　保育士の職場には、保育所の他、児童養護施設、障害児施設などがある。

　資格取得方法は図12-3のとおりで、厚生労働大臣の指定する保育士を養成する学校や、その他の施設（以下「指定保育士養成施設」）を卒業する方法と、都道府県知事が実施する保育士試験に合格する方法がある。

④保育教諭

　2012（平成24）年8月に公布された子ども・子育て関連3法により、幼保連携型認定こども園の職員は、原則として幼稚園教諭の普通免許状と保育士資格の両方を有する「保育教諭」であることが必要となった。ただし、経過措置として、すでにいずれかの免許状や資格を有する者については、定められた期間内はもう一方を通常より少ない履修科目で取得することができる。またその間は一方の資格・免許状のみで勤務することができる（当初は2019（令和元）年度までとされていたが、5年間延長された）など、一方の免許状や資格の取得促進に向けての特例制度が設けられている。

⑤精神保健福祉士

　精神保健福祉士は、1997（平成9）年に制定、翌1998（同10）年に施行された精神保健福祉士法に規定されている名称独占の国家資格である。

　同法第2条には、精神保健福祉士とは、精神保健福祉士登録簿の「登録を受け、精神保健福祉士の名称を用いて、精神障害者の保健及び福祉に関する

専門的知識及び技術をもって、精神科病院その他の医療施設において精神障害の医療を受け、又は精神障害者の社会復帰の促進を図ることを目的とする施設を利用している者の地域相談支援の利用に関する相談その他の社会復帰に関する相談に応じ、助言、指導、日常生活への適応のために必要な訓練その他の援助を行うことを業とする者」と定義されている。

　精神保健福祉士の職場には、精神科病院、その他の医療施設、精神障害者の社会復帰施設、保健所などが挙げられる。

　資格取得方法は図12－4のとおりで、社会福祉士同様、国家試験に合格しなければならない。なお、2012（平成24）年4月からは、精神障害者の地域での支援を強化・推進していくために、精神保健福祉士養成課程の改正が行われた。これにより、科目体系の見直しや実習施設の範囲拡大等、教育内容の充実が図られた。

⑵　その他の資格

①介護支援専門員（ケアマネジャー）

　介護保険法に規定された、介護支援専門員証の交付を要する職種で、要介護者からの相談に応じ、適切な在宅または施設のサービスが利用できるよう市町村、在宅サービス事業者、介護保険施設等との連絡調整、介護サービス計画（ケアプラン）*8の作成、要介護認定のための訪問調査等を行う。

　介護支援専門員証交付を申請するには、①国家資格等に基づく業務経験5年、あるいは、②相談援助業務経験5年を満たす必要がある（表12－5参照）*9。次に知事が実施する介護支援専門員実務研修受講試験に合格し、かつ原則1年以内に知事が実施する実務研修を終了しなければならない。

　なお、2006（平成18）年からはケアマネジャーの更新制（5年）が導入され、更新時には都道府県知事が実施する研修の受講が義務付けられた。また、

＊8　介護サービス計画
　第5章参照。

＊9
　以前は、介護等業務でも実務経験を満たすことができたが（有資格の場合5年、無資格の場合10年）、より専門性が求められるようになったことから2018（平成30）年以降、資格取得が厳格化された。

表12－5　介護支援専門員：受験資格を満たす業務経験

①国家資格等に基づく業務経験5年[1・2]
【該当国家資格】
　医師、歯科医師、薬剤師、保健師、助産師、看護師、准看護師、理学療法士、作業療法士、社会福祉士、介護福祉士、視能訓練士、義肢装具士、歯科衛生士、言語聴覚士、あん摩マッサージ指圧師、はり師、きゅう師、柔道整復師、栄養士、管理栄養士、精神保健福祉士
②相談援助業務経験5年[1・2]
【該当相談援助業務】
　生活相談員、支援相談員、相談支援専門員、主任相談支援員

※1：業務経験：業務内容が営業や事務等の場合は実務経験として認められない。
※2：業務経験5年：通算して5年以上、かつ当該業務に従事した日数が900日以上であること。

名義貸しや信用失墜行為の禁止、秘密保持義務が明記されたほか、都道府県知事が必要と認める場合はケアマネジャーから業務内容などの報告を求めることができるようになるなど管理体制が徹底された。

さらに、同年度から「主任介護支援専門員」が位置づけられ、地域包括支援センターへの配置とともに、2009（平成21）年度からは、居宅介護支援費の特定事業所加算の要件としても配置が義務付けられた。

②介護職員初任者研修—介護職員の養成研修の見直し—

介護人材のキャリアパスは改正が重ねられ、養成体系が複雑化していた。そこで、簡素でわかりやすいものにするために図12－5のように再編が行われた。これまでのヘルパー研修の体系を見直し、ホームヘルパー2級研修に相当する「介護職員初任者研修」が創設され、2013（平成25）年4月から導入された。この研修修了者（従前の研修を含む）は、介護職員初任者研修修了者とみなされ、在宅介護サービスだけではなく、施設の介護職員として従事することができる。

また、それまでの介護職員基礎研修やホームヘルパー1級研修は、2012（平成24）年度末より「実務者研修」に1本化された。

③社会福祉主事任用資格

社会福祉主事任用資格は、本来福祉事務所に社会福祉主事として任用される者に要求される資格（任用資格）であり、社会福祉法第18条に規定されている。業務内容としては、福祉六法に関する援護、育成または更生の措置に

図12－5　介護人材キャリアパス

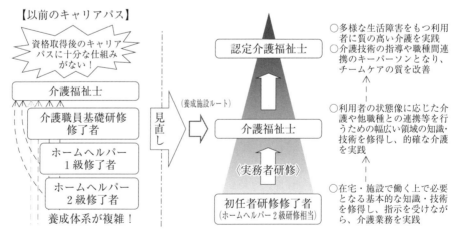

出典：厚生労働統計協会編『国民の福祉と介護の動向2014／2015』厚生労働統計協会　2014年　252頁を一部改変

関する事務を行うことを職務としている。

　資格の主な取得方法は、次の通りである。

①大学等において厚生労働大臣の指定する社会福祉に関する科目を修めて
　卒業した者（指定する34科目のうちいずれか３科目を履修）。

②厚生労働大臣の指定する養成機関または講習会の課程を履修した者。

③社会福祉士、精神保健福祉士資格を取得している者。

4　社会福祉関連分野・組織等との連携

キーワード

■介護保険
■健康日本21（第２次）
■在宅介護
■市町村保健センター
■地域保健
■保健所
■NGO
■給食施設
■QOL

1．非専門的マンパワーとボランティア活動の現状

　複雑、多様化している社会福祉ニーズの変容に対応して、福祉のマンパワーの充実が課題となってくるが、非専門的マンパワーとボランティアの役割・活動があることも忘れてはならない。

　非専門的マンパワーは、制度の運営を補完する役割をもち、根拠規定に基づき相談、援助、保護観察、養育等を無給で行うもので、インフォーマルサービスの担い手でもある（表12－6）。

　2017（平成29）年4月1日現在、全国社会福祉協議会で把握しているボランティア活動者数は約707万人、活動グループ数は約19万グループで、それぞれ1980（昭和55）年度対比で約4.4倍、約12.0倍に達している。

　ボランティア活動をしている人は、主婦や定年退職後の人が多く、一方、

表12－6　非専門的マンパワー一覧

職　　名	法　的　規　定	任命権者
民生委員	民生委員法	厚生労働大臣
児童委員	児童福祉法	厚生労働大臣
主任児童委員	児童福祉法	厚生労働大臣
里親	児童福祉法	都道府県知事
保護司	保護司法	法務大臣
職親	知的障害者福祉法	市町村長
養護受託者	老人福祉法	市町村長
戦傷病者相談員	戦傷病者特別援護法	厚生労働大臣
戦没者遺族相談員	戦没者遺族相談員の設置について	厚生労働大臣

出典：千葉茂明他編『四訂　新・社会福祉概論』みらい　2008年　200頁

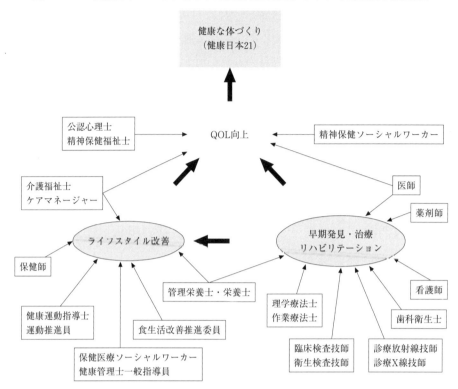

図12-6　"健康日本21"を中心とした健康増進活動にかかわる各職種の位置付け

出典：大塚讓・河原和夫・倉田忠男・冨永典子編『社会・環境と健康』東京化学同人　2003年　24頁一部改変

活動の対象者については、高齢者や介護者、障害児・障害者やその家族などが多い（2009（平成21）年9月30日現在、全国社会福祉協議会「全国ボランティア活動者実態調査」より）。

　ボランティア活動も個人の意志で行われる個人ボランティアや組織・団体に所属したボランティア（NGO[*10]、NPO[*11]、サークル活動・企業・農協等）さまざまであるが、21世紀の参加型福祉社会実現のために、住民一人ひとりの自発的な活動が望まれる。

2. 保健・医療関連職種

　2000（平成12）年に介護保険制度が導入され、「訪問看護」「訪問リハビリテーション」「居宅療養管理指導」などのサービスが給付対象となり、医師、保健師、看護師、薬剤師、理学療法士、作業療法士、栄養士など保健及び医療関連関係者が社会福祉に従事する場面が多く見受けられる。

　特に、栄養士及び管理栄養士は地域保健分野を支える専門職として、疾病

10　NGO
（Non Governmental Organization）非政府組織。特に非政府間国際組織のことをいう。

11　NPO
第3章52頁参照。

表12－7　給食施設における管理栄養士・栄養士配置数　　（平成30年度末）

施設区分	総数			管理栄養士のみいる施設		管理栄養士・栄養士どちらもいる施設			栄養士のみいる施設		管理栄養士・栄養士どちらもいない施設
	施設数	管理栄養士数	栄養士数	施設数	管理栄養士数	施設数	管理栄養士数	栄養士数	施設数	栄養士数	
総数	92,247	66,225	62,486	20,482	29,044	18,132	37,181	32,320	23,178	30,166	30,455
学校	17,579	8,635	7,350	5,893	6,453	1,410	2,182	2,522	4,207	4,828	6,069
病院	8,386	27,110	13,569	2,544	7,024	5,660	20,086	13,469	85	100	97
介護老人保健施設	3,786	5,560	3,758	1,322	2,141	2,281	3,419	3,554	139	204	44
老人福祉施設	13,766	11,737	9,997	4,153	5,720	4,468	6,017	6,519	2,724	3,478	2,421
児童福祉施設	27,787	6,661	19,145	3,122	3,657	2,512	3,004	3,578	11,097	15,567	11,056
社会福祉施設	4,189	2,076	2,679	1,030	1,247	664	829	901	1,422	1,778	1,073
事業所	8,774	2,069	2,289	1,221	1,390	486	679	705	1,424	1,584	5,643
寄宿舎	1,834	312	500	220	242	60	70	83	352	417	1,202
矯正施設	153	62	19	48	51	9	11	13	6	6	90
自衛隊	242	187	81	155	161	22	26	37	42	44	23
一般給食センター	384	319	585	38	55	131	264	345	125	240	90
その他	5,367	1,497	2,514	736	903	429	594	594	1,555	1,920	2,647

（合計）

資料：厚生労働省「平成30年度衛生行政報告例」

の早期回復と早期発見、予防と健康増進、生活の質の向上など「健康日本21」*12を中心とした健康増進活動を図るための重要な役割がある（図12－6）。

*12　健康日本21
現在は「健康日本21（第2次）」が進められている。

3．福祉サービスとの連携

　超高齢社会の到来に伴い、後期高齢者人口の増加は顕著である*13。虚弱高齢者、認知症高齢者、寝たきり高齢者などの要介護高齢者は、2025（平成37）年には520万人へと増加し、1993（同5）年の200万人の2.6倍にのぼると予想される。介護保険制度が導入され、栄養士・管理栄養士が、福祉現場の中でいかに活動するかが問われている（表12－7）。

*13　高齢者人口
第5章72頁参照。

　近年、高齢者の低栄養・フレイル対策はわが国にとって喫緊の課題である。高齢の単身世帯が増加するなか、地域での食支援・栄養管理や生活支援の必要性が高まり、地域ケア会議においても、管理栄養士の参画が望まれている。地域における在宅会議の栄養管理には、市町村保健センターをはじめ、地域包括支援センターを支援拠点として、保健所・市町村栄養士が訪問介護員や福祉専門職、医療関連職種、地域住民組織などと連携し、組織的に栄養管理、援助ができるようなシステムづくりが大切である（図12－7）。

図12-7　地域包括ケアの鍵となるのは栄養と食事〜地域住民（高齢者）の自立した生活に向けた取り組み〜

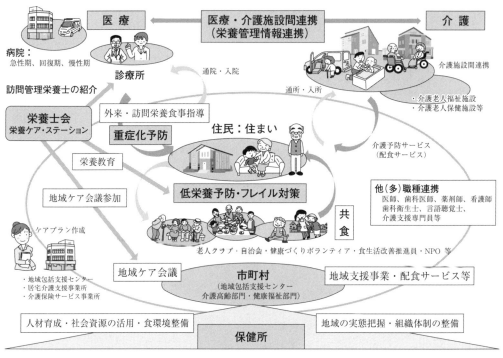

資料：厚生労働省「地域包括ケアシステムの姿」改変
　　　兵庫県「地域包括ケアシステムの推進における県と市町村栄養士の協働」（市町村職員を対象とするセミナー資料）

●福祉人材としての役割と連携

　わが国は、医学の進歩、公衆衛生の向上、食生活の改善等により、今や世界一の長寿国となった。しかし一方では、寝たきりや要介護高齢者の増加、生活習慣病の増加、医療費の増大等の問題も生じている。これらに対応するため、医療制度の改革、介護保険制度の施行、社会福祉基礎構造改革等の制度改正の実施や福祉3プランによる計画的な福祉専門職の確保とサービス基盤の充実が図られている。

　サービスの質の向上をめざした制度改正は、「措置制度」から「契約制」へとサービス利用方法の転換に、福祉の変遷がうかがえる。

　2002（平成14）年に栄養士法が改正され、栄養・食生活の改善の担い手である管理栄養士・栄養士の業務の基本理念が「食品・調理」から「人」へと変わり、栄養指導においても「食料不足時代」から「健康づくり時代」の栄養指導と、そのあり方も大きく変化した。

　少子・高齢化が進展し、増大・多様化する福祉ニーズに応えるためには、保健・医療・福祉の連携の強化とサービスの総合化が重要である。

　福祉専門職者と保健・医療関連職種の栄養士等の連携・協働により、「人の健康づくり」「QOLを考慮した豊かな生活づくり」を担う倫理観あふれる質の高い福祉人材としての役割に期待したい。

〈引用文献〉

1）千葉茂明・宮田伸朗編『四訂　新・社会福祉概論』みらい　2008年

2）福祉士養成講座編集委員会編『社会福祉概論』中央法規出版　2001年

3）小山隆「福祉専門職に求められる倫理とその明文化」『月刊福祉』全社協　2003年9月号

〈参考文献〉

厚生労働統計協会編『国民の福祉と介護の動向2019／2020』厚生労働統計協会　2019年

厚生統計協会編『国民の福祉の動向2006年』厚生統計協会

厚生労働省編『平成30年版厚生労働白書』

福祉士養成講座編集委員会編『社会福祉概論』中央法規出版　2001年

三浦文夫編『Nブックス社会福祉概論』建帛社　2002年

栄養調理関係法令研究会編『平成15年版栄養調理六法』新日本法規　2002年

21世紀の社会福祉編集研究会編『社会福祉基本用語集』ミネルヴァ書房　1999年

大塚譲他編『スタンダード栄養・食物シリーズ②　社会・環境と健康』東京化学同人　2003年

厚生労働省「平成29年度衛生行政報告例」

日本栄養士会編『健康日本21と栄養士活動』第一出版　2001年

第 13 章

社会福祉の分野で働く栄養士

－社会福祉分野での栄養士の立場と役割－

キーワード🖊

■医療保険
■介護保険
■高血圧症
■国民健康・栄養調査
■糖尿病
■要介護

1　栄養アセスメントの重要性

　人の栄養や食生活について考えてみるために、もう一度第1章に立ち戻って2つの側面について考えてほしい。一つは、病気の予防や治療の手段という側面、もう一つは食べることを通して生きる喜びを支えるという側面である。言い換えると生物として生きることのQOL（＝生活の質）を低下させる最も大きなリスクとして病があり、その予防や治療の手段として食べることの存在意義がある。さらに、食べることという人間本来の本能的な楽しみを保障し、食べることの感覚を介して生きる喜びを支えるということの存在意義もまたある。このような考え方を栄養士・管理栄養士が頭の片隅に常に意識しておく必要がある。栄養士・管理栄養士の身体的な栄養状態の的確な把握・管理に加え、食生活にかかわるケアを通して、心の交流、自立生活への援助、さらには対象者の生きる希望へつなげるためのアプローチにつながる。

　2005（平成17）年の介護保険制度の改正に伴い、栄養管理の分野では、栄養ケア・マネジメント（NCM）実施が介護報酬の加算対象になったのに加えて、2006（同18）年の診療報酬改定において、医療保険における栄養管理加算が新設された経緯がある。栄養管理は従来の集団管理から個別管理へ視点が移行し、対象者ごとの身体状況や栄養摂取状態、食生活上抱えている課題を把握した上での、オーダーメイドの支援が求められる時代を迎えている。

　これらの時代背景をふまえて食生活にかかわるスクーリングや主観的包括的栄養評価（SGA[*1]）等を通して管理栄養士がアセスメントを行う際、対象者に対しどのようなかかわり方をするのか、またその際に求められる生活視点についても学んでほしい。

＊1　SGA
　主観的包括的アセスメントで、特別な器具や装置を用いることなく、患者の病理や身体所見から実施可能な栄養アセスメントを行う方法の1つ。

1．栄養・食生活のアセスメントと栄養管理のあり方

　栄養アセスメントは、国民健康・栄養調査をはじめとした各種の食事調査や

臨床検査などから得た情報により、個人や特定の集団の栄養や食生活の状態を総合的に評価・判定することをめざしている。この方法により、要介護者などの栄養状態や身体的な状態を把握する。たとえば要介護者の栄養状態が悪化すると、免疫力の低下や合併症などを引き起こし、入院日数の長期化や要介護状態の継続に結びついていく可能性が大きい。栄養アセスメントには、身体計測、生理・生化学検査、臨床診査、食事調査の方法等がある。

　障害や高齢になると、摂食上もさまざまな障害を抱えている場合が多い。特にケアプランの作成にあたっては、管理栄養士や医師、保健師などの専門家との情報交換が必要である。主な障害には、脳（精神・認知症による少食・過食あるいは偏食）、口腔（取り込み困難、そしゃく・嚥下困難）、胃腸（内臓疾患、便秘、下痢）、下肢（運動不足、食欲の低下）、全身（低栄養）などが考えられる。また、最近では、サルコペニアという日常生活に支障が出てしまうほどの深刻な筋肉減少が指摘されている。加齢現象意外にも、栄養状態に原因があるサルコペニアもある。いずれにしてもサルコペニアの治療については運動並びに食事療法が最も有効であるといわれている。このようにサルコペニアに関係するような、低蛋白血症、エネルギー欠乏症、貧血などに加えて、長年の食生活や食習慣に起因する肥満、糖尿病、高血圧、脂質異常症などが考えられる。

　1994（平成6）年の診療報酬改定において、厚生労働省は在宅患者訪問栄養食事指導料を新設、前述のように2005（同17）年に、栄養ケア・マネジメント実施が加算対象となり、さらに2010（同22）年には、一定の条件をクリアした栄養サポートチーム（NST）が加算対象になった。これらの動きにより、看護、服薬指導、リハビリ指導とあわせて在宅における栄養サポートチームを中心に医療体制の土台の部分ができてきた。このような中、栄養士・管理栄養士が医療チームの一員として、また栄養・食生活を支援する多職種のチームのコーディネーターとしての役割を果たすためには、医師や看護師等の指導に加えて、栄養士・管理栄養士自らがより効果的実践が伴う栄養・食生活指導を行い、専門性を確立していく必要性がある。特に在宅療養者は、身体的な課題に加え、多様な精神的、社会的、経済的背景を同時に抱えている。このような対象者のための食生活の改善や栄養食事指導等の食生活にかかわるケアをより効果的に進めていくためには、まず、対象とその家族のライフスタイル、生活実態や意識、価値観などを洞察する。それらの背景をアセスメント、判断して、在宅療養者の日常生活の全体像を把握する必要がある。

　このような医療分野からの栄養士・管理栄養士の役割の中で、できるだけ

長く住み慣れた居宅での生活を自立しながら送ってもらうことは、本来社会福祉分野で働く栄養士・管理栄養士も当然重要視してきた目標である。なお、同じ対人援助のサービスでありながら、栄養士・管理栄養士と社会福祉士では相談援助業務のアプローチの仕方にはそれぞれの特徴がある。栄養士・管理栄養士の業務[*2]はより栄養・食生活に特化した援助活動といえる。すなわち、食生活全般にかかわる助言と援助といった部分から日常生活全般をアセスメントし、全体の支援を進めていくことに特徴がみられると考えられる。

2．社会福祉援助技術と管理栄養士業務

前項で述べた栄養・食生活にかかわる助言と援助について社会福祉援助技術のインテーク（初回面接）[*3]を関連付けて考えてみることにする。

一般にインテークとは、利用者と面接者（相談援助者、介護支援専門員、社会福祉士等）が最初に相談の目的のために設定された場面である。面接対象者（クライアント）、すなわち利用者が抱えている生活上の問題や課題を引き出すための面接となる。この面接では面接者（相談援助者）と対象者との間の基本的な信頼関係（ラポール）の形成が一番大事となる。面談する双方が互いを信頼できると感じてはじめて自分や家族の抱えている問題や課題について口を開く気持ちになるにちがいない。援助者は医学的な知識や栄養学の知識などを持ち合わせていればADLや基本的ニーズ（例：医学的治療、食事、家事、入浴など）だけで対応できるというわけではなく、対象者の心理的・社会的なニーズ（例：どのような生き方をしたいか、家族とのかかわりはどうしていくか）などにも配慮できる知識とコミュニケーション技術が求められる。対象者の想いや意向を大事にしながら、それらの問題や課題解決のために提供できるサービスや利用できる制度と照らし合わせて、その後のサービスのマッチングを含めて提示し、利用につなげるための契約へつなぐニーズアセスメントの一つの過程となる。

栄養・食生活にかかわる援助では、多くの対象が何らかの食生活上の課題を抱えているところが導入となる。これは日常生活を支える支援のうちの大きな構成要素である。社会福祉援助技術に置き換えるとインテークにあたる。続いて訴えの聴取と必要な情報交換においてであるが、ここで気をつけておかなければならないのは、食生活にかかわる課題の多くは本人の訴えとしてあがりにくいという特徴をもっていることである。つまり、糖尿病があるひとり暮らしの高齢者が、自ら糖尿病に配慮した食事の支度が大変で何とかならないだろうかとの相談をもちかけることはあまりないということである。

＊2　栄養士の業務
　栄養アセスメント、適正な栄養補給の選択・指導、食事形態の適正化（摂取能力の低下、嚥下能力の低下）、慢性疾患に対する食事療法、調理実技を介した指導、食事環境のデザインと食行動支援、治療用食品、経腸栄養剤、特殊食品、食材宅配の紹介と活用、介護予防・生活支援事業の一環としての食事サービス、食生活支援、食生活や栄養改善に役立つ公的制度や民間の社会福祉サービス制度の紹介と活用、介護者への援助等が挙げられる。

＊3　インテーク
　第10章178頁参照。

ひとり暮らしで、食事の支度が大変という生活情報から入ると食の確保という話の段階にとどまり、糖尿病の管理の話まで到達できないことがあり得るし、逆に糖尿病から入ると食事療法という話の段階にとどまり、どのようにして食事を確保するかという話まで到達できないことがあり得る。さらに利用者本人が問題の所在を明らかにすることは、かなり難しい。食は本能のままに、最低限のレベルまで落とすことができるのである。つまり、生理的にお腹がいっぱいになればいいということで食事の内容や仕方等について意識化されないこともある。行動変容ステージモデル（トランスセオレディカルモデル）では、無関心期（行動変容について考えても思ってもいない時期）の段階がある[*4]。行動変容の各段階に応じたアプローチが求められる。

　いずれにしろ栄養・食生活にかかわる援助では、当面の課題解決のために提供すべきサービスと具体的な方法、その効果予測についての見込みと継続方法を本人から引き出していく最初の関門である。個人や家族を含めた面談の目的が食事サービスの導入だけでは本来の管理栄養士の業務として不十分であることはいうまでもない。その人の日常生活として実践を維持していけるように、一緒にその後の経過を評価し（モニタリング）、計画や実践方法を修正して継続的に援助していくというのが、栄養・食生活にかかわる援助に社会福祉援助技術を取り込んだ過程となろう。

　栄養・食生活に関するマネジメントのリーダーシップを取る重要性は、誰がどこまで担当していくかが一つの鍵となる。食事療法や、栄養管理と医療的ニーズをあわせて考えていくことが求められる対象は管理栄養士がキーパーソンとなって相談援助のマネジメントを担当していくべきであろう。一方、生活背景に家族関係や経済的な課題を抱えているような福祉的ニーズの高い対象であれば、介護福祉士や介護支援専門員等の福祉専門職がキーパーソンとなるべきであろう。信頼関係を形成した上で情報収集をすることの重要性は、どの専門職がインテークを担当しようと変わらない。そして面談の終わりには、お互いに面談できたことがよかったという印象を援助者と利用者双方がもち、次のステップが必要な場合にはそれについてのはっきりとしたイメージをもって終わらなければならないと考える。管理栄養士の立場からいえば、食生活上の課題の解決は健康の維持増進ともつながるところまでを継続的に支えていく必要があるだろう（モチベーションの維持）。自発的に継続していくことができるように、本人の身近な達成しやすく、楽しめる目標に設定にしていく工夫が求められる。社会福祉分野の立場からいえば、食の生活支援を通して日常生活全体をマネジメントするところまで継続的に支えていく必要があるだろう。

*4
　行動変容ステージモデルでは、人が行動を変える場合は「無関心期」「関心期」「準備期」「実行期」「維持期」の5つのステージを通ると考える。

3．介護保険申請者への食生活支援

＊5
2019（令和元）年8月の厚生労働省の介護保険事業状況報告によると、要介護1は21.3%、要介護2は18.9%。

　介護保険においては、全体に要介護1、2の認定を受けた高齢者が最も多いといわれている[＊5]。そして、ひとり暮らしの在宅生活の限界点も同様に要介護1、2あたりにあるのではないかと考えられている。以下に、要介護1、要介護2の生活者、そして医療、福祉の2分野の専門スタッフがチームでかかわらなければ生活できない要介護4、5の認定者の事例を挙げる。これらから、食生活を中心としたケアのアセスメントを考えてみよう。

食事の提供が中心となる要介護1のAさん

女性、70歳代後半。体重64キロ、身長148センチ、居宅（ひとり暮らし）

食生活：配食サービスを定期利用

既往歴：両側変形性膝関節症、脂質異常症。

利用サービス：訪問介護週1回。通所介護週1回。

本人の状況：下半身が思うように動かせないため、料理ができない。適正体重への改善も大事な課題。

食生活援助が中心となる要介護2のBさん

女性、80歳代。体重47キロ、身長144センチ、居宅（ひとり暮らし）。

食生活：配食サービスを定期利用

既往歴：肺気腫、気管支喘息、高血圧症、糖尿病。HOT（在宅酸素療法）使用。

利用サービス：訪問介護週1回、訪問看護週1回、通所リハビリテーション週1回、福祉用具貸与1品目。

本人の状況：生活習慣病（高血圧症や糖尿病）の症状改善のため在宅酸素療法を受けている。糖尿病の血糖管理不良、糖尿病性腎症の進行あり。

医療上の食生活管理が中心となる要介護4のCさん

男性、80歳代。体重53キロ、身長148センチ、施設入所

食生活：施設給食（特別食、減塩、糖尿病、嚥下食）

利用サービス：指定介護老人福祉施設。

既往歴：脳梗塞（左麻痺）、痛風、糖尿病、前立腺肥大（尿閉）、脳血管性認知症。

本人の状況：嚥下には見守りが必要。食事摂取は自立しているが、時間がかかるため部分的な介助が必要。糖尿病がある上に、脳梗塞の後遺症のため嚥下困難がある。

チームでの食生活援助が中心となる要介護５のＤさん

> 女性、70歳代。体重40キロ、身長143センチ
>
> 食生活：施設給食（常食）・食事介助
>
> 利用サービス：指定介護老人福祉施設。全盲、認知症。
>
> 本人の状況：認知症進行のため、食事摂取も困難となっている。全盲のため、食卓にて献立の説明をするが理解できていない。介護者がスプーンに料理をのせて口の近くによせると、ふた口程度は咀嚼できるが嚥下行動になかなかつながらず、何度か声かけして嚥下する。認知症の周辺症状が激しくなっており、食べることを認識できなくなってきている。

　食事の用意が難しくなるところから、加齢だけではなく、長年の生活習慣に起因する疾患への食事療法が必要となりながらも、在宅で日々の生活を送っている人が多数いる。介護保険法においては、法によって定められたサービスに加えて市町村が独自に創設した市町村特別給付[6]も提供できるため、単なる配食サービスだけではなく、介護保険などと結合させた食生活支援サービスが提供されている。たとえば名古屋市では、①生活援助型配食サービス（市町村特別給付）、②自立支援型配食サービス（介護予防・日常生活支援総合事業）、③障害者自立支援配食サービスの３種類の配食サービスがあり、対象者ごとの配食サービスを提供している[7]。

　食生活支援を要する対象者の裾野は在宅療養者にも広く存在しているということを認識しておいてほしい。栄養士・管理栄養士は、常に対人援助にかかわる専門職であることはもちろん、介護保険制度をはじめとして社会福祉の制度の理解を念頭におきながら、個々の利用者の生きざま、食生活に触れていってほしいと思うのである。

2　高齢者施設・在宅サービスで働く栄養士・管理栄養士の役割

　高齢者福祉分野で栄養士・管理栄養士がかかわっていくべき立場は、大きく２つに分けられる。介護保険法と老人福祉法、老人保健法等を中心に一つは在宅福祉サービスと、もう一つは施設サービスとしてのかかわりである。

*6　これらは老人福祉法を根拠としているところが多い。

*7　それぞれ対象者、利用手続、利用者費用額などが異なる。詳細については事業者向けNAGOYAかいごネットウェブサイト「配食サービスの概要」を参照するとよい。
http://www.kaigo-wel.city.nagoya.jp/view/kaigo/company/shitei/haishoku/

キーワード
- 医療法
- 医療保険
- 介護保険
- 介護保険法
- 診療所
- 地域包括支援センター
- 認知症
- 配食サービス

1. 在宅福祉サービスとのかかわり

(1) 配食サービスが主として支える人々

＊8
第1章22頁の、「老人給食協力会ふきのとう」の事例も参照。

　配食サービス＊8を主として利用している高齢者はほとんど毎日を訪問介護員の援助によって暮らしている。

　Aさん（女性・80歳代、東京都T区、要介護1）の食の確保は、訪問介護員に近くのデパートの地下で買ってきてもらう出来合いのお惣菜、区で実施するひとり暮らし高齢者を対象とした食事サービス（配食）、離れて住んでいる娘が宅配便で送ってくれるレトルト食品や缶詰である。行政の食事サービスは週3回まで、1食400円の自己負担と決まっているので、残りの2日間は食事サービス団体が独自で提供している食事サービスを自費800円で利用している。日曜日は訪問介護員のつくり置きや買い置きで済ませているとのことである。歩けば5分でにぎやかな飲食店街、それにデパートという生活環境でも、家から介助なしに外出できず、このような食生活を送っている人も存在する。

　行政の食事サービスは、その委託先によって給食内容にかなりの違いがみられる。NPOをはじめとした民間団体や社会福祉法人が栄養士・管理栄養士のたてた献立で栄養バランスの取れた食事を提供するのに対し、業者が参入している場では毎日のように固い揚げ物が入っていたり、レトルトの副食が多用されていたりする。また、お弁当箱で宅配という物理的な限界がある。さらには、どうしても飽きがきてしまう。たとえば、お気に入りの器に温めたり、冷やしたりして盛り付けていただくのと、お弁当になっている感覚というのはかなり異なる。限られた配達時間に一定の軒数配食を終えなければならないという時間との兼ね合いもあり、保温食器を使っても本来の家庭の食事風景に近づける努力には限界がある。とはいえ、多くの高齢者や老夫婦世帯、障害者世帯が配食サービスを拠り所にして生活していることには間違いはない。

(2) 会食サービス

　地域住民の交流や閉じこもり予防を目的とした、会食型の食事サービスが地域で実施されている。このサービスは頻度的に月1回から2回程度のサービスが多く、実際には歩いてその食事会場となる公民館やデイサービスセンターに行けることが条件の一つとなる。自立された高齢者や要支援～要介護1ぐらいまでの高齢者の精神的なケアと介護予防対策にはなっているが、根本的な日々の食の確保という視点からは十分とはいえない。

　高齢者は食事の準備や片付けも含めて食事摂取量が減少して低栄養になり

やすいため、たんぱく質とエネルギー低栄養状態（PEM）をできるかぎり予防したい。PEMの栄養診断基準として、BMI＜18.5、体重減少率≧10%／6か月、血清アルブミン＜3.4 g/dLが採用されている。歯の喪失、唾液分泌量の低下、嚥下筋群の筋力低下、咳嗽反射低下、咀嚼・嚥下機能低下等が起こるため、本人の咀嚼・嚥下機能に合わせて軟らかく調理したり、とろみをつける等の工夫も大事である。

　会食サービスは一般在宅高齢者福祉施策として行われ、サービスの目的からも栄養管理が必ずしも優先されるわけではない。しかし、関係者を通して地域住民から献立や栄養バランス等の相談を受ける場合もあり、できるだけ協力していきたいものである。

　地域福祉の実現の一つの形として、配食サービスや会食サービスが実践されている。本著の地域福祉の章も参照してほしい。

２．施設サービスとのかかわり

(1)　療養病床（根拠法：医療法、介護保険法）

　療養病床は、病院または診療所のうち、長期にわたり療養を必要とする患者を入院させる施設である。医療保険適応の医療療養型病床（医療保険財源）と介護保険適応の介護療養病床（介護保険財源）[9]がある。どちらも、病院給食の基本業務である栄養食事指導は栄養管理と栄養教育からなっている。

　療養病床において栄養管理は治療の一環としての治療食を患者に提供することにより、疾病の治療、症状回復の促進に役立てるのがそもそもの目的である。医療チームの一員として栄養指導を担当し、食事面で疾病予防、治療に大きく関与し、考えられて提供されているが、実際は入院中だけの医療食という趣が強い。患者の食欲、食事の雰囲気づくり、喫食時間、QOLの向上に十分に貢献している食事が提供されている医療機関は、まだまだ少ないと考えられる。食事内容は、他の福祉施設に比べ重度の要介護高齢者が多く、嚥下障害や咀嚼力低下に対しては、刻み食（中、極小）、半固形食、ミキサー食、流動食等の調理形態を料理によっては分けて調理し、またできあがった状態で手を加える等、個々への対応が多い。

　栄養士、管理栄養士として忘れてはならないのは、どんな重度な要介護者にとっても１日３度の食事はとても楽しみになっているという事実である。厨房から出て自分たちが調理した食事がどのように食されているか、毎日のようにベッドサイドや食堂、デイルーム等食事の場面を訪ねることが必要である。

*9
　介護療養病床は、2024（令和6）年度3月末に廃止が予定されている施設である。代替として、地域包括ケア強化法による改正に基づいて2018（平成30）年度より新たに「介護医療院」が介護保険適応の施設として認可され、療養型病床を引き継ぐ体制になっている。

(2) 介護老人保健施設（根拠法：介護保険法）

　介護老人保健施設は、要介護高齢者に対し、医療的ケアと福祉的ケアの日常生活サービスを合わせて提供するもので、いわゆる病院での入院治療は必要としないが、在宅への復帰に向けてリハビリテーションとケアの援助を受ける施設として位置付けられた介護保険対象の施設である。さらに、在宅サービスとしての短期入所療養介護、通所リハビリテーションを実施している場合も多い。食事サービスについても療養病棟、老人福祉施設の食事サービスに準じた提供がなされており、栄養士・管理栄養士が介護並びに医療スタッフとともにチームケアにあたることが求められる。

(3) 介護老人福祉施設（根拠法：老人福祉法、介護保険法）

　最後に触れておきたいのが、介護老人福祉施設等におけるユニットケアでの食事と認知症高齢者のグループホームでの食事についてである。

①ユニットケア

*10　ユニットケア
第11章194頁も参照。

　ユニットケア*10は、その小規模に区切られた空間が、楽しい生活環境を構成している。1ユニットは居室、談話コーナー兼食堂、流し（シンク）、冷蔵庫、電磁調理器等、トイレから構成されており、談話室兼食堂を取り巻くように居室を配置した一つのまとまりを指す。なお、居室は原則個室であり、1ユニットの定員は概ね10人以下である。

　施設の朝食はかなり重要である。朝の静けさの中で、まな板のトントンという音とともに味噌汁の匂いが漂ってくる。そんな朝食を利用者に味わってもらいたいという試みである。主菜や副菜の一部はセントラルの厨房で調理することにして、主食や汁物などをユニットのキッチンでつくる。セントラルキッチンでは、必要に応じて調理を行い、各個別のお皿等に盛り付ける作業はユニットごとに職員と利用者の共同作業で行うなどの工夫もある。昼食時が一番職員の数も多いので、職員が利用者と食事をともにできるチャンスとなる。介護する人と介護される人という関係ではなく、生活をともにする人という関係を実感できるに違いない。「おいしいですか？」だけでなく、「おいしいですね」といえる関係は、利用者に寄り添って暮らしの中での喜びや悲しみを共有することである。栄養士・管理栄養士はセントラルキッチンにとどまらず、ユニットのキッチンに出て利用者と一緒に食事をしてほしいと願う。ユニットのキッチンで、ご飯を炊飯器で炊いているという施設がある。朝日が差して明るくなってくるユニットの共有スペースに、ご飯の炊ける香りは利用者の心地よい目覚めを誘っている。

②グループホーム（認知症対応型共同生活介護）

　認知症高齢者のためのグループホームは、通常5～9人程度を1ユニット

基準とした共同生活体である。グループホームは、小さな集団の中で共同生活を送りながら、個別ケアと同時にグループダイナミックスを利用した仲間との生活づくりを基盤とした介護の手法である。グループホームは一人ひとりの生活づくりが日常生活の基本にある。それぞれが可能な範囲で生活の中で役割をもち、またお互いに助け合うメンバーシップを大切にすることが期待される。当然そこにはケアスタッフの生活援助が欠かせないが、その内容は食事づくり（食事は可能な限り高齢者自身が料理するのが基本である）、掃除、洗濯、散歩等の日常生活の側面的な援助である。だから栄養士・管理栄養士が積極的に献立を立てて栄養管理するといった体制は少ない。たいていは、ケアスタッフと利用者が相談して献立を立て、一緒に買い物に行き、一緒に調理する、盛り付けする、といった手順である。グループホームによっては夏場を中心に共同菜園や畑をつくっているところもあり、それらの収穫物が食卓に上るということも少なくない。認知症高齢者のグループホームは介護保険制度上在宅サービスと位置づけているが、栄養の管理面、食品衛生上の問題を考えると、栄養士の関与が今後法律的に定められるべきであろう。また、ケアスタッフとの十分な連携も必要だと考えられる。

3．介護保険法の改正と栄養ケア・マネジメント

⑴　介護予防サービスにおける栄養改善

　2005（平成17）年7月の介護保険法の改正では、心身の機能低下を予防して要介護状態に陥らないようにすることをより重視した「介護予防型システム」へと転換した。食の分野に対しても新たな基本方針の提案と方向性が示され、「栄養改善」が「介護予防」の新サービスに加えらた。

　介護保険上の食生活支援に対する具体的な内容としては、大きく分けて次の2つの特色が挙げられる。まず一つは、新規に「栄養ケア・アセスメント」という概念が追加されたことである。この栄養ケア・アセスメントの概念とは、従来の集団給食に対する栄養管理業務が介護報酬の単位とされるのではなく、最低限のアセスメントと栄養ケアプランの双方を個別に作成しないと介護保険報酬請求の対象にならないという意味である。つまり、従来、介護老人福祉施設等での食事内容やバランスについての管理が主な業務であった栄養士・管理栄養士に、新たな業務が追加されたのである。このことは、業務の負担増という見方もできるが、筆者が考える栄養士・管理栄養士の本来業務という点においては、食事から食生活へとそのサービス提供の広がりと厚み、必要性等が社会的にはじめて認知されたと考える。

次に、食事に関する部分において、利用者負担となったことである。食費、すなわち、一般に食材費と考えられている部分は、今までも利用者負担という考え方で提供されているが、食費という概念は、光熱費や厨房の維持費、調理に携わるスタッフの人件費等をすべて包括するという意味をもっている。よって、食費が利用者負担になるということは、それだけの価値を実感してもらえるようサービスを提供していかなければならないということになる。

　また地域包括支援センターの業務に介護予防ケアマネジメント業務があり、市区町村によっては一般高齢者を対象とした介護予防教室の開催の中で、低栄養の予防のテーマが取り上げられている。2011（平成23）年の介護保険法の改正は、地域包括ケアシステムの実現に向けた取り組みを進めることがねらいとされた。この改正により、24時間対応の定期巡回・随時対応サービスの創設、介護福祉士や一定の教育を受けた介護職員等による痰の吸引等を可能にすること、財政安定化基金を取り崩して介護保険料軽減等に活用することなどが行われることとなった。

　さらに2012（同23）年には、要介護者に対する地域密着型サービスとして、複合型サービス、定期巡回・随時対応型訪問介護看護が創設され、2.5人（常勤換算）以上の看護職員等の指定基準を満たしている場合には、これらサービスが提供可能な指定訪問看護事業者としてみなされ、介護と看護を提供するように整備された。地域包括ケアシステムの構築を進めることを通して身近な生活圏に対応した医療及び介護の総合的確保が図られてきたのである。

　なお2014（同26）年には、地域における医療及び介護の総合的な確保を推進するための関係法律の整備等に関する法律（医療介護総合確保推進法）が成立している。

⑵　栄養ケア・マネジメント

　上記のような介護保険法の大きな改正ポイントに加え、従来の給食管理を主体とした栄養管理のあり方を見直した上で、栄養管理という項目での介護報酬請求が認められることとなった。介護保険法における栄養ケア・マネジメントとは、①適切なアセスメントの実施に基づいた利用者に適切な栄養ケア計画の立案と評価、②栄養ケア計画に基づいた利用者の個別性に対応し、安全で衛生的な食事、経腸栄養法及び静脈栄養法による食事の提供、栄養食事相談、他職種協働による栄養問題への取り組み等の栄養ケアの提供、③利用者が低栄養状態に陥るのを予防・改善し、向上を図るための実務上の諸機能（方法、手順等）を効率的に発揮する体制であると考えられる。また、栄養ケアの目的そのものは、人間の基本的欲求である「食べる楽しみ」を重視し、「食べる」ことによって低栄養を予防・改善し、高齢者の生活機能を維持・

向上させ、生きる喜びを味わえるケアということになろう。言い換えると、単なる栄養補給から、高齢者の日常生活のQOL全般の向上を目標とした食事の提供体制を、できる限り個別に配慮しながら整えていくことが、栄養士・管理栄養士に求められてくる。

　今まで栄養士・管理栄養士は、厨房、ベッド脇において利用者の食料構成をもとに平均栄養供給量を設定し、献立を作成し、食材料を発注し、決まった時間に適正な状態で安全、かつ適切に食事を提供することが主たる業務と考えてきた。そこに、利用者の健康維持・増進のために、利用者の食生活にかかわる能力をできるだけ維持し、介護状態や低栄養状態に進行することがないよう予防するための手立てを、対象本人自らリーダーシップを取りながら立案、実践、評価を行うという責務が追加されたということである。

3　子どもの食事の問題と栄養士・管理栄養士の立場と役割

　近年の食をめぐる状況の変化に伴い、食事を通じて子どもたちの健全育成を図ることの重要性が高まってきている。新しい貧困や虐待の問題が台頭してきている課題については、すでに本書で学んだことだろう。

　ここで、家庭における子どもたちの食生活の問題について考えてみると、朝食欠食、孤食、ながら食いなど家庭の教育上の問題が多く取りざたされてきている。子どもにとって食事は、身体的に必要なエネルギーや栄養素を摂取するにとどまらず、人としての食行動の獲得、食事を通して他者とのコミュニケーションや満足感を得るという社会化の意味等が含まれている。現代は子どもの生活習慣病も指摘される中、食生活全般にわたって社会的に報告されている課題は非常に深刻である。

　たとえば保育所に配置されている栄養士・管理栄養士は、日々の食物アレルギー等の個別対応で業務は多様化し、園児やその保護者への食育の充実までは難しい実態がある。近年は異国籍の園児の受け入れも増加し、給食についても宗教や民族の慣習についても尊重することが求められてきている。栄養士同士はもちろん、保育士、幼稚園教諭、小学校や中学校の教諭、養護教諭等と密接な連絡を取りながら、成長期における正しい食事のあり方を教育していく場に携わっていかなければならない。また、食育法やこども食堂の今日的トピックスについても関心を高くもってほしい。

保育所における食育の例

> 　Ｙくんは５歳。軽度の知的障害がある。日常保育活動はほとんど支障がないが、唯一、給食の時間に保育士を悩ませている。
>
> 　スープ、お茶など水分以外はまったく受け付けない。少しでも食べさせようとすると激しく泣き出してしまう。さらに働きかけると保育室から脱走してしまう。母親のＡさんと保護者と連絡を取っても「無理に食べさせないでください」というだけで、解決の手がかりがない。Ｙくんは自宅でもあまり食べていないのか、同年齢、同月齢の子どもの発育状況に比べて、低体重傾向にある。保育士の相談を受けて、栄養士が介入することになった。
>
> 　ある日の子どもたちのお迎えの時間、栄養士は母親のＡさんが一人でいるところを見計らい「これからお買い物？」と話しかけ、「お時間があるなら、少し話していきませんか？」と誘ってみた。母親は栄養士について部屋へ上がってきた。これを機に、栄養士と母親の面接が始まった。
>
> 　そこでわかったことは、そのＹくんは離乳をしていないということであった。Ａさんは、「離乳を試みたことはあるが嫌がるのでやめてしまった。牛乳とジュースを与えた方が簡単だ」といい、「それではいけないと思うから保育所に入れた」と言う。さらに、この園児の育て方が難しいため、子育てから距離を置きたくなっているＡさんの心情が明らかになってきた。
>
> 　その後、園ではＹくんの離乳を始めることになった。１さじ食べるたびにそのことをＡさんに伝え、次第にＡさんも園と同じものを与えるようになった。

　問題意識はあっても解決を避けている人に介入していくには、問題に直面させるのではなく、まずその問題を抱えている母親や園児との信頼関係を築いていくことが重要である。こういった個別の園児の食生活を通した相談援助業務にも栄養士・管理栄養士は関与していかなければならないのである。その際、担任の保育士はもちろんのこと、園長等とも十分に連絡、相談をし、効果的なチームプレーで問題解決に取り組んでいく姿勢が必要である。

4　障害者支援施設で働く栄養士・管理栄養士の立場と役割

障害者に寄り添った栄養士・管理栄養士のかかわり

　身体障害者に食事サービスをする上で、一番考えなければならないことは、食べる機能についての十分な配慮である。それはまず食器等食具の問題である。障害の内容やレベルに合わせた自助食器や介助食器を理学療法士や作業

療法士と相談しながら、その利用者固有の障害に合わせて準備することである。障害が重複している場合や重度の場合においては、特に注意が必要である。嚥下障害の有無等、さまざまな食べることにまつわる障害の特性と食材、調理方法との関係についても十分に考えてほしい。

　知的障害者の場合、日常生活の中で自立していくために、食生活は重要な生活場面といえる。グループホームが最近特に取り上げられているのは、自立的な生活を支援していくということが注目されてきているからである。共同生活の中で食料品を購入したり、下処理したり、調理したり、盛り付けたり、食事後食器を洗ったり、ゴミを片付けたりといった食生活に関連した日常生活動作が、良好な人間関係を形成する訓練になったり、生きることに意欲的になるきっかけになったりしていくのである。入所支援を行う施設でもその点を十分に考慮して、食生活は日常生活の基本をなし、自立生活支援をめざす有効な手段になりうる可能性があるということを考えてほしい。そしてまた、食は、毎日の生活に変化をもたらす大事な楽しみであり、嗜好や行事食等を大切にし、また食卓の準備や片付けもその利用者の能力に応じて積極的に参加してもらうように働きかけてほしい。利用者にとっては、自分ができることが一つひとつ増えていくことが自信につながり、身辺自立ばかりでなく、心の自立も支援していくことになるものと考えられる。

　精神障害者施策は、近年社会的入院の解消に向けて地域生活への移行が進められ、地域生活の場の受け皿として、グループホームが整備されている。しかし、まだまだ精神科病院の入院患者は多く、栄養士・管理栄養士のかかわりとしては、病院が中心となる。精神障害者は、気候の変化などの物理的環境変化や人的環境変化において、身体的、精神的状態は極めて変化しやすく、不安定である。その変化の程度が極めて起こりやすいのが、食生活の場面である。単純にいえば、拒食気味になったり、その逆に過食気味になったりする。食べ方をみればその人がわかるといわれるくらい、食生活と精神状態は深いつながりをもっている。

　精神障害者の地域活動支援センター等については、最近、栄養士が配置されるようになってきた。精神障害者の自立生活支援の一つの事業として、地域の食事サービス等を請け負っている施設や、自分たちの生活、食べていくということを生活のリズムの柱にしようとしている施設も実際にはある。

　また通所の施設で就労継続支援B型、就労移行支援の事業の一部門として配食サービスや洋菓子製造・販売等を行っている社会福祉法人やNPO法人も多い。配食サービスは、安心な食事を安定して提供できるよう、業務の標準化を図りつつ安否確認を大切した配食サービスの運用に力を注いでいる。

また洋菓子製造・販売においては、ルーティンで製造できる態勢を整えて市区役所のロビーや学校の購買として個数は少ないものの良質な品物を定期に販売していたりするので気をとめてほしい。

栄養士・管理栄養士は社会的生活と日常生活の自立の一歩として、彼らの食と食生活に係る社会的活動を支援していく立場を忘れてはならない。

キーワード

■アルマ・アタ宣言
■オタワ憲章
■ヘルスプロモーション
■プライマリーヘルスケア

5　社会福祉分野における栄養士・管理栄養士の社会性と将来性

1．栄養士・管理栄養士の社会性

(1)　人の食事を提供する視点

給食管理の効率化等の影響で、病院や施設における給食、食事づくりは業者委託する傾向が一般的になってきている。業者委託の場合、病院・施設側の栄養士1名、委託側の栄養士1名というスタイルが一番多い。さらに、一括購入した冷凍食材や貯蔵食品をセントラルキッチンで調理し、各病院・施設に分配するやり方を取っている業者も実際には多い。食事が治療の一環、生活の一環である以上、栄養士・管理栄養士が施設側、業者側のいずれの所属であっても、食事の栄養管理だけではなく、人の食事を提供する視点を常に意識してほしい。

(2)　社会的行為である食生活

栄養士、管理栄養士は、それぞれの利用者の身体状況や障害の状況に配慮をするだけでなく、食生活が人間と社会の接点にある社会的行為であるということを原点においた食事提供を考えなければならない。原型をとどめないような流動食や刻み食も、できれば食卓の脇で、一つひとつ料理を見てもらいながら、障害に合わせて食べやすくミキサーにかけたり刻んだりするような配慮は不可能なものであろうか。特に嚥下障害や口腔内のマヒなどの病態を抱えて食事がなかなか順調に取れない高齢者や障害者の食事介助については、かなりの気配りが必要である。食事は基本的に自分で自分の食べたいように食べることが一番充実しているわけである。だからこそ、あくまでも自分の力で食べることができるように、自助食器や介助食器等の活用も提案していかなければならない。

(3)　ケースカンファレンス

個別ケアに必要な対象者の全体像の把握とケアの目標を具体的に検討する上で、ケースカンファレンス*11は極めて重要な役割をもっている。施設内、

*11　ケースカンファレンス
　援助を行うにあたって、援助に携わる者が集まり、討議すること。

たとえば病棟等においても定期的に開催されている会議である。自分が所属する施設のケースカンファレンスに積極的に参加し、食事療法や栄養指導の内容、食形態の見直しの有無はもちろん、他の介護や看護スタッフから１日の生活の状況や、ADL*12レベル等を詳細に記載したケアプランや看護計画等に目を通すという業務はとても重要である。また、医学的視点だけでなく精神面も含めて食事関係で特に配慮や見守りが必要な利用者については、食生活を支援するためのプロジェクトチームの結成を栄養士・管理栄養士自らが申し出る必要がある。よく、ケースカンファレンスに出ても、食事に関して意見を求められない限り発言しない栄養士・管理栄養士もいるように聞く。しかしながら食にかかわる専門職として、毎日の利用者の健康状態の把握の大事な一つのポイントが食生活のあり方であることを忘れてはならない。食に関するチームケアを実践していくためには、日常生活に最も頻度多くかかわっている介護スタッフや生活指導員等の直接ケアにかかわる職種の十分な協力が得られることが、重要な第一歩であると考えられる。

*12　ADL
　Activity of daily livingの略。人間が日常生活を送るための基本動作のこと。具体的には身の回りの動作や移動動作などを指す。

２．福祉分野における栄養士・管理栄養士の将来性

　社会福祉の分野は、公的扶助、障害者、高齢者、児童等とさらなる専門分野に分類されていくが、すべての対象は人そのものである。人の食にかかわるスタッフ、及び専門職種は非常に幅広い。その時々で、そこにかかわる栄養士・管理栄養士は、訪問介護員との連携が必要であったり、歯科衛生士や言語聴覚士とのかかわり合いが必要であったりと、さまざまである。また食にかかわる地域のコーディネーター（調整役）としての役割が今後大いに期待されると考えられる。

　1978年のWHOのアルマ・アタ宣言やオタワ憲章のプライマリヘルスケア、ヘルスプロモーションを思い起こしてほしい。人々が自らの健康とその決定要因をコントロールし、改善することができるようにしていくための指針である。プライマリヘルスケアで提唱された社会的環境や栄養教育によって人々の健康に対する意識を高め、自発的な行動に結び付けていくことが求められている。地域に存在する自然や施設、人材は社会資源であり、それらを活用して栄養士、管理栄養士の職務も広がっていく。

　本書で学んだ皆さんが、健康な食生活を維持、継続していくことが困難な課題を抱える人々に対して、ソーシャルワークの視点を取り入れた栄養ケア・マネジメントを実践する栄養士、管理栄養士に育っていってほしいと願う。さらに、そうした皆さんの社会福祉への出発点であり続けたい。

さくいん

六訂　栄養士・管理栄養士をめざす人の社会福祉

2006年4月1日	初版第1刷発行
2015年3月20日	五訂第1刷発行
2019年3月1日	五訂第6刷発行
2020年4月1日	六訂第1刷発行
2024年3月1日	六訂第5刷発行

編　　　者	岩 松 珠 美・三 谷 嘉 明
発 行 者	竹 鼻 均 之
発 行 所	株式会社みらい
	〒500-8137　岐阜市東興町40番地　第5澤田ビル
	TEL　058（247）1227
	https://www.mirai-inc.jp/
印刷・製本	サンメッセ株式会社

ISBN978-4-86015-505-6　C3036
Printed in Japan　　　　　　　　　　　　乱丁本・落丁本はお取り替え致します。